郭齐勇　欧阳祯人 主编

问道中国哲学

中国哲学史研究的现状与前瞻

九州出版社
JIUZHOUPRESS
全国百佳图书出版单位

图书在版编目（CIP）数据

问道中国哲学：中国哲学史研究的现状与前瞻 / 郭齐勇，欧阳祯人主编．--北京：九州出版社，2013.9

ISBN 978-7-5108-2326-8

Ⅰ．①问… Ⅱ．①郭… ②欧… Ⅲ．①哲学史—中国—文集 Ⅳ．①B2-53

中国版本图书馆CIP数据核字（2013）第217979号

问道中国哲学：中国哲学史研究的现状与前瞻

作　　者	郭齐勇　欧阳祯人　主编
出版发行	九州出版社
出 版 人	黄宪华
地　　址	北京市西城区阜外大街甲35号（100037）
发行电话	(010)68992190/2/3/5/6
网　　址	www.jiuzhoupress.com
电子信箱	jiuzhou@jiuzhoupress.com
印　　刷	九洲财鑫印刷有限公司
开　　本	720毫米×1020毫米　16开
印　　张	17.75
字　　数	257千字
版　　次	2014年1月第1版
印　　次	2014年1月第1次印刷
书　　号	ISBN 978-7-5108-2326-8
定　　价	52.00元

编者说明

2013年5月，中国哲学史学会在武汉大学召开“中国哲学史研究的现状与前瞻”学术研讨会。本来这次会议只是一个常规性的理事会，但是，出席的专家学者居然有150多人，国内研究中国哲学的学术带头人基本上全部出席。学者的规格之高，研究队伍之整齐，论文提交的数量之多，质量之好，都是近些年来少见的。九州出版社本着促进学术交流与发展的宗旨，在诸多论文中确立一个主题，约我们一起编成这本书，名为《问道中国哲学——中国哲学史研究的现状与前瞻》，予以出版。对于九州出版社的策划和资助，我们谨表衷心的感谢！

《问道中国哲学——中国哲学史研究的现状与前瞻》凝聚了作者们的辛勤汗水和研究智慧，是各位专家长年累月潜心研究的结晶。在此要感谢本书作者们欣然同意发表诸位的大作，尤其是要感谢中国哲学史学会的陈来会长在百忙之中撰写了前言。

由于出版的主题内容集中在“中国哲学史研究的现状与前瞻”之上，其他内容的论文就没有选入，实在是非常可惜，也望诸位作者谅解与海涵。

郭齐勇 欧阳祯人

癸巳年 中秋节

目　录

前言："中国哲学史"的学科建设

陈 来*

本次会议**的题目是"中国哲学史研究的现状与前瞻"，因此，对于目前国内有关"中国哲学史"的教学培养与学科发展，我想就一些基础性的问题谈一点个人的意见。

一、学科的理解

就概念来说，"中国哲学"作为人类智慧的一个部分，在内容上可以包括整个中国历史上出现过的哲学思想体系，如孔子的哲学思想属于中国哲学，朱熹的哲学也属于中国哲学。但是作为学科，中国哲学（学科）则是指对于孔子哲学的研究，对于老子哲学的研究，对于朱熹哲学的研究等等，是现代教育与科研建制中的一个领域。就国内来说，目前各大学的中国哲学学科点构成了本学科的骨干。

就历史而言，"中国哲学史"是我国现代人文学科建制中历史最长久的学科之一，就历史的继承关系来说，我国现在的"中国哲学"学科是从50年代以来"中国哲学史"专业的教学研究演变而来的。而目前中国哲学学科的内容，主要是"中国哲学史"专业的教学与研究，这在教学和培养方面尤其是如此。这一

---

* 陈来，清华大学国学研究院院长、清华大学校学术委员会副主任、清华大学哲学系教授；中央文史研究馆馆员、中国哲学史学会会长、中华朱子研究会会长。

** 本次会议指中国哲学史学会2013年年会。本文为陈来会长在会上的发言，作为本书前言。——编者注

点应当不避重复地加以强调，即学科给本学科的研究生提供的主要是哲学史的训练，尤重视古典文本的解读与分析的训练，研究生论文以中国哲学史为其内容和范围（研究生须选修若干西方哲学课程，论文须借助西方哲学的概念方法，则自不待言，不在此处讨论）。

自然，所谓“中国哲学学科”的具体内容，除了中国哲学的专业教学和博、硕士生的“培养”以外，也包括有关中国哲学的“研究”。二者并不是截然分开的，培养是研究能力的培养，学位论文都是研究主题的论文，所以培养也和研究有关。培养和研究在学科意义上的分别在于，培养的学科意义限于“中国哲学史”，而研究的学科意义则不限于“中国哲学史”。有的学者以中国哲学的观念和资料为基础而发展为哲学的研究，这虽然也属于中国哲学，但不属于中国哲学史，就目前来说，这些研究不是学科的主导部分，也不应该成为主导部分。

二、世界性的学科眼光

事实上，“中国哲学史”的研究，早已成为世界性的知识领域和世界性的学术领域，成为一个世界性的学科。因此，在性质上，不能把中国哲学史仅仅看作为一种哲学建构的准备，而完全不理会中国哲学史的独立的学术意义。近代意义的中国哲学史研究，日本的起步早于我国。日本中国哲学研究的布局完整，研究的力量雄厚，在各个断代、专书、人物、专题上都取得了不可忽视的成绩，在中国的改革开放以前，日本学界曾在很长一个时期成为本学科研究的主导力量，其成果为欧美学界所必参考。欧美在总体上的研究固然不及日本，但不仅在中国宗教研究方面有长期积累，在理论分析上往往提出有影响的范式。目前，我国的研究已经在不少方面居于世界前列，但在一些领域仍然发展较慢，而发展我国中国哲学学科的一个目标，就是全面树立我国学者研究在本学科的主导地位。

推进我国中国哲学史的研究，重要的一点是要使本学科的学者具有世界性的学科眼光，既不能把自己的眼光限制在一个学校的传统，也不能把眼光只限制在国内的学术界。首先，我们必须把学科的边界定义到整个世界的中国哲学思想研究，在这样的学科意识中来确定研究的方向和课题。目前我国本学科的博士点大多不失此种学科意识，但相当多的研究者特别是没有接受过博士训练的青年学者仍然缺乏自觉。从现在每年发表（和退稿未能发表）的论文中可见，重复性劳动仍然在本学科中广泛存在，而大量有意义的课题却无人研究；研究中不参考已有研究成果的现象相当普遍，更在相当大的程度上妨碍了研究水平的提高，从而无法保证本学科知识与研究的有效增长和进步。其次，我们要在世界性的学科范围中来把握学科研究的评价尺度，也就是要在世界性的学术社群中取得评价的标准，改变自说自话，孤芳自赏，自以为高，而不知道自己在世界上同行评价中的位置的狭隘眼界。这绝不是主张抽象的"接轨"，而是强调要内在于广大的学术社群来认识自己，真正了解本学科学术境界的高低标准，取法乎上，正确制定学术发展的目标。

目前，由于资料的限制，我们很多学者对海外的中国哲学研究的成果不了解，不熟悉，这已经成为我们学科发展的制约因素，也是我们许多学者研究水平难以提高的重要原因。就中文学界而言，20世纪90年代以来，台湾中国文史哲类专业的研究者和研究生论文都能较全面地收集参考大陆学者的研究成果，了解大陆学者研究的成果，已经成为发表论文规范化写作的基本要求。但我们许多研究者的论著，在研究文献的收集方面和写作的规范化方面还做不到相等的程度。当然收集海外的论著受到各种条件的限制，但我们应当有这样的意识，从中文学界（大陆港台等）做起，逐步改善研究的品质。

比起哲学一级学科的其他二级学科来说，在总体上，中国哲学学科与历史学科中的中国思想史学科较为接近，因为中国哲学研究的对象往往与中国思想史研究的对象是同一的，有时很难区分；另一方面，90年代以来日本和美国的中国思想史研究已经成为国外中国思想研究的主流。所以我们要掌握研究的主动权，我们要参与中国思想史的研究，要回应中国思想史研究的挑战，这虽然不必是每个学者都须如此，但应当视为学科的总体需要。作为中国学者，我们又必须在世界性的范围内回应与中国哲学研究相关的各种挑战，逐步掌握中国哲学研究的主导权。

三、研究的内在性和主体性

在我国，中国哲学学科的建立大概从1910年代算起，学科的历史还不到百年。我个人认为，近一个世纪以来，我国的中国哲学史研究在总体上“整理”和“重述”的基本任务还没有完成。整理和重述的基本性乃是基于三项有关近代转型的挑战：首先，对古代哲学思想的系统、客观的整理是近代学术的新任务，这是古代所没有的；其次，经历了新文化运动白话语文的转变，这种整理必然要采取使用现代白话语文重述古代文本的形式；再次，此种现代重述的语言概念必然也必须借助近代转译过来的西方哲学概念，因为这些概念已经在一个世纪的发展中构成为现代中文哲学语言的主体。

但是整理和重述必须以内在的理解为基础。其中的困难，除了语言的转变之外，冷战和两岸对峙及由此而来的意识形态冲突对中文世界中国哲学史研究的影响至今仍未彻底泯除，也是原因之一。1950年代至1970年代，我国的中国哲学史研究在教条主义的方法论思想指导下走了弯路，不仅没有使我们在整理和重述方面顺利发展，反而造成了许多妨碍我们客观理解的思维定势，有些至今仍然根深蒂固。而近年传入的海外中国哲学研究中一些论著也有相当强烈的意识形态背景，往往也影响了对古代思想的理解与呈现，导致了解释的偏差，这些同样需要加以澄清。整理和重述的工作做好了，中国哲学的研究和发展才能有坚实的基础。

因此，就“中国哲学史”的研究而言，我一贯提倡“内在的理解”和“客观的呈现”。内在的理解，就是以对原典文本的深度解读和分析为基础，在整理和重述中，注意中国哲学家们的思想的本来用意和主张，内在地把握他们的问题意识和解决之道。这实际涉及到中国哲学意识的主体性问题。先入为主地认为世界各个文化中的哲学问题都与欧洲哲学一样，然后认为这些问题在欧洲哲学中得到最清楚的表达和呈现，最后在没有内在理解的状态下用欧洲哲学的问题规定中国哲学的问题性，用欧洲哲学的概念套释中国哲学的概念，这些在哲学史的解释实践中已经被证明是不能令人满意的。在这种研究中，中国哲学往往只被当做论证欧洲哲学的例子，而失去了它的主体性。作为整理和重述的工作，我们必须以"心知其意"的还原精神，内在地揭示出中国古代哲人固有的问题意识和解决方式，以了解中国哲学问题意识的独特性和对于普遍问题的独特解决方式，由此才能确立其在世界哲学中的地位和比较哲学的支点。以此为基础才可能发展出真正有中国特色的现代哲学，以此为基础的比较哲学研究也才有真正的意义。当然，整理不可能完全离开诠释，但就哲学史而言，我们要就文本本身深入做内在的理解，了解它要说什么和要强调什么；诠释则是我们在了解它在整个哲学中的意义和位置，以及它与西方哲学的相似和差异的关联中，所发挥的进一步思考。在这一点上必须理直气壮地反对那种以伪诠释学观念，即以所谓前见来模糊乃至取消在文本理解上的对错高下的差别。事实上，中国哲学史研究的基本功夫端在文本的内在理解和重述的适切呈现。

从1910年代到1930年代，是本学科发展的奠立时期，建立了本学科通史和通论的典范，这就是冯友兰先生的《中国哲学史》和张岱年先生的《中国哲学大纲》。在20世纪本学科的建立和发展中，冯友兰先生奠立了中国哲学通史研究的典范，张岱年先生奠立了中国哲学通论研究的典范。然而，无论在整理和重述方面都还有待于进一步深入。晚近以来，通史建设主导的时代基本过去，而专人专题的研究大有待于深入。同时，中国哲学史研究领域的宏大问题也需要重新加以关注，以改变目前完全趋向局部和具体研究的偏向。我们学习冯友兰先生、张岱年先生不是只学他们写通史的方法，而是要学习他们研究中国哲学史的全部经验和方法。21世纪我们应当积极建立新的学科典范，这是我们的学术使命。而新的学科典范的建立，只有在内在的理解的基础之上，才有可能，这也是我强调重视基础性问题的根本原因。

现代视域与传统原典的结合
——对中国哲学史书写的若干思考

柴文华 *

自中国哲学合法性问题的讨论以来，人们对中国哲学史的书写就有过方方面面的思考和讨论，但总觉得还是“乱花迷眼”。在确立中国有哲学的前提下，通过对中国哲学史书写历程的反思，走自己的路，“海阔天空我自飞”[①] 可能是当下难以逆转的趋势。在多维度的书写方式中，现代视域与传统原典的结合应该是较佳选择。在这方面，杜维明对儒学的研究和表达会为我们提供重要的借鉴。

一

思考中国哲学史的书写，首先面对的一个问题是：中国有没有哲学？如果有，可以接着谈；如果没有，何须再谈？

我觉得提出或支持“中国无哲学”观点的人都是以西方哲学为唯一的参照，黑格尔、胡塞尔等不用说，即使赞赏中国思想的海德格尔、德里达也是如此。在他们眼里，中国没有西方式的形上学、宇宙论、知识论，当然没有哲学；更何况，中国古代非但没有哲学学科，甚至“哲学”这个词汇都没有，怎么可能有哲学？

---

* 柴文华，黑龙江大学中国近现代思想研究中心、哲学学院教授。主要从事中国现代哲学和中国伦理文化的教学及研究。

① 冯友兰：《中国现代哲学史》，广东人民出版社 1999 年版。

这里一个明显的问题是怎样界定哲学。如果说形上学、宇宙论、知识论是哲学，中国古代可能不发达，但说没有，那不是别人欺骗自己就是自己不把自己当回事。按照冯契的理解，如果广义认识论也是认识论，如果辩证逻辑也是逻辑学，那么，中国古代不但伦理学发达，认识论和逻辑学也不算不发达，理所当然的，中国古代哲学在世界哲学史上应该占有一席之地。[①] 按照牟宗三的界定："凡是对人性的活动所及，以理智及观念加以说明的，便是哲学。……中国有数千年的文化史，当然有悠久的人性活动与创造，亦有理智及观念的反省说明，岂可说没有哲学？"[②]

总之，无论从哲学的普遍性还是哲学的特殊性出发，中国都有哲学。

二

中国哲学史的书写有一个从非自觉到自觉的过程。中国有数千年的哲学思维成果，但古代没人有过哲学视域，所以哲学史自然没人系统整理，即使是黄宗羲的《明儒学案》，也只是学术思想史。不过，这些学术思想史涉及中国哲学史的很多内容，是一种自发式、萌芽式、碎片式的书写。20世纪上半叶，谢无量、胡适、冯友兰、张岱年、钟泰、范寿康等人有了自己不同的哲学视域，所以才有了自觉形态的中国哲学史书写方式。

谢无量1916年出版的《中国哲学史》是中国人写的第一部中国哲学史，是中国哲学史学科的开山之作，它虽然具有较浓郁的传统味道，但也不乏对哲学的现代理解，并运用西方哲学的框架对中国哲学做了初步解读，蕴含了"以西释中"的书写倾向。首先，谢无量把哲学分为形而上学、认识论、伦理学，同时还有"纯正哲学"和"实践哲学"的说法，这显然是一种西方哲学分类模式，与后来的胡适、冯友兰等人的分类思路近同；其次，谢无量运用了许多西方哲学语言或概念来描述中国哲学史的问题，如把道家的本体论概括为"道一元论"，

① 冯契：《中国古代哲学的逻辑发展》（上册），上海人民出版社1983年版。

② 牟宗三：《中国哲学的特质》，上海古籍出版社1997年版。

把张载的本体论概括为“气一元论”，把程颐、朱熹的本体论概括为“理气二元论”，把孟子的性善说概括为“性善一元说”，把荀子的性恶说概括为“性恶一元说”，把杨朱学说概括为利己主义，把法家的政治学说概括为功利主义，还用同一律探讨庄子的《逍遥游》等。再次，谢无量已经初步具备了中西哲学的比较意识，如认为柏拉图的哲学王理念仅仅是一种“想望”，而在中国远古时代却是一种历史的事实；认为佛教的慈悲、基督教的博爱、墨子的兼爱虽有不同，但同出于“仁之一念”；认为孔子的仁与佛教、基督教有所不同，佛教、基督教的仁是平等之仁，孔子的仁是差别之仁，等等。

尽管谢无量的《中国哲学史》开了“以西释中”书写方式的先河，但仅仅是初步的，而胡适 1919 年出版的《中国哲学史大纲》（上卷）和冯友兰 1930 年代初出版的《中国哲学史》，确立了成熟的“以西释中”的书写方式。他们不仅确认了以西方哲学的框架诠释中国哲学的历史必然性与合理性，而且提出了一套中国哲学史方法论，为中国哲学史的学科建设作出了重要贡献。他们书写的中国哲学史尽管现在看来有一些削足适履的偏向，但在当时确实给人一种新鲜的现代感受。此外，张岱年的《中国哲学大纲》虽然正式出版于 1958 年，但在 1937 年就完成了初稿，1943 年还印为讲义，应该算作建国前的代表作。这是第一部中国哲学问题史、中国哲学范畴史，为中国哲学史的研究开辟了问题史的书写方式。书中虽然提到过“唯心主义”、“唯物主义”等概念，但从他宇宙论、人生论、致知论的板块划分来看，还是以西方哲学为参照的，如张岱年自己所说：“如此区别哲学与非哲学，实在是以西洋哲学为标准，在现代知识情形下，这是不得不然的。”① 所以，张岱年的《中国哲学大纲》也应该算作“以西释中”中国哲学史书写方式的代表作之一。

钟泰 1929 年出版的《中国哲学史》，立足于中西学术的差异性和独立性，认为二者不能“强为比附”，否则容易“转失其真”，这实际上是对西方学术包括西方哲学的一种委婉拒绝。所以他要以传统的史传体裁书写中国哲学史，“一

① 张岱年：《中国哲学大纲》，中国社会科学出版社 1982 年版。

用旧文”、“一从常习”，是一种“以中释中”的中国哲学史书写方式，在当时确实有逆历史潮流而动的倾向，但他依然留给我们今天诸多的回味。

建国前，以郭沫若、侯外庐等为代表的一批马克思主义学者运用历史唯物主义研究中国社会、历史、思想史，开辟了“以马释中”的中国思想史书写模式。在这一过程中，冯友兰已经开始运用马克思主义哲学的一些观点研究中国哲学史，但从总体上说是零散的，而范寿康1937年出版的《中国哲学史通论》则是第一部自觉运用马克思主义哲学作为诠释框架系统研究中国哲学史的著作。他运用社会历史和阶级分析的方法，运用辩证分析方法对中国哲学史内容的解读，深化了人们对中国哲学史的认识，推进了中国哲学史学科的发展，开创了“以马释中”的中国哲学史书写方式。但仅仅是初步的，在许多方面还有待于深化。①

不难看出，中国哲学史学科创立时期主要出现了“以西释中”、“以中释中”、“以马释中”三种典型的中国哲学史书写方式，其中“以西释中”是主流。这开辟了中国哲学史书写方式的自觉时代、现代化时代，对后来的中国哲学史书写产生了重大影响。

三

中华人民共和国建立以后，马克思主义哲学成为哲学史书写的唯一参照，人们接受了日丹诺夫的哲学史定义，中国哲学史变成了两个对子斗争的历史，20世纪80年代以后，开发螺旋结构颇为时髦。这一时期影响较大的代表作有冯友兰的《中国哲学史新编》，任继愈主编的《中国哲学史》、《中国哲学发展史》，冯契的《中国古代哲学的逻辑发展》、《中国近代哲学的革命历程》，萧萐父、李锦全主编的《中国哲学史》等，另外还有杨荣国、孙叔平以及一批中国哲学史专家所撰写的大量中国哲学史著作。

① 张岱年：《中国哲学大纲》，中国社会科学出版社1982年版。

20世纪80年代之前，人们更多侧重于中国哲学史中“对子结构”的开发，把每一个时代的哲学都描绘成唯物主义和唯心主义、辩证法和形而上学相互斗争的历史。另外还过度运用了阶级分析方法，几乎为所有哲学家都定了阶级成分，如没落奴隶主贵族的代表、新兴地主阶级的代表、门阀士族的代表、中小地主阶级的代表、资产阶级的代表、小资产阶级的代表等。

20世纪80年代之后，人们在反思日丹诺夫哲学史定义的同时，开始研究列宁哲学史的定义，重视“螺旋结构”的总结和哲学范畴的研究，中国哲学史的发展被描绘成大大小小的“圆圈”。比如，冯契就选择了列宁在《谈谈辩证法问题》中列举的欧洲哲学史的几个圆圈作为参照系统，勾画出了整个中国哲学发展的螺旋结构。从总体上说，中国哲学的发展经历了三个大的圆圈，分别以荀子哲学、王夫之哲学、毛泽东哲学的诞生为标志。冯契先指出：“中国古代哲学开始于原始的阴阳说，先秦时期争论‘天人’、‘名实’关系问题，由荀子作了比较正确、比较全面的总结，达到了朴素唯物论与朴素辩证法的统一，仿佛回复到出发点，这可以说是完成了一个圆圈。秦汉以后，哲学上关于‘有无’、‘理气’、‘形神’、‘心物’等问题的争论，由王夫之作了比较正确、比较全面的总结，在更高阶段上达到朴素唯物论和朴素辩证法的统一，完成了又一个圆圈。”[①]“经过近代哲学一百多年的发展，当毛泽东运用马克思主义哲学来对历史观和认识论中的心物之辩作总结的时候，仿佛是在向荀子、王夫之复归……这个‘仿佛复归’，实际上是实现了一次前所未有的哲学革命。”[②]冯契还重点对中国古代哲学两个大圆圈中的小圆圈进行了描述。冯契所借用的“圆圈”这一概念只是一个形象的比喻，它所展示的是哲学发展的螺旋式上升的曲线轨迹。

可以说，不论是“对子结构”还是“螺旋结构”，都是建国之后人们运用马克思主义哲学的基本原理作为诠释框架对中国哲学史的书写，其中不乏深刻的地方，但也有教条化的偏向。

需要指出的是，同一时期的港台也涌现出不少中国哲学史研究的成果，如

---

① 冯契：《中国古代哲学的逻辑发展》（上册），上海人民出版社1983年版，第18页。

② 冯契：《中国近代哲学的革命进程》，上海人民出版社1989年版，第564—565页。

牟宗三的《中国哲学的特质》、《中国哲学十九讲》，唐君毅的《中国哲学原论》，劳思光的《新编中国哲学史》，罗光的《中国哲学思想史》等等，他们的书写方式离不开中西哲学的融通，或是儒家哲学与西方哲学的对话，或是运用西方逻辑解析这个“思想上的显微镜”去探寻中国哲学的“基源问题”，或是基督教文明与中国思想的对话，这些有待于进一步深入研究。

四

在中国大陆当下的语境中，中国哲学史的书写方式变得模糊起来，长期流行的“以西释中”、“以马释中”虽然取得了重大成就，但也出现了机械化和教条化的偏向，“中国哲学”成为“西方哲学”或“马克思主义哲学”的注脚，一定程度上湮灭了“中国哲学”的“自我”。[①] 有学者主张用思想史、观念史的书写来取代以往的哲学史书写，这不失为一种书写方式，但也带来种种疑惑。那么，当下和未来的中国哲学史书写将何去何从呢？可能“海阔天空各自飞”的多元化态势不可逆转。在多维度的书写方式中，现代视域与传统原典的结合应该是较佳选择。在这方面，杜维明对儒学的研究和表达可能会为我们提供重要的借鉴。

杜维明是第三代现代新儒家的主要代表，多年来致力于儒学的第三期发展。他具有开阔的国际学术视野、深厚的中西思想积淀，同时又是一位行动型学者，是他提倡的“公共知识分子”的杰出代表。

杜维明一直把“掘井及泉”即深入挖掘儒学的“活水源头”作为儒学现代发展的重要前提之一，并身体力行，对儒家思想进行了自己的梳理，体现了儒学研究中的中西汇通的书写方式。

杜维明是以现代视域或概念来解读儒学的，他认为，儒学的精神方向以人为主，是一种“哲学的人学”、“哲学人类学”、“涵盖性极强的人文主义”、“儒

---

① 柴文华：《中国哲学史的建构》，《深圳大学学报》2007 年第 1 期。

教人本主义”等。杜维明指出，人不仅是动物的存在，是社会的存在，也是神圣的体现，人有永恒、超越的一面。如何对人的问题进行全盘的反省，人与天道如何结合，也就是说如何建立“哲学的人学”，这已不仅是哲学课题，而且也成为宗教神学的课题。儒学对这一课题可以提供一条线索，这条线索对20世纪乃至21世纪人类的自我反省应有相当的启发性。① 儒学的“哲学的人学”也是指儒学的宗教性。关于儒家是否是宗教问题的讨论由来已久，观点莫衷一是，杜维明的看法是，儒家不是一个有组织的宗教，可是却有很强烈的宗教性，儒家有它独特的终极关怀，这种终极关怀和社会实践是紧密结合的，是一个体现宗教性的特殊形式。② 儒学所代表的是一种涵盖性特强的人文主义。这种人文主义提倡天人合一、万物一体。这种人文主义，是入世的，要参与现实政治的，但它又不是现实政权势力中的一个环节。其实，儒家的人文主义具有相当深厚的批判精神，即力图通过道德理想来转化现实政治。所谓的“圣王”思想，才是儒学的真血脉。③ 杜维明还比较了启蒙心态所代表的人文主义和儒家的人文主义，从而进一步突出儒家人文主义的特点。杜维明把启蒙以后发展起来的人文精神称作“狭隘的人文精神”、“排斥性的人文精神”、“世俗的人文主义”等，因为它是人类中心主义的，是排斥宗教、排斥自然的。而儒家的人文精神是“涵盖性的人文精神”，它有四个侧面要同时顾及：一个是自我问题，一个是群体问题，一个是自然问题，还有一个是天道问题。其中的基本问题是：个人与群体应该通过怎样的渠道进行健康的互动？人类和自然之间怎样长期取得和谐、协调的关系？人心和天道如何取得合一？这些问题中每一种关系都有一个非常复杂的向度，但它的客观存在所展示出来的人文图像是涵盖性的。这个涵盖性的图像不排斥宗教，不排斥神性，不排斥终极关怀，同时要和自然保持和谐。④ 儒家的“哲学的人学”和“涵盖性极强的人文主义”的总体特征是“极高明而道

---

① 郭齐勇、郑文龙编：《杜维明文集》第一卷，武汉出版社2002年版，第303页。

② 郭齐勇、郑文龙编：《杜维明文集》第二卷，武汉出版社2002年版，第605页。

③ 郭齐勇、郑文龙编：《杜维明文集》第一卷，武汉出版社2002年版，第552—553页。

④ 郭齐勇、郑文龙编：《杜维明文集》第五卷，武汉出版社2002年版，第515页。

中庸”，其所指示的是在人伦日用中体现终极关怀，通俗地讲，就是把最高的哲理和最平实、最简单、最容易为大家所理解的人们在日常生活中的本性、本能结合起来。也就是说，儒家的人生哲学虽然入世，但却有向往天道的维度，在人伦日用之间体现终极关怀的价值取向。

既然儒学是“哲学的人学”和“涵盖性极强的人文主义”，那它是怎样理解人的呢？杜维明指出，儒学的焦点是个人，但这个个人不是孤立的个人，而是处在各种关系网络中的人，同时又是关系网络的圆心。从这样一个方法论的视角来考察人，人显然是一个多样态的存在。儒家用五个互相联系的观点给人下了定义：1. 人是感性的存在。2. 人是社会的存在。3. 人是政治的存在。4. 人是历史的存在。5. 人又是形而上的存在。[①] 既然人是一个多样态的存在，他们要实现自我，必须进行自我超越。杜维明勾画了儒学的理论体系：自我→家庭→社群→国家→民族→世界→宇宙，这是一个不断超越的过程。这种自我超越的精神可以描述为，当一个人把关心的中心从自己转向自己的家庭时，他超越了自私主义；从家庭转向社群，他超越了裙带关系；从社群转向国家，他超越了狭隘主义；再转向所有人类，他就超越了大国沙文主义；再转向天人合一，他就超越了世俗人文主义（即启蒙心态带有的一种明显的人类中心主义特征）。[②]

杜维明还从现代视域出发肯认了儒学的价值。他指出，近年来特别在西方有四个突出的思潮，第一是生态意识；第二是女性主义；第三是宗教多元；第四是全球伦理。从生态意识来看，儒家的“天人合一”、“仁者与天地万物为一体”的宏观视野，为人们重新建构人类社会与自然的关系，解决生态问题提供了启示。从女性主义来看，人文思潮意义上的女性主义，除了自由之外还注重公义；除了理性以外还注重同情；除了法治以外还要注重礼；除了权利之外还注重义务；除了尊重个人之外还要注重人是关系网络的中心点，也就是群体的价值。而注重公义、注重同情、注重礼、注重义务、注重群体的价值则与儒学资源关系密切。从宗教多元来看，也就是回到雅斯贝尔斯提出的轴心文明，其

① 杜维明：《超越启蒙心态》，《国外社会科学》2001 年第 2 期。

② 同上。

中中国的儒家、道家和其他宗教一样，都应该是21世纪现代文明的重要资源。从全球伦理而言，1993年的世界宗教大会讨论了和平共存的两个基本原则，杜维明把它归结为儒家原则，也就是说，可以用儒家的语言来概括，一个原则是"己所不欲，勿施于人"，另一个是"己欲立而立人，己欲达而达人"。此外儒家把人的自我转化看做一项共同的事业，这是它对全球伦理的一大贡献。儒家认为修身不仅必要而且有着深远的意义，这一点对于希望在个人、家、国乃至天下各个层面建立全球伦理的人们来说不无启发。①

综上，杜维明把儒学称为"哲学的人学"，有益于纠正"黑格尔偏见"，即认为孔子的学说只是道德常识，而无任何思辨的东西，即没有哲学。事实上，孔学及其整个儒学是有哲学的，有自身形上学的道，有极高的境界，有终极的关切，所以是一种"哲学的人学"，当然，形上学的道、极高的境界、终极的关切在儒学中并不是悬空的，而是落实到人伦日用中的，如"水中盐"、"镜中花"，"无痕有味"。杜维明把儒学称为"涵盖性极强的人文主义"，是试图与启蒙心态"世俗人文主义"做出区分，也为伸张儒学的现代价值做了铺垫。其他如对儒家以个人为原点的自我超越论的阐释都有自己一些独到的见解，为我们把握儒学的真实精神提供了重要的借鉴。杜维明站在世界思潮的角度对儒学现代价值的分析为我们加深对儒学的认知提供了重要的思路。就生态意识而言，儒学确有可借鉴的资源。世界宗教大会把孔子的"己所不欲，勿施于人"列为道德金律，表明儒家伦理有可能为全球伦理的建构提供重要资源。

杜维明的儒学研究表明，他既有现代视域，如"哲学人类学"、"新人文主义"、"生态意识"、"女性主义"、"宗教多元"、"全球伦理"等，又对儒家原典有深入的把握。把现代视域和传统原典结合起来，可能仍然是目前中国思想史、中国哲学史书写的较佳选择。恩斯特·卡西尔说："在哲学上属于过去的那些事实，如伟大思想家的学说和体系，如果不作解释那就是无意义的。而这种解释的过程是永无止境的。当我们的思想达到新的中心和新的视野时，我们就一定

① 杜维明：《儒家传统与文明对话》，彭国翔编译，人民出版社2010年版，第76页。

会修改自己的看法。”[①] 新的中心和新的视野就是现代视域，有了这个视域，我们才会发现过去没有发现的古代思想的丰富意蕴，这种意蕴并非现代人强加的，而是古代思想所本有的。这种见解胡适在研究墨学时就表达过，他指出，后期墨家的著作长期没有人研究，但“到了近几年之中，有些人懂得几何算学了，方才知道那几篇里有几何算学的道理。后来有些人懂得光学力学了，方才知道那几篇里又有光学力学的道理。后来有些人懂得印度的名学心理学，方才知道那几篇里又有不少知识论的道理”。[②] 就是说，只有具备了科学、逻辑学、知识论的视域，才有可能发现墨经中的科学、逻辑学和知识论的思想，不然，对于不懂音乐的耳朵，再美的音乐也没有意义。[③] 胡适接着说：“我做这部哲学史的最大奢望，在于把各家的哲学融会贯通，要使他们各成有头绪条理的学说。我所用的比较参证的材料，便是西洋的哲学。”[④] 明确宣称他编撰中国哲学史的参照是西方哲学，而且这种参照是有价值的：“我比过去的校勘者和训释者较为幸运，因为我从欧洲哲学史的研究中得到了许多有益的启示。只有那些在比较研究中（例如在比较语言学中）有类似经验的人，才能真正领会西方哲学在帮助我解释中国古代思想体系时的价值。”[⑤] 从一定意义上说，视域决定了原典的意义，如果我们今天没有哲学人类学的视域，就没有中国传统哲学人类学思想的研究；如果我们今天没有生态伦理学的视域，就没有中国生态伦理思想的研究。因此，以现代视域研究传统原典可能会产生贴标签、牵强附会、教条化或湮灭中国哲学的主体性等一系列问题，但也符合中国哲学走向世界的历史发展趋势，是我们今天的中国哲学史书写所无法绕开的。

① 卡西尔：《人论》，甘阳译，上海译文出版社 1985 年版，第 228 页。

② 姜义华主编：《胡适学术文集》，中华书局 1991 年版，第 28 页。

③ 柴文华：《略论 20 世纪上半叶胡适和冯友兰墨学观的契合及其意义》，《哲学研究》2012 年第 9 期。

④ 姜义华主编：《胡适学术文集》，中华书局 1991 年版，第 28 页。

⑤ 同上书，第 767 页。

符号学是深化先秦名辩学研究的更优范式

陈道德 *

“范式”这个术语是美国著名哲学家库恩（Kuhn,Th.）从语言学里借用来的，原意是语法中表示词形的变化规则，如名词变格、动词人称变化等，由此可以引申出模式、模型、范例等义。库恩在《科学革命的结构》一书的序中给“范式”下的定义是：“我所谓的范式通常是那些公认的科学成就，它们在一段时间里为实践共同体提供典型的问题和解答”，① “为特定的连贯的科学研究的传统提供模型。”②

上世纪初，西方传统形式逻辑译介到我国后，当时的一大批名辩学研究者这一“实践共同体”就把它作为范式来研究先秦时期的名辩学。在这一百多年的研究历程中虽然取得了很大的成就，但也存在一些问题。进入新的世纪后，怎样深化先秦名辩学的研究是摆在当前中国学者面前的一个重要课题。

一、以西方传统形式逻辑为范式研究我国先秦名辩学的得与失

我国先秦名辩学的研究兴起于20世纪初。在西学东渐的过程中，西方传统形式逻辑被译介到中国，这种具有方法论性质的学科介绍到我国以后，立刻引起了广大学者的兴趣，很多学者开始在我国传统文化中寻找这方面的思想资源。孙诒让第一个认识到《墨经》诸篇中有亚里士多德的演绎法和培根的归纳法。

---

* 陈道德，湖北大学哲学学院教授，湖北省逻辑学会会长、中国逻辑学会常务理事。

① 库恩：《科学革命的结构》，金吾伦、胡新和译，北京大学出版社2003年版，第4页。

② 同上书，第9页。

受孙诒让的启发，梁启超开启了以西方传统形式逻辑为范式诠释《墨经》中名辩学的先河，按照概念、判断、推理的理论框架诠释《墨经》中有关名、辩的思想资料。

梁启超之后，胡适、章太炎、章士钊、谭戒甫、沈有鼎、詹剑峰等学者继续沿用这种范式研究先秦名辩学，他们通过发掘先秦思想史上的资料，然后比照传统形式逻辑中的概念、判断、推理和论辩的理论体系整理史料。从而把先秦诸子著作中的“名”解释成为概念；“辞”解释成为判断；“说”解释成为推理；“辩”解释成为论辩。通过这些学者的努力，“逻辑”思想资料的发掘更为丰富了，比较研究的视野也进一步扩大和加深了。

十一届三中全会以后，中国迎来了科学的春天，也迎来了中国逻辑史研究的春天，一大批学者投入到中国逻辑史的研究中，20 世纪 80 年代是中国逻辑史研究空前繁荣的时期，这一时期成长起来了一批知名学者，出版、发表了大量有较大影响的研究成果。尤其是 1989 年至 1991 年由甘肃人民出版社出版的五卷本《中国逻辑史》和与之配套的《中国逻辑史资料选》，是这一时期研究成果的代表作。这一成果集中了当时 20 多位中国逻辑史研究者的智慧，具有里程碑的意义。这种以西方传统形式逻辑为范式，诠释中国先秦时期名辩学的模式，取得了令人瞩目的成绩。它有力地推动了先秦名辩学研究的深入，极大地提高了名辩学研究在学术界的地位，扩大了其影响。

这种研究范式在取得丰硕研究成果的同时，也存在一些问题，而且这些问题受到越来越多的批评。从梁启超的《墨子之论理学》一出版，就有学者提出异议。1925 年吴熙在《墨子的名学》一文中指出：“墨子的名学，在形式和理论二方面，都和西人的逻辑学完全相反，如果不悉心研究，强合西人的逻辑学，便要弄得十分的‘支离破碎’的。”[①]20 世纪 90 年代以来，对这种研究范式的批评更为激烈。刘培育先生曾指出：“……但以传统逻辑体系为范本去剪裁与建构中国名辩学体系，却发生了明显的负面效应：(1) 扭曲了名辩学体系的原貌，

① 吴熙：《墨子的名学》，载周云之：《中国逻辑史资料选》(现代卷下)，甘肃人民出版社 1991 年版，第 439 页。

或使其原貌变得模糊不清。(2) 为适应传统逻辑体系的内容，而造成对名辩学史料的误解和强解。”① 曾祥云先生说：“我们看到，在我国近现代的名辩逻辑化过程中，研究者在‘吾国固有’这样一种狭隘民族文化心理的影响下，一味热衷于以西方逻辑诠释名辩、比附名辩。”② 程仲棠先生进一步指出：“把墨辩过度诠释为‘逻辑学’，就无异于伪造历史。”③ 这些批评无疑是切中要害的，的确以西方传统形式逻辑为参照系，对中国古代名辩学进行比较研究，造成了比附之风盛行和对史料的“过度诠释”。

但我们要进一步追问的是：为什么会出现这种现象？是比较研究这种方法的问题呢？还是参照范式的问题呢？我们认为比较研究方法是没有问题的，问题就出在比较研究中选择的参照范式不恰当。就中国古代的语言文字特点来看，汉字是表意文字，每个字符和它表达的意义紧密联系在一起，很难从汉字中抽象出一些符号做逻辑常项或逻辑变项，因此就不能对语言进行形式刻画。从先秦的文献中很难找到像西方传统逻辑那样的“形式”，就名辩学原典自身来说，既没有像亚里士多德逻辑那样的变项，也没有亚里士多德逻辑那样的推理形式的刻画，因此，用西方传统形式逻辑为研究范式诠释中国古代的名辩学就必然会出现牵强附会的现象。通过以上的分析我们可以看出，要想深化先秦名辩学的研究，开创中国逻辑史研究的新局面，就要寻找新的参照范式。我们认为符号学是深化先秦名辩学研究的更优范式。

二、符号学概观

符号学（Semiotics）是20世纪初发展起来的一门新兴学科。符号学方法是一种当代思维方法，也是一种语言分析方法。瑞士语言学家索绪尔（Saussure, F.D. 1857—1913）和美国哲学家皮尔斯（ Peirce,C.S. 1839—1934）是世上公认

① 刘培育：《名辩学与中国古代逻辑》，《哲学研究》（增刊），1998年，第13页。

② 曾祥云：《中国逻辑史研究的误区》，《长沙电力学院学报》（哲社版）2003年第4期。

③ 程仲棠：《从诠释学看墨辩研究的逻辑学范式》，《学术研究》2005年第1期。

的现代符号学的两位奠基人。

（一）符号

在索绪尔看来，符号不是别的，而是能指和所指的二元关系。在《普通语言学教程》一书中，索绪尔所说的“能指”（signifier），指的是语言符号的“音响形象”，所指（signified）是它所表达的概念。索绪尔把它们比作一张纸，思想（概念）是纸的正面，声音是纸的反面，它们永远处在不可分离的统一体中。他还认为，这是语言符号两个最为重要的特征。索绪尔说：“我们建议保留用‘符号’这个词表示整体，用所指和能指分别代替‘概念’和‘音响形象’。后两个术语的好处是既能表明它们彼此间的对立，又能表明它们和它们所从属的整体间的对立。至于‘符号’，如果我们认为可以满意，那是因为我们不知道该用什么去代替，日常用语没有提出任何别的术语。”①

索绪尔关于符号的二元关系理论，很快得到学术界的公认，因而也就澄清了两千多年来对于“符号”一词的混乱解释。其实，符号就是一种关系。索绪尔所说的“能指”是指符号形式，亦即符号的形体；“所指”是指符号内容，也就是符号能指所传达的思想感情，或曰“意义”。符号就是能指和所指，亦即形式和内容之间的二元关系。

在索绪尔提出符号二元关系理论的同时，美国哲学家皮尔斯提出了符号的三元关系理论。皮尔斯把符号看作符号形体（representamen）、符号对象（object）和符号解释（interpretant）之间的三元关系。他说：“对于符号，我的意思是指任何一个真实的或塑造的东西，它可以具有一种感性的形式，可以应用于它本身之外的另一个已知的东西，并可以用另一个我称之为‘解释’的符号去加以解释，以转达在此之前还不知道的关于其对象的某种信息。这样在任何一个符号、对象与解释者之间就存在一个三元关系。”② 在皮尔斯看来，正是这种三元关系决定了符号过程（semiosis）的本质。

① 索绪尔：《普通语言学教程》，高名凯译，商务印书馆1980年版，第102页。

② 皮尔斯：《皮尔斯手稿》，英文版，第654号，第7页。

由于索绪尔和皮尔斯关于符号的定义是各自在不同的背景下提出来的，不可避免地存在一些差别。但是在我们看来，他们彼此之间是有一定联系的。我们认为，索绪尔的“能指”相当于皮尔斯所说的“符号形体”，人们通常称之为“符形”；索绪尔所说的“所指”，大体上相当于皮尔斯的“符号解释”，人们通常称之为“意义”或“讯息”。索绪尔和皮尔斯关于符号的“二元关系”和“三元关系”学说，奠定了现代符号学坚实的理论基础。

皮尔斯之后的另一位著名的美国符号学家莫里斯（Morris, C.W. 1901—1979）给符号下的定义是：“如果某个东西A是用这样一个方式控制了指向某个目标的行为，而这种方式类似于（但不必等同于）另一个东西乃在它被观察到的情况下用以控制指向这个目标的行为的那种方式，那么，A就是一个符号。”① 莫里斯有时也将符号称为“符号媒介物”（sign vehicle），莫里斯定义的一个特点就在于符号不仅与它所代表的对象以及心灵体现者的解释相联系，而且与解释者的行为相联系。

从上面几个定义可以看出，“符号”并不是一个孤零零的某种事物、某个现象，而是体现解释者的心灵与所对应的对象的一种关系。“符号”既是物质的，同时也是一种心灵的现象，它在人的认知和交际行为过程中产生。“符号是用甲事物表征乙事物，并且通过甲事物来传达关于乙事物的讯息。”②

（二）语形学、语义学和语用学

在符号学的发展历史上，莫里斯第一次明确地把符号学的研究内容分为三个组成部分：语形学（syntactics）、语义学（semantics）和语用学（pragmatics）。目前，莫里斯关于符号学三个组成部分的学说已为学术界所公认，并且成为符号学基础理论之一。

---

① 莫里斯：《指号、语言和行为》，罗兰、周易译，上海人民出版社1989年版，第9页。符号（sign）原文译为“指号”，下同。

② 黄华新：《符号学导论》，河南人民出版社2004年版，第8页。

1. 语形学研究符号系统内的符号能指与能指之间的关系

1938年，莫里斯在《符号学一般原理》一书里是这样定义语形学的："语形学研究'符号相互间的形式关系'。"[①]1946年，他在《符号、语言和行为》一书中对这个定义又作了一些改进："语形学研究符号的种种联合，而不考虑这些联合的意谓，也不考虑这些联合和它们在其出现的那种行为之间的关系。"[②]

莫里斯关于语形学的思想很快得到美籍德裔哲学家卡尔纳普（Carnap，R.）的积极响应。卡尔纳普在1942年出版的《语义学导论》一书中更加清晰地表述说："如果我们不考虑语言的使用者，……也不考虑所指谓，而只分析表达式之间的关系，我们就是从事（逻辑的）语形学的工作。"[③]

莫里斯说语形学不研究符号的意谓和行为，只研究符号的种种联合；卡尔纳普也指出，语形学不考虑符号的使用者，也不考虑符号的所指谓，只分析表达式之间的关系。这些论述都非常明确地把语形学和语义学、语用学严格地区分开来。值得注意的是，莫里斯所说的符号并不是指符号的整体，而仅仅指的是符形，也就是索绪尔所说的"能指"；卡尔纳普所说的表达式也不是指表达式的整体，仅指表达式的形式，即表达式的"能指"。通过细细品味这两位哲学家的论述，我们就能够非常明确地体会到：语形学的任务就是研究符号系统内的符号能指与能指之间的关系。

2. 语义学研究符号的能指与所指之间的意指关系，研究符号的指谓意义（不依赖于符号情境的意义）

莫里斯在《符号学一般原理》一书里关于语义学的定义是这样的："语义学研究'符号和其所指示的对象之间的关系'。"[④]在《符号、语言和行为》一书中他对这个定义又作了一些修改："语义学研究符号所具有的各种方式的意谓。"[⑤]

卡尔纳普在《语义学导论》一书中更加明确指出："如果我们不考虑语言的

① 莫里斯：《指号、语言和行为》，罗兰、周易译，上海人民出版社1989年版，第261页。

② 同上书，第262页。

③ 同上书，第261页。

④ 同上。

⑤ 同上书，第262页。

使用者而只分析表达式和它们的所指谓，我们就是从事语义学领域内的工作。”①

莫里斯所说的“意谓”和卡尔纳普所说的“所指谓”实际上就是符号的能指和所指之间的意指关系。也就是说语义学是研究符号的能指与所指之间的意指关系。需要注意的是这种意指关系是“不考虑语言的使用者”的，更明确地说语义学所研究的符号的指谓意义是不依赖于符号情境的意义，这是它和语用学最显著的区别。

3. 语用学研究符号情境中的意义

莫里斯在《符号学一般原理》一书里对语用学的定义是：“语用学研究‘符号和解释者之间的关系’。”② 在《符号、语言和行为》一书中修改为：“语用学是符号学的这样一个部分，它在符号出现的行为中研究符号的起源、应用与效果”。③

卡尔纳普在《语义学导论》一书中进一步清晰地表述说：“如果在一个研究中明白地涉及了说话者，或者换一个更为普遍的说法，涉及了语言的使用者，那么我们就把这个研究归入语用学的领域中……”④

从这两位哲学家关于语用学的定义中我们可以清楚看到，语用学所研究的符号的意义不同于语义学，语用学研究的是“符号和符号的使用者”之间的关系，除此之外，还要研究“符号的起源、应用与效果”，这些内容就是人们所说的“符号情境”。

关于语形学、语义学、语用学三者之间的联系，瑞士逻辑学家鲍亨斯基(Bocbenski，J.) 在其著作《当代思维方法》一书中作过精辟的论述。他说：句法（语形）关系、语义关系、语用关系以一种特殊方式交织在一起，它们的基础是句法即语形关系。语用关系以语义关系和句法关系为前提，而语义关系则以句法关系为前提。一个无意义的词对于人类理解毫无用处，而为了具有意义，

① 莫里斯：《指号、语言和行为》，罗兰、周易译，上海人民出版社 1989 年版，第 261 页。

② 同上。

③ 同上书，第 262 页。

④ 同上书，第 261 页。

它必须同其他词具有某种关系。另一方面，句法（语形）关系则并不以语义关系和语用关系为前提，语义关系也可以在不涉及语用关系的情况下加以研究。即使对一个完全没有意义的语言，也可以构造出一个完整的句法；例如，我们可以形成这样一种简单的语言，其中只出现符号 P 和 X，并且把 P 永远先于 X 作为一条句法规则，并不一定要知道 P 或 X 实际意味着什么。

作为符号学的一个分支，语形学同语义学、语用学之间的区分是比较容易的。然而语义学和语用学之间的区分就比较困难了，它们研究的问题有些是相互交织的。究竟怎样明确地把语用学同语义学区别开来，英国语言学家利奇（Leech, G.）在《语义学》一书中作出了比较充分的论述。他认为语义学和语用学虽然都研究意义，但是语义学研究的是"sense"（字义），是语言片段的抽象和字面的意义；语用学研究的是"force"（用意），是语言片段在特定场合中的意义。前者为：X 的意思是 Y；后者为：通过 X，S 的意思是 Y。利奇还对意义的某种讨论是否属于语用学的范围，提出四条区分的标准：(1) 是否考虑了发话人或受话人（言者或听者）；(2) 是否考虑了言者的意图或听者的解释；(3) 是否考虑了语境；(4) 是否考虑了通过使用语言或依靠使用语言而施行的那种行为或行动。他说："如果对这些问题的回答有一个或一个以上是肯定的，就有理由认为我们是在讨论语用学。"①

我国著名逻辑学家周礼全先生把语言表达式分为四个层次：抽象语句、语句、话语、交际语境中的话语，与此相对应的表达式的意义也分为四个层次：抽象语句的意义——命题；语句的意义——命题态度；话语的意义——意谓；交际语境中的话语的意义——意思。②

根据利奇的四条标准，我们就清楚知道只有"抽象语句的意义——命题"是语义学的研究对象，其他三个层次的意义都是语用学的研究对象，因为这三种意义都考虑了语言的使用者和语境。

---

① 利奇：《语义学》，李瑞华等译，上海外语教育出版社 1987 年版，第 455 页。

② 周礼全：《逻辑：正确思维和有效交际的理论》，人民出版社 1994 年版，第 16—20 页。

三、符号学是深化先秦名辩学研究的更优范式

从上面对符号学的介绍中，我们可以看到与西方传统形式逻辑相比，用符号学做范式研究我国先秦的名辩学有更多的优势。

传统形式逻辑的主要内容包括概念、判断和推理三大部分。“概念”用索绪尔的话来说是符号的“所指”，也就是说在传统形式逻辑中根本没有考虑符号的“能指”，而先秦名辩学中的“名”恰恰是能指和所指的结合体，是语词符号。“判断”和“推理”主要研究推理形式的有效性，属于语形学的研究内容，遗憾的是先秦名辩学中根本没有涉及推理有效的问题，也就是说根本没有语形学的内容。名辩学中所讨论的推理都是语用推理，而西方传统形式逻辑中又根本没有研究语用推理的问题。与此相反，符号和语用推理在符号学中都给予了充分的研究，据此我们认为符号学是深化先秦名辩学研究的更优范式。

下面我们以“名”的符号性质和“譬”、“侔”、“援”、“推”、“止”五种论式为例来说明符号学范式的优越性。

（一）“名”是语词符号

用西方传统形式逻辑为研究范式，把“名”解释为“概念”，我们通过阅读分析名辩学的原典，就会感受到这样解释太牵强。

首先，我们看看《墨经》中关于名的论述。《墨经·小取》：“以名举实。”《经上》31 说：“举，拟实也。”“拟”的含义就是摹拟，即按照事物的样子画下来就像原物那样。《易·系辞》：“拟诸形容，象其物宜。”这和许慎说的象形字如出一辙，许慎说：“象形者，画成其物，随体诘出，日月是也。”《经说上》32 讲得更明白：“名若画虎。”即写“虎”字，就像画虎一样。显然“以名举实”，“名若画虎”中的名不是概念，而是符号。

其次，我们再看看《荀子》中关于名的定义：“名也者，所以期累实也。”根据许慎《说文解字》，“期”有约定之义，“累”有附加之意。因此我们可以把

荀子的定义理解为“名”是通过约定，附加在“实”上的符号。《荀子》另一段著名的论述进一步证明了名的符号性：“名无固宜，约之以命，约定俗成谓之宜，异于约则谓之不宜。名无固实，约之以命实，约定俗成谓之实名。”名和实之间是没有必然联系的（概念和事物之间是有必然联系的），某个“实”用什么“名”来表达，某个“名”表示什么“实”，既没有自然的法则，也没有固定的模式，而是约定俗成的结果。

符号和概念的区别在哪里？概念是反映事物属性的思维形式，是思维领域内的东西，是索绪尔所说的“所指”。符号则是符形和符义的结合体，用索绪尔的话来说是能指和所指的结合体，它们就像一张纸的两面是不能分开的。先秦文献中的“名”既可指文字符号，也可指声音符号。如果指文字符号，它就是字形和字义的结合体，如果是声音符号，它就是音响形象和概念的结合体。

（二）“譬”、“侔”、“援”、“推”、“止”五种论式都是语用推理

1.“辟”式推论

惠施给“譬”下的定义是：“以其所知谕其所不知而使人知之。”（《说苑·善说》）《墨经》的定义是：“辟（譬）也者，举他物而以明之也。”（《小取》）《墨辩》的“譬”是作为一种推论形式提出来的。“举他物以明之”的“明”指明类。乙物与甲物本质（共性）相同，举乙物作譬，达到获得甲物与乙物为同类的认识的目的。涉及论辩双方的背景知识，显然具有语用推理的性质。

例如《墨子·耕柱》说：“曰：大国之攻小国，譬犹童子之为马也。童子之为马，不足用而劳。今大国之攻小国也……农夫不得耕，妇人不得织，以攻为事。故大国之攻小国也，譬犹童子之为马也。”儿童骑竹马，是一种白费力气，没有用处的儿戏，这和大国攻小国的“百姓苦其劳，而弗为用”（《墨子·鲁问》）在本质上相同，因而大国攻小国和“童子之为马”为同类，它们都是劳而无功的儿戏。

2.“侔”式推论

“侔也者，比辞而俱行也。”（《小取》）

“比”，“其本义谓相亲密也”（《说文》段注）。比的引申义有类等、齐等、同等。据此，“比辞”可以理解为两个命题相类、相等或相同。“比辞而俱行”就是比较作为前提与结论的命题，并以其相类、相等或相同为根据而进行的推演，这也正是“侔”式推理的特征。这种推理涉及上下文，是典型的语用推理。

白马，马也；乘白马，乘马也。

骊马，马也；乘骊马，乘马也。

获，人也；爱获，爱人也。

臧，人也，爱臧，爱人也。

“白马，马也；乘白马，乘马也”，这句话应译为：“白马是马，所以，骑白马是骑马。”这一推理的前提与结论均为直言命题，结论的主、谓项是由在前提中主、谓项上附加相同语词而构成的复杂语词，表达这些复杂语词的是由若干词构成的词组（“乘白马”与“乘马”均为动宾词组），而不是句子。这些实例表明，前提与结论之间的齐等之处不在于具体内容的无差别，而是它们的主、谓项之间均具有属种关系，即主项包含于谓项。就这点而言，作为前提与结论之间的两个命题可视为类同，这种“类同”正是“侔”式推理的根据。

3.“援”式推论

援也者，曰：“子然，我奚独不可以然也？”（《小取》）

“援，引也。”（《说文》）“援”式推理的特点是：引述对方的论点与自己的论点进行比较，以双方论点属同类为根据，驳斥对方对己方所持观点的否定是站不住脚的，这一特点被孙诒让概括为：“引彼以例此。”[1]这种论式是通过指出对方所赞同的观点与其企图反驳的观点是相同的，从而说明对方是自相矛盾的。它依赖于语境，是语用推理。

《小取》的一段论述可以作为“援”式推理的例子，世人有“盗人，人也；

---

① 孙诒让：《墨子闲诂》，中华书局1986年版，第380页。

多盗，非多人也”的论点，墨者有“盗人，人也；杀盗，非杀人也”的论点，“引彼以例此”，二者同类。因此，“世有彼而不自非也，墨者有此而非之”就站不住脚了。这个例子表明“援”兼有证明和反驳的作用，反驳是主要的。“援”是十分有力的论辩手段。

4.“推”式推论

“推也者，以其所不取同于其所取者予之也。‘是犹谓’也者，同也；‘吾岂谓’也者，异也。”（《小取》）

所谓“推”式，就是揭示对方所否定（“所不取”）的命题和对方所肯定（“所取”）的命题为同类，从而推知其结论只能是要么都肯定，要么都否定，而不能肯定一个而否定另一个。这也和论辩的语境密切相关，毫无疑问属于语用推理。

“推”式推论既可用于证明也可用于反驳，更多是用于反驳，例如：“公孟子曰：‘无鬼神’，又曰：‘君子必学祭礼。’子墨子曰：执无鬼而学祭礼，是犹无客而学客礼也，是犹无鱼而为鱼罟也。”（《墨子·公孟》）

“是犹”，即《小取》“是犹谓也者，同也”的“是犹”。“执无鬼而学祭礼”和“无客而学客礼，无鱼而为鱼罟”也是“是犹”关系，即同类关系。按“法同则观其同”，两者要么同真，要么同假，而不能一真一假。

5.“止”式推论

“止”式论式是《墨辩》在《经说》中明确总结了的一种论式：

“止，因以别道。”（《经上》99）

“止：彼举然者，以为此其然也，则举不然者而问之……”（《经说上》99）

“止，类以行之，说在同。”（《经下》101）

“止：彼以此其然也，说是其然也；我们以此其不然也，疑是其然也。”（《经说下》101）

“因以别道”，是指把不同的、别的情况（这儿是指具有矛盾关系的命题）

指出来加以反驳。但这个不同情况的命题必须限于同类（“类以行之”），即命题的主宾项同一。比如对方举出一个正面事例，得出关于这类事物都是这样的一个全称命题（“彼举然者，以为此其然也”），这是由个别到一般的类取，是简单归纳。我们只要举出这类事物中有不是这样的例子，就可以推翻对方这个全称肯定的命题。这就是“止”式推论。

又如，对方举出这类事物都是这样（“彼以此其然也”），推出这一类事物中某物也是这样（“说是其然也”），我只要举出这类事物并非这样（“我以此其不然也”）的一个全称否定命题，就可以证明对方那个某事物是这样的特称肯定命题为假（“疑是其然也”），这同样也是“止”式推论。

可见，“止”式推论是利用命题之间矛盾关系进行的推论，这也是和语境密切相关的，因而也是语用推理。

从以上的论述中我们可以看出，用符号学作范式研究先秦的名辩学，能够对“名、辩”问题作出更加合情合理的阐释。由此我们坚信：符号学是深化先秦名辩学研究的更优范式。

中国哲学史方法论问题

郭齐勇*

本文有三个方面的内容：第一是我们的老前辈萧萐父先生的思考、贡献与启示；第二是中西互动中的中国经典诠释的方法学及其展开；第三是关于中国哲学研究的多重取径、前景与限制问题。

一、萧萐父先生的思考、贡献与启示

（一）萧先生对方法论问题思考的背景、过程与重点

改革开放以来，武汉大学哲学系由陈修斋老师、杨祖陶老师挂帅的外国哲学史教研室和萧萐父老师、李德永老师、唐明邦老师主持的中国哲学史教研室一起开了一门课，中、西哲学的研究生一起来听，一起来切磋，一起来讨论，这门课就是哲学史方法论。这当然也源自于院系调整后的北京大学。“哲学史方法论”这门课是陈修斋、萧萐父与杨祖陶先生为中外哲学史的研究生共同开设的特色课程。我们在20世纪80年代初，在陈老师、萧老师、杨老师的带领下受学。当时还有王荫庭老师讲普列汉诺夫，徐瑞康老师也讲了课，也请了校外的老师授课，确实使我们受益匪浅。[①] 那时硕士生的课主要是讨论课，我们读了大量的马克思主义的经典著作，比如马克思的《〈黑格尔法哲学批判〉导言》、

---

* 郭齐勇，武汉大学国学院院长，国际中国哲学会会长、中国哲学史学会副会长。

① 当时的部分讲义后来编入陈修斋、萧萐父主编：《哲学史方法论研究》，武汉大学出版社1984年版。此外，在萧萐父老师指导与安排下，1989年以武大哲学系名义出了打字油印本《哲学史方法论新探》，由校印刷厂印出，用于研究生的哲学史方法论课程。

《政治经济学批判导言》、《1844年经济学哲学手稿》，还有马克思晚年的人类学笔记数种，恩格斯的《卡尔·马克思〈政治经济学批判〉》、《德国农民战争》、《家庭、私有制与国家的起源》、《费尔巴哈与德国古典哲学的终结》、《自然辩证法》，马·恩合著的《神圣家族》、《德意志意识形态》及他们的通信，列宁的《哲学笔记》等，对涉及黑格尔哲学史观的《哲学史讲演录》导言部分更是反复地研读，还有康德《判断力批判》导言等。萧先生又很重视引导我们对《庄子·天下》、《荀子·非十二子》、《韩非子·显学》、《淮南子·要略》、司马谈《论六家要旨》诸篇反映的古代学术史论与刘知几、王夫之、章学诚的历史哲学的研读，以为从中吸取我们民族哲学思想的方法学。

萧萐父老师的《吹沙集》现已出了新版，四川的巴蜀书社出了《吹沙集》三卷，武汉大学出版社也出版了萧老师的论著集及萧师与师母的诗书画集等。这些著作里面有关于"方法刍议"的七篇论文及其他栏目的若干论文，这些文章我们都曾学习和讨论过，有的我也曾参与了整理。现在，温故而知新，每读一遍都有很深的感情。改革开放以来，全国的哲学界、哲学史界是如何艰难地跨越了这一步，来真正了解人类文明史上最辉煌的西洋哲学与中国哲学的核心问题，及如何探讨方法学问题，我们是见证人。

我们可以说是在陈修斋老师、萧萐父老师、杨祖陶老师等前辈指导并与我们一起讨论的过程中，打下了方法论的基础的。老师们是结合自己的专长与研究心得来讲方法论的，萧先生结合明清哲学的研究，陈先生结合西方唯理论、经验论与莱布尼兹的研究，杨先生结合德国古典哲学，主要是康德与黑格尔哲学的研究，王荫庭先生结合普列汉诺夫五项论的研究。陈修斋老师的有关论著，请参见段德智教授编的《陈修斋哲学与哲学史论文集》等，杨祖陶老师的论著有《德国古典哲学逻辑进程》、《康德黑格尔哲学研究》等，以上几种精专传世之作都是武汉大学出版社出版的，陈先生的书新版为《陈修斋论哲学与哲学史》，由人民出版社出版。当时我们还修了江天骥先生的科学哲学的课，亦很受库恩的《科学革命的结构》的启发。江先生关于西方科学哲学的书，我们也是人手一册。以上诸先生的影响，从我1983年所写的一篇方法论的文章中可以看到。[①]

六十年来，一个甲子的中国哲学和西洋哲学关于方法学的讨论，的确是非常有深意的。改革开放刚开始，1978年至1979年中外哲学史界著名的芜湖会议、太原会议，1981年杭州宋明理学讨论会等，都是很重要的会议。通过我们中外哲学史两个学科长期在一起讨论，对教条化、庸俗化、贫乏化的前苏联日丹诺夫式的哲学史方法论予以了检讨。关于哲学史研究的对象、范围、重点、方法问题一直是萧老师等前辈们思考的重点。我们知道，这一思考的道路不是平坦的。最近我看到坊间有的杂志上有批评萧老师和李锦全老师主编的《中国哲学史》教材的文章。我不是说我的老师就不能批评，而是说批评一定要知人论世，一定要同情地理解。我们老一辈先生编的《中国哲学史》虽然在我们现在看来有一些不尽如人意的地方，但在当时来说那其实是非常了不起的贡献。而且这套书出版了十几万册，被许多本科阶段的大学生们捧读，的确是非常了不起的。因为它在方法学上有一个自觉，这个自觉表现在对我们中国哲学史研究的重点、范围、对象问题是加以思考与简择了的。萧先生主要是根据马克思主义方法学的理论和原理来思考和构建中国哲学史的，当时对哲学史的定义就曾参考学习了列宁的《哲学笔记》。萧先生讲关于自然、社会和思维的一般认识的历史，以此来定义哲学史，以区别于哲学与非哲学的界限。大家都知道，当时哲学界有一个认识论的转向，这个认识论的转向使得萧先生的认识史观特重梳理、筛选在宗教、艺术、道德、社会、政治、法律资料中涉及的规律、本质的哲学问题。至于这些学科中的具体问题，则由这些学科自行解决。如若把哲学史作为一门学科加以定义、研究，则一定关涉上述各学科里面的本质、规律等哲学问题。萧先生以黑格尔—马克思的“逻辑与历史相统一”的哲学史观与列宁《哲学笔记》的有关论断为方法论主调，且受到前面所说的哲学界“认识论”转向的影响。

武汉大学、中山大学等九校合编的，萧先生与李先生主编的中哲史教材就

---

① 参见郭齐勇：《哲学史方法论学习札记》，《武汉大学学报》（社科版）1984年第4期。

是用“螺旋结构”、“历史圆圈”、“范畴研究”、“哲学史是认识史”等路数来重新架构或解读中国哲学的，力图从此前的泛政治化走向学术化。同时，作者非常有深度地研讨了中国哲学的范畴问题。我们知道，要了解中国哲学的范畴问题，首先应对此加以提炼与辨析。我们须探讨中国哲学的天、人、道、气、性、命、心、理、德、知等范畴，宇宙论、本体论、心性论、认识论学说及如何与西方哲学相比照并加以调适上遂的发展的问题。且为了使这些哲学资料更加适合于我们的学子讨论和阅读，就须在教材中梳理出这些主要思想之逻辑发展的规则、轨迹。作者从中提炼出一些非常具有价值的范畴和范畴体系来加以建构。当然，在建构过程中也不免出现削足适履的情况，这是难以避免的，但是中国哲学的哲学性就开始得到了特别的重视。这就是在20世纪70年代末80年代初，也就是在我们读本科生和硕士研究生的时候，整个学界特别是中外哲学史界的一个主要的走向。冯契先生的《中国古代哲学的逻辑发展》及“智慧说”三部曲与萧萐父、李锦全先生主编的《中国哲学史》及萧先生的论著——《吹沙集》三卷，算是一种路数的代表。这是承接着逻辑与历史统一、哲学史就是认识史的路数展开的。另一方面，李泽厚先生的中国古代、近代、现代思想史论之三部曲及80年代的文化讨论、文化热，产生了汤一介、庞朴先生的一些论著，影响极大。大家知道，我们曾经都是李泽厚先生的粉丝。可以说，当时全国的人文学的研究生，其案头上几乎没有不摆放李泽厚的书的。这就是80年代初期中国思想界的一种状况。但我们比较偏重于冯契先生和萧先生这样一个脉络。这个脉络非常重视中西马的融通。对西方哲学的研讨，上至古希腊哲学，下至康德、黑格尔等的德国观念论，一直到马克思主义的经典导读，实与中国哲学相发明。可以说中西马的互动促成了当时这样一种哲学史观与方法学的讨论。

当然，今天我们检讨和回顾一个甲子的中国哲学史的研究及其方法论问题，不能不更往前推。我们这个学科的建设、它的自觉化有将近一个世纪的历程。我们知道，最早是胡适先生的《中国哲学史大纲》卷上。还有冯友兰先生30年代出版的《中国哲学史》上下卷，两卷本。这个两卷本《中国哲学史》由卜德翻译成英文。这个英译本结合了西南联大时期冯先生《新原道》中的思想，在英文世界流行甚广，至今仍在起作用。这个英译本因为吸收了《新原道》中的思想，且采用了冯先生一边讲述、译者一边翻译的形式，因此比中文本更好，更能体现冯先生自觉地对于中国哲学史的解读。

我们看金岳霖先生给冯友兰先生的《中国哲学史》所作的审查报告，就特别强调了胡适先生的半部中国哲学史中所带有的那样一种强势的西方人特别是美国商人的眼光。后来经冯先生建议，金先生把“商”字去掉了。这种眼光难免造成诸多成见。按梁任公先生的评价，胡适先生的哲学史大纲，对知识论、逻辑学有石破天惊的创发，但是中国人最得心应手、最有创造性智慧的社会哲学、政治哲学、伦理学、人生哲学却暗而不彰。当然，我们也知道，当时胡适之很困难，他能够从西方的实验主义、逻辑学出发来解读一部分中国哲学史的材料就很了不起了。当时对胡适先生这半部哲学史的推崇，是以蔡元培先生的评价为标准的，那评价是非常高的，认为是创造性的开天辟地之作。当然胡著是一个斩头的哲学史，它把前面很长一段哲学史都斩掉了。我们每一个人都有一定的限制，每一个学者也是这样，不可能不在时代的氛围内做自己的学术研究，因为他（她）必须有学术前史作为基础。所以，胡适、冯友兰，特别是胡先生还是非常了不起的具有开拓性的人物。

萧老师他们反省中国哲学（史）以及方法学的建构时，特别重视的还有他们的前驱，像郭沫若、侯外庐的这样一种研究范式。可以说，1949 年以前，有两种范式占主导地位。前面一种范式是用美国或说西方的哲学解释框架或者某一种路数来解读传统中国哲学。比如，冯先生是新实在论的路数，用共相的观念来谈问题，而用共相来谈的“理”就可能成了一个空套子。但不管怎样，他有自己的优长。而冯先生晚年则特重人生哲学、社会哲学等。

郭沫若、侯外庐先生的方式是以唯物史观作为中国哲学讨论的最主要的一个理论指导。在这种框架之下，侯外庐、杜国庠、赵纪彬、邱汉生等的《中国思想通史》于解放前出版了几卷，且解放后继续出版，这成为六十年来中国哲学史和中国思想史最重要的参照，非常了不起。当年，侯外庐专门谈《资本论》、谈亚细亚生产方式，都是我们今天还在讨论的问题。但是我们要看到，当时的讨论的确是以唯物史观作指导来研究中国哲学、中国思想的，这也是具开创性意义的，有很多值得我们肯定的思想财富。此外，张岱年先生解放前写的《中国哲学大纲》，之前出版了一个小本子，但却湮没无闻，一直到80年代初期才由中国社会科学出版社正式出版，这时才有了一些影响。但张先生是以范畴论的方式来写这部大纲的。任继愈先生挂帅主编的几个版本的《中国哲学史》也是一个重要的参照。特别是四卷本的那套，“文革”前已出版，1979年又重新修订出版，成为我们好几代学生重要的教材和参考书。这些都是萧先生那一代人思考中国哲学及其方法论的重要前史。特别值得参考的是，他们用唯物史观的理论与方法来指导中国哲学的研究，重视哲学思想产生的社会历史背景及其对哲学观念的影响，重视发掘被正统史家所湮没的民间下层的思想代表等，都很了不起。

萧先生会通中西印哲学，非常重视中西印各哲学传统的发展。金克木先生、汤用彤先生都是他的老师，彼此之间特有慧心。萧先生以批评的精神和创造性智慧，转化、发展儒释道、诸子百家思想资源。为总结历史经验教训，他从哲学史方法论的问题意识切入，尽力突破左的教条主义的束缚，引入螺旋结构代替对子结构。对子结构也就是唯物主义与唯心主义、辩证法与形而上学对立的这样一种结构。萧先生重视逻辑与历史的一致，强调普遍、特殊、个别的辩证联结，认真探究中国哲学范畴史的逻辑发展与哲学观念史发展的历史圆圈。萧先生由对哲学史方法论问题的咀嚼，提出了哲学史的纯化与泛化的有张力的统一观（纯化是把哲学问题提炼出来，泛化是还原到思想史、学术史、文化史或某个部类中去），努力改变五四以降中国哲学依傍、移植、临摹西方哲学或以西方哲学的某家某派理论与方法对中国哲学的史料任意地简单比附、“削足适履”的状况。这可以说是萧先生方法学思考的理论贡献。

（二）萧先生关于经典与史料的研读

萧先生也特别强调经典与史料的研读。我们讨论的是中国哲学。在文史哲分科之前，我国只有经、史、子、集四部这样一种图书分类方法，还有就是清代的义理、考据、辞章三种学问路向，但这些都不是今天西方社会科学的分科。分科当然非常好，但分科也会带来一些盲点。比如说，经学是中国文化最重要的根源，但经学通过这种分科反而得不到很好的研究。今天我们适度地提倡国学，国学这一学科不可以替代文史哲的分科，但是它可以补救现行文史哲分科后出现的问题。例如，经学中的《诗经》放在了文学科，但放在文学中够吗？《诗经》讨论的只是今天文学范畴内的问题吗？当然不是。《易经》、《书经》、《春秋》、三《礼》等呢？

萧先生在重视经典和史料研读的过程中，非常重视方法论之前的方法或解释学之前的解释。有的人认为训诂、考据或者文献学的研讨，包括文字、音韵、训诂，一直到校勘、辨伪与辑佚等，不能算作解释学的内容，但它们肯定是解释学之前即我们研读中国哲学文本之前必须要做的基础工作。

我们读书的时候，萧老师给我们开了史料学的课程，专门读梁启超先生的《清代学术概论》等书籍。梁任公论朴学，主张“凡立一义，必凭证据；无证据而以臆度者，在所必摈”。[①] 且强调：“孤证不为定说。其无反证者姑存之，得有续证则渐信之，遇有力之反证则弃之。”[②] 还有，作为一名学者为了证明自己的看法或观点，“隐匿证据或曲解证据，皆认为不德”。“最喜罗列事项之同类者，为比较的研究，而求得其公则。”“所见不合，则相辩诘，虽弟子驳难本师，亦所不避，受之者从不以为忤。”“文体贵朴实简絜，最忌‘言有枝叶’。”[③] 即语言不要太枝蔓，要集中到你的论证上来。此外，萧先生还让我们讨论陈垣先生的《元典章校补释例》之《校法四例》，即对校法、他校法、本校法、综合考证法。这都是我们切实研读文献时须讨论的。关于考据，清儒考据功夫很深，但萧先生启发我们对此也不要迷信。

不要迷信已有考据的成果，清儒考据也有自身的限制。例如关于《大学》，

① 梁启超：《清代学术概论》，上海古籍出版社 1998 年版，第 47 页。

② 同上。

③ 同上。

清儒毛奇龄认为《大学》的单行本出现很早，以为《论语》、《孟子》、《大学》、《中庸》、《孝经》乃小经，在汉唐时早已单篇独行，不始于宋儒。全祖望《萧山毛检讨别传》就指陈其谬，而且举出的例子有很多实证的方面。比如说，关于毛奇龄对于《新唐书》所载材料的误读就是一例。《新唐书》说修小经、中经、大经，指的是学年时间的概念，并不是说有所谓小经、中经、大经的一个内容上的区别。《新唐书》卷四十四载，《孝经》、《论语》一年修，《尚书》、《公羊传》、《谷梁传》一年半修，《周易》、《诗经》、《周礼》、《仪礼》两年修，《礼记》、《左传》三年修。不能因《新唐书》的这条材料，我们就把小经当做单篇别出。清儒朱彝尊这一了不起的学者，也指出单篇别出的《大学》、《中庸》出现非常早，不始于宋代，尤其不始于南宋。朱彝尊甚至说司马光所注的《大学广义》是单行的开始，好像铁证如山。但实际上，《礼记》有十多篇在宋代以前已有专篇注解了，并不能因此断言单篇独行。司马光所注《大学》，仍是作为《礼记》的一篇。如按《经义考》，《礼记》有四分之一强的篇章早已单行。我们今天来了解《大学》、《中庸》形成的历史，就知道这些问题都较容易解决。《大学》、《中庸》单篇别出不是如毛奇龄、朱彝尊所理解的那样的。[①]

我们还注意到《资治通鉴》几位撰写者的分工问题。胡三省在《新注资治通鉴序》中说："修书分属，汉则刘攽，三国讫于南北朝则刘恕，唐则范祖禹，各因其所长属之，皆天下选也。"但清人全祖望在《通鉴分修诸子考》中提出一条材料，是司马光写给范祖禹的信，信中说：你要看到魏晋南北朝的材料就给刘攽，五代的材料就给刘恕。全祖望据此说胡三省注里讲的分工不对。抗战期间，陈垣先生带研究生，就叫研究生自己写文章来讨论全祖望的说法是否可靠。陈垣先生的意见是，司马光的这封信的确是信史，确有其事。但那只是他初步的想法，是收集资料作长编时候的考虑，后来并没有这样做。解放后翦伯赞先生写过一篇文章，里面关于《通鉴》的分工，还是按胡三省的说法。马上就有人写文反驳，批评翦伯赞，并举全祖望之说云云。翦伯赞先生回应说，全祖望

---

① 详见岑溢成：《大学义理疏解》，台北，鹅湖出版社2000年第7版，第4—8页。

的说法不对，你还须考证。[①]从这些材料的甄别可以看出，中国哲学的难度也在其史料、资料的辨析上。

在我校2009年举办的明清学术会议上，一位域外学者引用了邓豁渠《南询录》的材料。他用的是发表在《中国哲学》辑刊第19辑上的材料。我就告诉他，那个材料不可用。《南询录》的材料日本人很重视，收藏在他们的东洋文库即内阁文库中，而在中国却失传了。日本有几位大学者如岛田虔次先生、荒木见悟先生等都写了关于《南询录》的论文。有的先生做事疏忽或训诂方面的修养不够，整理中的问题很多。点校是要功夫的。比如说，该书前面引的白沙子的话，其实只有短短一句话，整理者却把一长段话都打上引号，当做陈白沙的话。其实白沙子的书都已整理出版，可以查对。有关《南询录》，应看邓红的整理本。[②]

又如，有人讲庄子的"判天地之美，析万物之理"如何了不起，值得大力提倡云云，这是对《庄子·天下篇》的误解。其实这本来是庄子学派所批评的一曲之见。《天下篇》作者认为把握道体之"全"，才能"原天地之美，达万物之理"。

我举以上几个例子是想说明，萧先生在训练我们的时候特别重视资料、文献的鉴别、爬梳与点校。这是非常难又很重要的一种训练。萧先生的史料学课程的讲义，通过我们前几届研究生听课并不断整理，老师反复加以修订而成。[③]这是作为我校研究生院的教材，由武汉大学出版社出版的，理应成为我们专业博、硕士生的案头书，这本书不仅讲史料，也讲方法。其中第二讲《古史祛疑》，就是对疑古思潮的反思，属于方法论问题，第三讲《朴学简介》，就是讲文献识别与把握的门径与方法，第四讲则讲地下考古资料与传世文献的互证等，也是方法，即二重证据法。

---

① 详见柴德赓：《资治通鉴介绍》，求实出版社1981年版，第13—14页。

② （明）邓豁渠著、邓红校注：《南询录校注》，武汉理工大学出版社2008年版。

③ 萧萐父：《中国哲学史史料源流举要》，武汉大学出版社1998年版。

（三）萧先生强调对已有成果的把握

萧先生不仅非常重视第一手原始资料与文献，而且非常重视对于海内外已有成果的研读，即学术前史的通晓。他训练我们的硕、博士生时，强调一定要能够做一个非常好的文献综述。做文献综述中也要贯穿着问题意识。任何思想史上的人物都是接着讲的。当你做硕士论文或博士论文时，一定要切实梳理你的研究方向、论题的现有成果。从对已有成果的反思中发现问题，然后抓住问题深入研究，超越已有成果。我们做的是有思想的学术和有学术的思想。思想离开了学术是空疏的，学术离开了思想是盲目的。“竭泽而渔”是陈垣先生倡导的治学方法。那时萧老师就让我们读《励耘书屋问学记》，让我们反复体会大学问家的治学精神。傅斯年先生讲“上穷碧落下黄泉，动手动脚找东西”。傅斯年先生成立史语所的时候，其宣言尽管用的是唯科学主义的方法，存在问题。但我们知道，现代学术的规范就是要充分理解你所研究的对象，并尽量掌握已有的成果。因此，要全面理解中国的、外国的包括汉学家的、中国学家的、日本的、欧美的已有成果来做学术前史的梳理。所以，假如我们没有对已有成果的研读和学术前史的梳理，每做一篇文章都有可能失败，因为别人已经说过了，只是你不知道而已。有的人自说自话，孤芳自赏，根本不了解海内外有关人物、课题、著作研究的进展与前沿，那当然不能称之为真正的学术研究。我们现在指导研究生时发现，有些同学比较偷巧，在网上查资料，但找的都是一些地方师专学报等刊物上的文章。而对于研究对象所涉及的一些最重要的文献却并没有去找，特别是其思想的演进过程。我们认为，学术方法与学术态度是连在一起的。做学问就要老老实实。“知之为知之，不知为不知，是知也。”在一定意义上，老老实实既是态度，也是方法。诚实地做学问既是态度，又是方法。这是我们的老先生们一再强调的。因此，萧老师、陈修斋老师、杨祖陶老师、李德永老师、唐明邦老师都非常重视做人与做学问的一致。对此，萧先生提出二十字方针：“德业双修，学思并重，史论结合，中西对比，古今贯通。”这是一种开放的、以做人为前提的学问之道。我以为这里面包含的内容非常深广。以汤用彤先生、金克木先生为榜样的萧先生有一副对联，也是他一生的努力过程："多维互动，漫汗通观儒释道；积杂成纯，从容涵化印中西。"萧先生和师母的骨灰现安葬在他们的家乡成都，墓碑上的碑文就是这副对联。这是我们武汉大学以及哲学学院最重要的一个学术传统，也是最重要的一个方法学。我们不应把方法与方法学太过于拘束化了。总之，一定要有广博的知识背景与扎实的学问工夫，精读经典，打好基础。

二、中西互动：中国经典诠释方法学的展开

前面谈了第一个问题，即萧先生的致思趋向、方法学思考与治学方法。这里讲第二个问题，讨论的是中国经典诠释方法学的展开。

（一）诠释学与创造的诠释学

这就要提到美国天普大学教授傅伟勋先生。他和萧先生、刘纲纪先生都是非常好的朋友。傅伟勋先生一共来过武大两次，萧先生邀请并让我接待、陪同。傅伟勋先生的创造的诠释学是20世纪80年代中后期首次在武汉大学讲的，后来又有所修改。关于诠释学，他很敏感。那时大家还没有像今天这样重视伽达默尔的诠释学。那时傅先生用五层辩证的关系来讨论中国经典诠释。首先是"实谓"，即这个文本实际上了说了什么？这一层实际涵盖了我前面所说的点校、训诂、考据、辨伪、辑轶等。要想弄清文本实际上说了什么，就离不开文字训诂等一系列小学功夫与文献学的功夫。假如对前面的思想史遗产完全不了解，就没有办法做个案的研究。第二层是"意谓"，即作者想要表达什么？或他所说的意思到底是什么？这一点傅先生认为非常重要。后来有人讨论说，这才是开始了真正的诠释学。第三层是"蕴谓"，即作者可能要说什么？或他所说的可能蕴涵着什么？第四层是"当谓"，即原思想家本来应当说出什么？或创造的诠释学

者应当为原思想家说出什么？最后一层是“必谓”（后来傅先生修改为“创谓”），即原思想家现在必须说出什么？或为了解决原思想家未能完成的思想课题，创造的诠释学者现在必须践行什么？[①] 有人批评说，必谓（或创谓）也应放在诠释学之外。也就是说，属于诠释学之内的只有意谓、蕴谓和当谓。实谓是进入诠释学的一个功夫与前提，是前面的准备工作。意谓、蕴谓和当谓才是诠释的过程。必谓（或创谓）则是今人的解读，应排除在诠释过程之外。香港中文大学刘昌元先生对傅伟勋先生创造的诠释学也有所批评。他认为，假如存在这五层创造的诠释的话，就有过度诠释的嫌疑。他强调孟子所说的读《诗》时“以意逆志”的方法。要分析“说话的主体”与“实际的主体”，以期做到不“以文害辞”，不“以辞害意”。人的意识总是处在一定的处境、制度与风俗之中。[②] 还有，诠释者总是使用一定的语言，这也是伽达默尔所强调的一种诠释对话的理论。我们要勇于突破权威的、独断的说法给我们的限制。这就必须有开放的心态。关于“成见”，伽达默尔也有他自己的解读，大家想必也很熟悉了。此外，刘昌元先生提出了“历史的具体化原则”、“融合原则”和“丰富性原则”。比如，他说方东美先生用道体、道用、道相、道征四方面来解读“道”，就把《老子》的“道”解释为在形上学上有一超本体论的层次。[③] 这些都是刘昌元先生在解释学层面对傅伟勋先生的批评。刘先生还提出有所谓“尊敬的解释学”与“怀疑的解释学”等相对应的观点。关于伽达默尔的诠释学，我们有很多很好的学者来做这方面的研究。伽达默尔所反省的是西方启蒙主义的两大精神：一个是强调理性，一个是否定传统。

（二）从黑格尔转向后黑格尔

我接手哲学史方法论这门课程到2009年约有十五个年头。我们这门课原

① 参见傅伟勋：《从西方哲学到禅佛教》，生活·读书·新知三联书店1992年版，第51—52页。

② 参见刘昌元：《研究中国哲学所需遵循的解释学原则》，载沈清松主编：《跨世纪的中国哲学》，台北，五南出版公司2001年版，第77—98页。

③ 同上。

来是中西哲学史的老师一起上，后因工作量的问题，就分开了。分开后，我和田文军教授一起来负责。原来这门课是两个学期即一个学年的课，田文军老师与我各带一学期课，后来压缩为一个学期了，我们各带半学期课。我主持这门课时曾请邓晓芒教授、彭富春教授、何卫平教授等到我们这个班给中国哲学专业的研究生来讲西方哲学中最重要的哲学家的方法学。我们一直强调中西互通。我接手之后对这门课程的转型，就是从黑格尔转向后黑格尔。一方面，我们继续研读黑格尔《哲学史讲演录》的导言，对其进行细致的讨论。另一方面，我们更重要的是学习并检讨马克斯·韦伯，学习并反思西方著名汉学家的新成果，学习并讨论伽达默尔的诠释学在中国哲学诠释中的意义。伽达默尔认为，如果否定传统就丧失了我们所理解的视域，而令纯理性的作用几乎成为不可能。现代并不与传统相对立，而是以崭新的方式来形成新的传统。真正达到理解时，社会对现代与传统的理解就实现了“视域融合”。洪汉鼎、沈清松、陈荣华、何卫平等教授在这一方面都有很多贡献，我们主要读洪汉鼎译《真理与方法》及洪先生书数种，沈清松先生著《现代哲学论衡》有专章论哲学诠释学，陈荣华先生著有《葛达玛诠释学与中国哲学的诠释》。沈清松据伽达默尔思想指出，每个人都必须意识到自己隶属于一个传统；同时，我们必须知道我们的历史传统只是各种传统中的一个传统而已。因此，我们必须保持开放性，向印度、西方等不同传统开放。另外，我们最需珍视的是语言的传统。而语言的传统则存在于我们的经典、典章文物、圣贤人格、言论、经史子集、民间民俗文化中。

解释学有它的“游戏”观念，而游戏中又有规则。这一规则与自然科学中的规则不同。自然科学的规则是主客对立。西方社会科学也受到了自然科学这一规则的限制。主客二分作为所谓的普遍规则理论，用到对具体事物的把握上，就造成了像我们今天生态环境遭受严重破坏等后果，这就是科技文化所产生的弊端。所以，须理解老子所谓“道法自然”。我们要费很多口舌来向我们的听众表明“道法自然”这一“自然”不是西方观念下的那个对象化的“自然”。“道法自然”就是道向自己的那个样子而已。有一次一位院士问我，“道法自然”怎么解释，我费了很多口舌来向这位自然科学家解释。伽达默尔诠释学讲到了诠释活动的预设，认为客观的诠释是不可能的，我们的理解总是在先设结构（所有、观念、概念等）的框架内才能实现。比如说，我们解读孟子的“尽其心者，知其性也。知其性，则知天矣。存其心，养其性，所以事天也”，尽心、知性、知天，存心、养性、事天只有从《孟子》全书的脉络中才能得到理解。不仅如此，我们甚至只有从先秦儒学发展的脉络中才能理解这句话。这就是一种先设所有。所以任何一种创造性的理解都离不开我们的传统。我们现在认为理性与传统之间是可以各自分离、彼此独立的。然而解释学告诉我们，在我们彼此之间，在问题与答案之间，通过诠释经验中的对话性，双方可以达到一种互动。这就是一种人文主义的方法学。

（三）中国经典诠释的方法论启示

中国哲学史界近年来的方法学讨论，我觉得最值得重视的是成中英先生的本体诠释学，汤一介先生的中国解释学，黄俊杰先生以孟子诠释为中心的经典诠释学与东亚经典的诠释学，李明辉先生的康德与儒学的互释，刘笑敢先生的“反向格义”说，还有借现象学解释的路子，如张祥龙教授与陈少明教授等所做的工作。成中英先生认为，西方古典的形上学是寻找本体的诠释，而他所探讨的中国诠释学是基于本体的诠释。他要重新建构中国诠释学视域下的本体论。黄俊杰先生把两千年来《孟子》的诠释历史加以分析与提炼，总结中国诠释的方法学及时代所附加在《孟子》诠释上的一些内容，使经典与文本得以有新的敞开。此外，日本、朝鲜半岛、越南学者对于四书、儒学也有自己不同的诠释，并在此方面作出了积极的贡献。汤一介先生总结了中国古代经典诠释的三种路向：一是“历史事件的解释”；二是“整体性的哲学解释”；三是“社会政治运作型的解释”。这些都是值得我们讨论的问题，都可以丰富我们的哲学史研究。伽达默尔一百零一岁时告诫中国学者，不应忽视自己本民族及文化传统中丰富的具有特色的解释学思想的分析与提炼，它也可以给西方提供某种借鉴与启示。[①] 我们有自己的解释学传统，我们的经学、子学、佛学、理学中都有自身的解释学传统。对此我们应倍加珍惜，我们相信伽达默尔的这番话具有重大的意义。

前些年还有所谓中国哲学“合法性”问题的讨论。关于中国有没有哲学，不能因为一个洋大人来中国走了一遭，说中国没有哲学，只有思想，我们就亦步亦趋。其实，没有必要去争论中国有没有哲学，因为哲学的定义本来就非常繁复。但有人又提出，这么多年以来我们中国哲学的解释完全是“汉话胡说”。那么，我们是不是不要用外国人的思想作为参照，不要“胡说”了呢？还有人提出，我们不要“哲学”这一词汇，就用古代的“道术”替代算了。此外，我们该如何应对“以西释中”，是不是可以开出一条“以中释中”的路子呢？有的先生主张“自己讲”和“讲自己”。我们今天已经到了一个中西不可分割的对话的时代，个人以为，已经不可能自说自话了。既然我们处在一个中西互动的时代，那么前面所面临的疑问自然就好回答了。看来，固步自封是不行的。“中国哲学”学科的完善与发展，仍然离不开中外哲学的多方面的更加广泛深入的交流、对话与沟通。今天，我们的解释学处境是在中外古今之间，故针对“以西释中”回到所谓“以中释中”，是不妥当的，其实“中”、“西”都是流动的、变化着的。通过对近十几年来中国经典诠释的方法学及专家们所提出的各种问题进行讨论、解读，可以引发我们对于中国哲学方法学的新思考。

三、21 世纪中国哲学研究的多重取径、前景与限制

下面，我讲第三大问题：本世纪中国哲学研究的多重取径、前景与限制。近十五年来，我在为研究生讲授哲学史方法论课程的教学计划中，有关教学目的，我一直写着这样一句话：“重点理解和讨论中国哲学史的特殊的方法论，即

---

① 参见余敦康、黄俊杰、洪汉鼎、李明辉：《中国诠释学是一座桥》，《光明日报》2002 年 9 月 26 日。

不以西方范型为框架的中国人文的方法论，破除将西方社会科学与哲学方法作为普遍方法的迷信，理解中国哲学范畴、价值、意境的特殊性及其普式化。”在我布置的思考题中，有一个题目是："治中国哲学史的一个难题，就是人们的视域、思考方式、方法学训练，主要是依从西方的。试问，您认为如何从心态、方法（包括思想方法和范畴诠释方式）上更好地解释传统？”我开的长长的书单中有张岱年先生的《中国哲学史方法论发凡》和韦政通先生编的《中国思想史方法论文选集》等。近些年，我也发表了好几篇关于哲学史方法论的文章，①以下综合这些论文，简略地谈几个问题。

（一）“中国哲学”学科的主体性与中西哲学的对话性

中国哲学与西方哲学是两种不同的哲学形态，我们不能把西方哲学定于一尊。当年金岳霖先生预设的“普遍哲学”仍然只是以欧洲哲学为蓝本的，是西方一部分哲学的抽象。他以所谓的“普遍哲学”作为唯一尺度，衡量、评估非西方的丰富多彩的哲学。这种观点是应予以检讨的。但凡思考宇宙、人生诸大问题，追求大智慧的，都属于哲学的范畴。关于人在宇宙中的地位、人的尊严与价值、人的安身立命之道等等，都是哲学的题中应有之义。中国哲学在这些方面有自己的智慧。中国哲学与西方哲学当然可以通约，可以比较。不同文化背景下产生的哲学具有某种一致性、互通性，因此相互翻译、诠释、比较的哲学研究工作不仅有可能，而且有意义与价值。所谓内在与超越的关系，学界讨论有没有“内在超越”，或者说超越就一定是外在的吗？关于这个问题，完全可以在中国的天人之学中加以探讨。

我们强调“中国哲学”学科成立的正当性，强调“中国哲学”学科自身的特色，并不是把“中国哲学”做静态的处理，其本身即是一个动态的过程。中

① 郭齐勇：《中国哲学：保持世界性与本土化之间的必要的张力》，《天津社会科学》2004 年第 1 期；郭齐勇：《“中国哲学”及其自主性》，《文史哲》2005 年第 3 期；郭齐勇：《中国哲学的自主性与哲学对话》，《中国哲学年鉴》（2006），哲学研究杂志社；郭齐勇：《建构中国哲学的方法论反思》，《学术月刊》2007 年第 3 期；郭齐勇：《内在式批判与继承性创新》，《河北学刊》2009 年第 2 期。

国哲学（儒、释、道诸家等）有自己的特性。一般说来，中国哲学的实践性很强，不停留于“概念王国”，没有西方哲学中的上帝与尘世、超越与内在、本体与现象、主观与客观、身体与心灵、事实与价值等绝对二分的框架。以天、天命、天道为背景，中国哲人有神圣、高远且强烈的终极关切、理想境界、形上追求、精神信念，同时又有现实关怀，力图把理想在社会大群生活和现世人生中实现出来，其内圣与外王是打通的。有人说“中国人没有信仰”，我看中国人、外国人中都有没有信仰的人，也都有有信仰的人。不能笼统地讲。我是中国人，我就有信仰，当然不能由此推论所有中国人都如此。中国人的信仰在今天的民间仍保留着。我们的老师萧先生、陈先生、杨先生等都有着很深沉的信仰。我们在他们身边能强烈地感受到这种信仰支撑的学术人生。他们的所言、所思、所行无不让我们感觉到，这是有信仰的人。

（二）理解的历史性与诠释的相应性

一旦涉及中国哲学史的方法论问题，当然离不开“理解”与“批判”、“继承”与“原创”、“传统”与“现实”等关系问题。所谓“批判”，是在全面深入理解基础上所做的内在性的批评，而不是不相干的外在批评；所谓“原创”“创新”，不是无源之水、无本之木，不是玄想，不是标新立异，不是剑走偏锋，而是真正在全面继承基础上所做的开拓，是扬弃（既保留又克服）；弘扬传统并不意味着脱离现实，而是调动并创造性转化传统文化资源，以其中的某些因素介入、参与、批判、提升现实，促使传统与现代的互动。

如何历史地、相应地诠释中国哲学，值得我们思考。余英时先生是历史学家，他在解读中国思想史时有很多重要的创获。他所强调的“内在理路说”有一定意义。关于清儒与宋儒的关系问题，就值得深思。因此，我们如果强调问题意识和方法学自觉的话，就要对这些前辈学人的重要的思想成果加以认真研读。海外一些汉学家的成果，我们相当重视。例如葛瑞汉、列文森、史华慈、狄百瑞、杜维明、安乐哲教授等，还有一些日本学者。安乐哲先生曾来我校授课、讲学，他有很多重要的创获，当然也有限制。我们做中国哲学研究的学者、学生有着更加麻烦的工作，就是必须对西方哲学、对海内外的现有成果都给予足够的重视，并加以细致的研读，否则根本谈不上创新。

“五四”以来，片面的、平面的西化思潮及教育体制，使得我们这一代甚至前后几代人逐渐丧失了解读前现代文明（或文献）的能力。故现在我们带领同学们读经，就是拿十三经原本来读，连注疏一起读，从识字、断句开始，慢慢培养我们解读原典的能力。我们请同学们不要看白话解释，所有的白话翻译都是有弊病的。我们要看就直接看古文献。对于自己民族的文化及其经典，应有起码的尊重，起码的虚心的态度，不要信口雌黄，不要相信有所谓名家的中国文化如何如何，西方文化如何如何，那都靠不住。有所谓“新批判主义者”，比“老批判主义者”更荒唐，更靠不住，他们对中国传统哲学的批评，绝大多数是站不住的，因为它断章取义，而且是暴力强加式的，武断宰割的，先入为主的。没有相应的理解，不可能有相应的批评，这是非常重要的方法论问题。

（三）“中国哲学”的特殊性与丰富性

关于有没有所谓“普遍哲学”，刚才我们讨论金岳霖先生的论点时已有所涉及。其实，把西方哲学作为一种普遍性的哲学，把中国哲学作为一种特殊性的哲学，这本身就是有问题的。我们中国哲学不能用狭隘的西方哲学的观念来加以范围。用纯西方哲学的观念来研究中国哲学，收获会让人觉得非常遗憾和有限。我们相信，方法多元与成果多样肯定是未来这个时代的哲学方法学和哲学解释状况的前景。但是任何方法与方法学都有它的限制。

劳思光先生用“基源问题研究法”对中国哲学进行解读，很有创意，很有收获。他认为中国哲学有三种基本的形态。一种是心性论的形态，一种是宇宙论的形态，还有一种是形上学的形态。他的这一特定内涵，分别指向三种建构道德价值之门径。他认为，主体性之自觉活动内在于心性主体之中，从而确定善的价值方向。在劳先生看来，孔、孟哲学就是这种心性论哲学的典范。他认为，以宇宙论为中心的哲学太注重于外在的“天”，这个“天”是以汉儒董仲舒为代表的宇宙论的趋向。形上学的形态则是将价值建基于超经验之“实有”(Reality) 上。他认为，北宋的二程哲学是形上学最纯粹的表现。如果要加以定位，他认为宇宙论的哲学是最低的一种形态。形上学的哲学是中间的形态。心性论的哲学则是最高的形态。由此，他对宋明理学的解读展开了所谓一系三向或三系的说法，这与牟宗三先生的三系说不一样。他在这里就把二程放在中间的层次，把周敦颐、张载隶属于宇宙论的形态，即最低的一个层次。而到陆象山、王阳明则越发凸显心性论这一形态，属于最高的一个层次。他的这种判教的确有新见，当然也有一些限制。因此，大家在检讨劳思光先生四卷本的《中国哲学史》及这种“基源问题研究法”时，提出了一些问题与批评。比如，他的这种架构本身就难免对中国哲学造成伤害。考虑到中国哲学的特殊性，这种方法是否适用于中国哲学的研究值得我们进一步讨论。

哪怕是研究中国的名学、逻辑学、正名学说，如若以西方的纯逻辑的观点或方法来加以解读的话，也不可能得到一个恰当的理解。有时候我们的确需要抽象、分析及理论推演，但我们中国人更重视的是当下的体验，更重视一种特殊的、具体的情势。这种体验方式，当然有它自身的局限性。但我们仍要虚怀地去了解这种生命的、生活的体验方式之重要性。西方人对哲学的分类方法也不适用于中国哲学。我们的天道、人性学说，假若用西方的宇宙论、伦理学来加以解读，就会完全不相干。我们对于中国传统哲学自身的特性及治中国哲学史的方法学，仍在摸索之中。我们应有自觉自识，发掘中华民族原创性的智慧与古已有之的治学方法，予以创造性转化。中国有自己的语言学与语言哲学的传统。中国先民仰观天象，俯察地理，近取诸身，远取诸物，以“六书”为特点的汉字、生命体验、经子之学，有自身诠释文献的方法与智慧。中国人强调经验直观与理性直观地把握、领会对象之全体或底蕴的思维方式，有赖于以身“体”之，即身心交感地“体悟”。这种“知”、“感”、“悟”是体验之知，感同身受，与形身融在一起。我们要超越西方一般知识论或认识论的框架、结构、范畴的束缚，发掘反归约主义、扬弃线性推理的“中国理性”、“中国认识论”的特色。

（四）内在性的批评与思想的训练

我们批评、超越传统，我们从来不拒绝批评。所谓“批评”，是在全面深入理解的基础上所作的内在性的批评，而不是不相干的外在批评。但内在性的批评与思想的训练一定要以同情的了解为前提。因为，必须有深刻的同情的了解才能做好哲学思想史研究，而同情的了解要靠相应的才具。刘述先先生讲：“要了解一家哲学，我们必须要了解这一家哲学产生的时代和文化的背景是什么，所感受到的问题是什么，所提出的解决问题的方向是什么，独特的哲学心灵尤其需要独特的处理，庸俗的眼光未必能够了解崇高的哲学的境界。”“缺乏同情的了解是研究传统中国哲学的一大限制，而时代气氛不同，尤其使我们难于领略过去时代的问题。……故此研究思想史贵在作深入的内在的探讨，外在的论议是其余事。从这一个观点看，胡适与冯友兰的哲学史都不能够算是深刻，因为它们不能作足够的内在的深刻的讨论的缘故。大抵在中国哲学史上，以佛学与理学最不容易处理，以其牵涉到内在的体验的缘故。如果缺乏体验，根本就看不出这些东西的意义。入乎其内，而后才能出乎其外，这是研究一家哲学的不二法门。要了解一个哲学所要解决的问题是什么，着手的方法是什么，所根据的经验基础是什么，这样才能看出这一哲学的优点与缺点所在。”① 刘先生认为，由此我们才能理解古人的陈述与陈述背后的洞识，显发古人思想中所潜在的逻辑性，使其具备与内容相适应的理论结构。

我所主张的方法是一种“谦虚”的方法。所谓“谦虚”，或“同情的”、“客观的”理解，或“以继承为前提的创新”、“弱势或软性的诠释”等，不仅是态度，而且是方法。文化立场、心态作为一种做学问的态度或方法对诠释的效果也会产生很大的影响。但它本身也有局限。我们不是不要批评、反思，而是要作难度更大的内在性的、相干性的批评与反思。反思是辩证的扬弃，既保留又克服。反思不是全盘否定或恣意的无根据的乱说。王元化先生曾经说过：“黑格

---

① 刘述先：《研究中国史学与哲学的方法与态度》，载韦政通编《中国思想史方法论文选集》，台北，水牛出版社1987年版，第221—223、224—225页。

尔学说具体的普遍性不同于抽象的普遍性，前者可以将特殊性和个体性统摄于自身之内。我认为这只是存在于黑格尔的逻辑学中，而并不存在于现实中。实际上，普遍性愈大，它所能概括的特殊性和个体性则愈小。设想有一种不同于抽象普遍性的具体普遍性，使这种概括可以放之四海而皆准，那只是美好的空想。”[①] 因此，我们在拥护这种具体普遍性时，也应看到它自身的局限。主张弘大传统文化精神并不意味着没有现实感、不关注现实或脱离现实，而恰好包含着批判现实，批判现代性的负面与偏弊，批判时俗流弊，批判五四以来相沿成习的某些误解。我们努力对传统儒释道与宋明理学等思想传统作创造性转化，主要是通过生活化的渠道浸润到民间，在现代生活中起作用。

此外，还要注重思想训练与思想力的培养。徐复观先生说：“某人的思想固然要通过考证（包括训诂、校勘等）而始能确定；但考证中的判断，也常要凭思想的把握而始能确定。……前后相关的文句，是有思想的脉络在里面的。这即说明考证与义理在研究历程中的不可分割性。就研究的人来讲，作考证工作，搜集材料，要靠思想去导引；检别材料，解释材料，组织材料，都是工作者的思想在操作。而‘思想力’的培养，必须通过了解古人的、他人的思想，而始能得到锻炼、拓展、提升的机会。所以思想力的培养，是教学与治学上的基本要求。岂有不求了解古人的、他人的思想而能培养自己的思想力？岂有没有思想力的人能做考据工作？”[②] 他主张通过了解古人的、他人的思想来锻炼、提升、培养“思想力”，尤其要学会把握古人思想的内在脉络，这才是批判的基础。因此，我们要时时理解中国哲学（每家每派）的边界与限制。当然，首先是自己要老老实实地读书，不要说大话，要有自知之明，自虚其心，自空其说。这并不妨碍问题意识的产生，而是尽可能避免剑走偏锋。

---

① 王元化：《谈谈我的反思》，《文汇报》1995年10月22日。

② 徐复观：《治古代思想史方法》，载韦政通编《中国思想史方法论文选集》，台北，水牛出版社1987年版，第170页。

（五）回顾与瞻望

回顾近30年中国哲学之研究，中外哲学（及汉学、中国学）与各宗教间的对话逐渐加强，古今会通也受到重视。研读第一手资料的功夫更加扎实，也重视海内外已有的研究成果即研究前史，在此基础上提出创新性见解并给予详实的分析、论证。研究领域进一步扩大，各个时段的思潮、流派、人物、著作与哲学问题的研究都有许多成就。传统哲学与当代的关系、经与经学、佛教、道家与道教、宋明理学、现当代新儒学、出土简帛中的哲学思想研究、从政治哲学的视域研究中国哲学等，已成为热门或显学。当然，这其中也有不尽如人意的地方。如何做到小中见大仍是我们面临的难题。我们研究的对象越小，背景越大，才能越有深度。此外，把东亚（中国、越南、朝鲜半岛与日本）的哲学思想史作为一个整体来研究，把整个东亚作为一个思想背景和解释学处境加以对待，也是富有创新性的思路，这种研究业已展开。

当前的中国哲学研究也存在不少的问题或缺失：第一，学科间交叉、对话不够。第二，学术品质与水平及对古典的研读能力下降。第三，现实向度不够。第四，面向世界的能力尚待加强。第五，问题意识和理论深度还有待提升。第六，关于少数民族的哲学与古代科学中的哲学问题的研究还比较薄弱。第七，中国哲学史研究在少数重要人物（如孔、孟、老、庄、程、朱、陆、王）及其著作上扎堆的现象急需改变，有许多在历史的某时段某地域颇有影响的人物、学术共同体、著作等都没有得到很好的发掘、整理与细致的研究。中哲史上有很多二三流的人物，其实也非常了不起，在某时某地很有影响，都亟待我们结合东亚史、地域文化思想史去开拓，首先要下工夫把第一、二手资料给予整理、出版。

中国哲学或中国哲学史当然不同于中国学术史、中国思想史，其研究范围、对象与方法自有不同。中国哲学更重视哲学形上学与哲学问题的讨论。另一方面，中国哲学研究者并不排斥，相反更重视哲学思想、理念对社会民俗、政治与各种社会制度的作用与影响。这种关怀与对哲学理念的关怀相辅相成。我们的任务是彰明中国哲学之为中国哲学的自身的哲学问题、精神、方法、范畴、特点、风格与传统，深度建构、阐发中华民族几千年来的哲学思维发展史，体现中国人的哲学智慧，特别是在天人之间即超越境界、自然天地与俗世生活之间的体验，社会治理的经验，身心性命的修炼与人生意境，言说论辩方式的特色及其与欧洲、印度、阿拉伯等哲学智慧的同异及世界上几大哲学传统在中华文化区的碰撞与交融。

瞻望未来，我们预计中国哲学界将会在中国哲学学科主体性的确立，中国经典诠释的多样性，中国哲学范畴、命题与精神、智慧的准确把握，西方哲学的中国化与中国哲学的世界化，中国哲学的创造性转化，中国哲学智慧对现代化的参与及对人类社会的贡献等方面继续取得重要进展。①

① 参见郭齐勇、廖晓炜：《60年来中国哲学思想史研究的思考》，《文史知识》2009年第9期，第4—10页。

中国哲学史学史的建构及其意义

胡治洪*

田文军教授近年来在“中国哲学史学史研究”领域取得了一系列成果，这些成果具有丰厚的学术内容，并直接或间接涉及与中国哲学（史）相关的一些重大理论问题，诸如究竟中国有无哲学、究竟如何看待百年来中国哲学（史）的现代转化等，值得学界和社会关注。在此将这些成果的内容略加表彰，并对有关问题稍陈管见。

一、中国哲学的本来面相及其近代以来的际遇

中华民族是拥有悠久哲学思维传统、高明哲学思想智慧和丰富哲学理论资源的伟大民族。笔者曾经通过梳理八卦、五行、阴阳、太极观念的发生与形成过程，并抉发这些观念的哲学内涵，认定“从传说为伏羲始创而至迟在公元前11世纪便已形成的八卦观念，到同样于公元前11世纪便已形成而可追溯到公元前21世纪甚至更早的五行观念，再到公元前8世纪早期便已成熟的阴阳观念，乃至公元前4世纪至3世纪出现的太极观念，所有这些都表明，中华民族是一个具有悠久而一贯的哲学思维传统的伟大民族。中国古代哲学思想的发生，非但不落后于世界上其他的古老民族，而且甚至早于其他古老民族。通过对中国古代哲学思想起源的梳理，可以断言，那种认为‘中国无哲学’的论点，完全是傲慢的偏见或无知的臆说”。①

---

* 胡治洪，武汉大学中国传统文化研究中心教授。

① 见郭齐勇主编 :《简明中国哲学》，高等教育出版社 2010 年版，第 12 页。

不过，中国虽然拥有悠久、高明、丰富的哲学思想和理论，但直到19世纪末叶都没有“哲学”这一名称，当然也就没有专门的哲学学科。中国古代可以被归入现代所谓“哲学”范畴的关于宇宙、人生、社会、历史之根本问题的论说，都浑融于经子之学乃至史学和文学之中。中国古代学术的这种特点，当与中华民族传统思维方式相关，我们的先人在面对当下问题时，并不仅仅局限于这些问题本身，而是往往从根本处、总体上以及历史传承中设思，穷原竟委，比类属义，从而贞定思想立场，这样，他们的认识成果就不免具有浑融的特点了。反映中华民族传统思维方式的中国古代学术特点自有其价值所在，仅从它积累了堪称世界上最为博大精深、宏富赅备的学术文化资源这一端即可证明。只是在近代西方凭借富强优势而逐步获得全球文化主导话语权之后，中国古代学术相对于西方分类学术标准才日益显得不合时宜，学术分类也就成为时代的要求。于是，随着19世纪末维新人物将日本学者西周借用汉字对译西语philosophy所新创的“哲学”一词引入中国，中国古代哲学思想理论便逐渐被从浑融的学术资源中提取到专门的哲学范畴，中国哲学也就开始了学科化的历程。

从有实无名到名实俱备，从浑融到专门，从学科体制中的附庸到蔚为大国，亦即从古代形态到现代形态，中国哲学的这一转变至今业已经过百年发展。一般人对这一过程不知其详，往往以为现代形态的中国哲学振古如兹；而业内人士对这一过程则颇多争论。坚持中国学术根源性的人士认为，以西方哲学的框架和结构来切割中国传统思想资源，造成了中国传统思想资源内在神气的丧失；以西化的现代语言来表述中国传统观念（所谓“汉话胡说”），又造成了中国学术的“失语”，由此质疑中国哲学现代转化的必要性。而执守西方哲学标准的人士则认为，所谓“中国哲学”在内容上缺乏哲学的某些根本要素（如没有绝对抽象的Being），在形式上不过是对西方哲学的模仿，因而否认“中国哲学的合法性”。[①] 这两种观点大相径庭，但在拒斥现代形态的中国哲学这一点上却是一致的。在这种背景下，田文军教授近年来围绕“中国哲学史学史研究”课题撰

① 主要参见邢贲思等主编：《新时期中西哲学大论辩》第十一章“中国哲学的合法性问题”，百花洲文艺出版社2006年版。

写的一组论文，便显得颇具学术价值和现实意义。

二、中国哲学（史）现代转化的实绩

田教授关于“中国哲学史学史研究”的论文主要有《冯友兰与中国哲学史学》（《学术月刊》1999年第4期；收入氏著《珞珈思存录》，中华书局2009年版）、《谢无量与中国哲学史》（《江海学刊》2007年第5期；收入《珞珈思存录》）、《张岱年与中国哲学问题史研究》（《周易研究》2009年第6期）、《陈黻宸与中国哲学史》（《武汉大学学报·人文科学版》2010年第1期）、《王国维与中国哲学史》（《人文杂志》2011年第5期）、《萧萐父先生与现代中国哲学史学》（《多元范式下的明清思想研究》，北京：生活·读书·新知三联书店2011年8月版）等篇。这些论文展示了百年来几代学者在中国哲学以及由中国哲学的承传发展所构成的中国哲学史的现代转化方面所取得的实绩，勾稽出他们在进行中国哲学（史）现代转化的实践中所形成的具有中国哲学史学意义的思想认识，指出了他们在理论和实践方面的贡献与局限，肯定了中国哲学（史）的哲学性质及其现代转化的必要性与合理性。

关于中国哲学（史）现代转化的实绩，首先表现在中国哲学（史）学科的建立，对此作出突出贡献的当推王国维。《王国维与中国哲学史》一文第一节拈出王氏《哲学辨惑》（1903）、《论哲学家与美术家之天职》（1905）、《论近年之学术界》（1905）、《奏定经学科大学文学科大学章程书后》（1906）四篇文章，阐发了王氏关于“哲学非有害之学”、“哲学非无益之学”、“中国现时研究哲学之必要”、“哲学为中国固有之学”、“研究西洋哲学之必要”以及“近世教育变迁之次第，无不本于哲学的思想之影响者”等观点，陈述了王氏对“今则大学分科，不列哲学，士夫谈论，动诋异端，国家以政治上之骚动，而疑西洋之思想皆酿乱之麴糵；小民以宗教上之嫌忌，而视欧美之学术皆两约之悬谈”这类现象的批评，表彰了王氏对张之洞等朝廷重臣将哲学排斥于大学教育和现代学术门类之外这种不当做法的批驳及其针锋相对提出的包括“中国哲学史”在内的大学哲学学科课程设想。尽管作为布衣书生的王国维并没有也不可能直接促成中国哲学（史）学科在当时的体制内得以确立，但是，“王国维早年给予哲学的关注与热情，对于后来哲学在现代中国学术建设中独立发展的影响，却少有与他同时代的学者所能比拟。同时，在现代中国学术领域，哲学学科的确立，当是中国哲学史学科得以形成的基础与前提，而王国维对于哲学的推崇与辨析，对于确立这样的基础与前提，也可以说是居功甚伟”。[①] 即是说，中国哲学（史）学科在民国初年最终得以确立，王国维功莫大焉。

中国哲学（史）学科的建立，当然要求相应的教材和学术成果建设，百年来在这一方面也取得了丰硕的实绩。王国维由于学术志趣的转移，未能完成系统的中国哲学史著作，但在倾心哲学的数年间，他仍在先秦哲学、宋代哲学、清代哲学以及中国哲学范畴研究等领域留下了诸多“转移一时之风气，而示来者以轨则”[②] 的精彩篇章，其荦荦大者有《孔子之学说》、《子思之学说》、《孟子之学说》、《孟子之伦理思想一斑》、《荀子之学说》、《老子之学说》、《列子之学说》、《墨子之学说》、《周秦诸子之名学》、《周濂溪之哲学说》、《国朝汉学派戴阮二家之哲学说》、《论性》、《释理》、《原命》等。而陈黻宸、谢无量、冯友兰、张岱年、萧萐父则都编撰了中国哲学史著作。陈著作为北京大学哲学门中国哲学史课程讲义，部分稿成于 1916 年，内容起自远古伏羲，但甫及殷周之际便因作者于 1917 年溘逝而中止，成为一项未竟的事业。因此，谢无量出版于 1916 年、内容肇自远古而收束于清代的《中国哲学史》，便成为“中国现代学术史上第一部以中国哲学史命名的学术著作”，“中国哲学史由古典形态向现代形态转型时期的开山之作”。[③] 尔后冯友兰于 1934 年出版两卷本《中国哲学史》、于 1948 年出版英文《中国哲学简史》、于 1962—1964 年出版两卷本《中国哲学史新编》、于 1982—1990 年陆续出版七卷本《中国哲学史新编》，张岱年于 1937

① 见田文军：《王国维与中国哲学史》，《人文杂志》2011 年第 5 期，第 50 页。

② 陈寅恪：《王静安先生遗书序》，转引自周锡山编校：《王国维集》第 4 册，中国社会科学出版社 2008 年版，第 479 页。

③ 见田文军：《谢无量与中国哲学史》，《珞珈思存录》，中华书局 2009 年版，第 39、43 页。

年写成、至1958年出版《中国哲学大纲》，萧萐父于1982年主编出版两卷本《中国哲学史》，踵事增华，为中国哲学（史）学科奠定了愈益厚实的基础。实际上，田教授的系列论文还述及胡适出版于1919年的《中国哲学史大纲》（卷上），① 钟泰出版于1929年的《中国哲学史》，② 侯外庐于1963年出齐的五卷六册《中国思想通史》，③ 并提到章太炎、梁启超、刘师培、郭沫若、钱穆、范寿康、萧公权、唐君毅、牟宗三、冯契等在中国哲学史或相关领域的研撰工作。所有这些足以证明百年来中国哲学史教材和学术成果建设的丰硕实绩。④

宽泛地说，专门的中国哲学（史）学科的成立以及中国哲学史著作的构撰，即已意味着中国哲学实现了从古代形态向现代形态的转化，但在严格意义上，中国哲学（史）的现代转化必须先之以参与者的观念转变，否则，专门的中国哲学（史）学科和中国哲学史著作可能徒具现代形式。例如，"《中国哲学史》成书之后，陈黻宸具体论释自己的中国哲学史研究方法时曾说：'不佞上观于《庄子》道术方术之辩，而下参诸太史公《六家要旨》与刘氏父子《七略》之义，辑成是篇，自伏羲始。其略而不存者多矣！'这种论述表明，他的中国哲学史研究方法，仍在司马谈、刘向、刘歆父子的学术研究方法范围之内。……其对于西方学术的了解实际上还十分肤浅。……这使得他还没有可能从现代哲学史学科的角度确定中国哲学史所应当探讨的问题的范围和内容"，正因此，陈黻宸的中国哲学史研究成果体现出"早期形态"和"不成熟性"。⑤ 同样，从谢无量的《中国哲学史》中，"我们虽可以看到他从辞源、意蕴、内容等方面对西方哲学有所论述，认定哲学有别于科学，但也可以发现他并未真正依照现代学

---

① 见田文军：《谢无量与中国哲学史》、《冯友兰与中国哲学史学》，《珞珈思存录》，中华书局2009年版，第48、55页。又见田文军：《张岱年与中国哲学问题史研究》，《周易研究》2009年第6期，第25页。

② 见田文军：《张岱年与中国哲学问题史研究》，《周易研究》2009年第6期，第25页。

③ 见田文军：《王国维与中国哲学史》，《人文杂志》2011年第5期，第53页。

④ 百年来对中国哲学史教材和学术成果建设做出贡献的荦荦大家还有蒋维乔、李石岑、孙叔平、任继愈、劳思光、冯达文、郭齐勇等。

⑤ 见田文军：《陈黻宸与中国哲学史》，《武汉大学学报》（人文科学版）2010年第1期，第51页。

科观念，严格地从学科类别的角度理解哲学，这使得他认定中国的儒学、道学以及印度的佛学即等于西方的哲学……在儒学、道学、理学、佛学中，既包含属于哲学的内容，也包含许多非哲学的，或说可以归属于其他学科门类的内容。谢无量将哲学等同于儒学、道学、理学、佛学，表明他对于哲学的理解尚停留于对哲学表层特征的把握，未能真正理解哲学的学科内涵与本质特征”，因此，“在某种意义上说，这样的中国哲学史著作，虽具备形式的系统，但也只能停留于形式的系统而已，不可能在建立起形式的系统的基础上，再建构起实质的系统”。[①]陈、谢二氏中国哲学史著作的局限性，实质上是观念滞后的反映，因此，他们虽然都有中国哲学史著作，却并没有真正实现中国哲学（史）的现代转化。当然，作为中国哲学（史）研究起步阶段的成果，他们的著作具有筚路蓝缕之功，他们关于中国哲学（史）研究的思考和论说，也为中国哲学史学史留下了值得重视的素材，这些都是不可抹杀的贡献。

关于中国哲学（史）的现代转化，冯友兰、张岱年、萧萐父都进行了更加深入的思考，观念上有了更加深刻的新变。他们的思考主要集中在哲学（包括中国哲学和中国哲学史）的特定研究对象及其特殊研究方法，亦即哲学（包括中国哲学和中国哲学史）应该研究什么和如何进行研究的问题。“冯友兰把哲学理解为‘对于认识的认识’，认为‘哲学是人类精神的反思’，这种反思涉及自然、社会、个人，也涉及这三个方面之间的相互关系。这三个方面以及其间相互关系的问题，是人类精神反思的对象，也就是哲学的对象。这种理解使冯友兰认同西方的哲学观念，将历史上形成的宇宙论、人生论、知识论或所谓形上学、价值论、方法论都看作哲学所应包含的内容。肯定哲学作为一种历史的发展的理论形态，其内容的表现形式会有许多差别；但就中西哲学发展的历史和现状来看，其内容仍不外这几个部分。”基于对哲学的这种理解，冯友兰确定了区别于传统学术的中国哲学（史）研究对象，又通过相应的古籍辨伪、史料取舍、语义分析、脉络清理、认识深化、中西融会等方法，“写出具有现代学术性

① 见田文军：《谢无量与中国哲学史》，《珞珈思存录》，中华书局2009年版，第47—48、50页。

质的完整的中国哲学史著作”。[①] 张岱年“在综观西方哲学家哲学观念的基础上，认定‘哲学是研讨宇宙人生之究竟原理及认识此种原理的方法之学问’。正是这样的哲学观念，使他在总体上将中国哲学问题区别为‘宇宙论’、‘人生论’、‘致知论’，并具体在‘宇宙论’中探讨‘本根论’、‘大化论’，在‘人生论’中探讨‘天人关系论’、‘人性论’‘人生理想论’、‘人生问题论’，在‘致知论’中探讨‘知论’、‘方法论’，勾画出了中国哲学问题史的基本线索与理论框架”。针对厘定的中国哲学问题，张岱年采取分析、比较、概括、源流、融贯等方法，完成了《中国哲学大纲》这样一部体例上别具一格、既参照西方哲学观念又特别突出中国哲学特点、“将中国哲人所讨论的主要哲学问题选出，而分别叙述其源流发展，以显出中国哲学之整个的条理系统”的中国哲学史著作。[②] 萧萐父以马克思主义为指导，着眼于哲学史既属于一般历史学科、又具有哲学的特殊性这种特点，在把握历史学和哲学研究对象的基础上，将哲学史的研究对象规定为“哲学认识的矛盾发展史”，肯定哲学史研究的仅是“既区别于宗教、艺术、道德，又区别于各门科学而专属于哲学的‘一般认识’的历史”，进而确定中国哲学史的特定研究任务是“揭示出这些哲学的本质矛盾在中国哲学发展中的表现形态和历史特点，揭示出矛盾的普遍性与特殊性的具体联结”，这就“厘清了哲学史与社会学史、政治学史、法学史、伦理学史、美学史、教育学史等专门学科史的界线，比以往的哲学史研究成果，更加真实地展现了中国哲学发展的历史实际”。[③] 为了达成研究任务，萧萐父对哲学史研究方法作了系统的探讨，“在他看来，哲学史研究方法本身应当是一个包含多层面内容的理论系统，这种方法理论系统，涉及哲学史研究对象的理解、确立，哲学史史料的考订、选择，哲学理论的比较、鉴别，哲学思潮演变的历史考察，哲学家历史贡献的分析、评断等。因此，在实际的哲学史研究中，构成哲学史方法系统的任何一个环节，

① 见田文军：《冯友兰与中国哲学史学》，《珞珈思存录》，中华书局2009年版，第56—62页。

② 见田文军：《张岱年与中国哲学问题史研究》，《周易研究》2009年第6期，第26页。

③ 见田文军：《萧萐父先生与现代中国哲学史学》，《多元范式下的明清思想研究》，生活·读书·新知三联书店2011年版，第557—558页。

对于哲学史研究的指导作用都不宜忽略”，而由于哲学史这门学科既属于史学又属于哲学，所以萧萐父强调“就哲学史这个特殊领域来说，历史和逻辑的统一，是一个具有特别重要意义的指导原则和方法”。[①] 正是在厘清研究对象并确定研究方法的基础上，萧萐父主编的两卷本《中国哲学史》成为“20 世纪 80 年代最具范式性质的中国哲学史研究成果之一”，“构成了中国哲学史学科建设中的一个重要环节”。[②]

三、中国哲学（史）现代转化的合理性与必要性

通过展示百年来中国哲学（史）现代转化的实绩，并呈现在这一过程中几代学者形成的具有中国哲学史学意义的思想认识及其理论和实践上的贡献与局限，田文军教授建构了中国哲学史学史的基本框架，理出了其中的主要脉络，取得了可观的学术成就。这一工作对于把握现代形态的中国哲学（史）的既有面相及其未来取径，以及中国哲学史学史研究的进一步开展，都具有不容忽视的意义。犹有进者，田教授的工作实际上回应了对中国哲学（史）的哲学性质及其现代转化的合理性与必要性的疑问。从他的文章中可见，百年来几代学者在中国哲学（史）领域的研探创构，是在愈益清晰地领会西方哲学实质的前提下进行的，他们参照西方哲学，从“浑融一体，原无区分”的中国学术资源中爬搜剔抉的关于本体论、宇宙论、人性论、认识论等方面的思想资料，无疑具有与西方哲学相同的哲学性质，所以王国维说“哲学为中国固有之学”。诚然，在中国哲学思想资料中并无西方哲学的那些概念和范畴，但这正如西方哲学的概念和范畴只是表现其哲学个性一样，中国哲学思想资料中没有西方哲学的概念和范畴而拥有自己的一套概念和范畴，也正体现了中国哲学的个性，正是有鉴于此，张岱年“主张对于中国哲学问题的归纳应对于中国哲学的‘原来面目

① 见田文军：《萧萐父先生与现代中国哲学史学》，《多元范式下的明清思想研究》，生活·读书·新知三联书店 2011 年版，第 559 页。

② 同上，第 559、550 页。

无所亏损’”，因而他在《中国哲学大纲》中“没有一般性的套用本体之类西方哲学术语，而是以‘本根’、‘大化’之类的传统概念解析有关宇宙论的问题。讲到知识论问题时，也未直接运用知识论之类的术语，而是以‘致知论’来概述中国哲学中涉及的知识论问题，对其他中国哲学问题的总结也是如此”；① 由此还可联想到冯友兰以理、气、太极、无极、道体、大全来架构其本体论哲学，金岳霖一定要用“道”来命名其哲学体系的本体范畴，这种突出哲学个性的做法丝毫不影响他们的哲学之为哲学。

肯定了中国哲学的哲学性质，则所谓“中国哲学的合法性”问题就只是一个纯形式的问题了。中国古代没有“哲学”一名，当然也就没有形式化的哲学。现代形态的中国哲学之具备专门的体系结构形式，确实拜西方哲学之赐，因此要说现代形态的中国哲学在形式上模仿了西方哲学，也是无可否认的事实。但深入追究现代形态的中国哲学之所以在形式上模仿西方哲学，可以发现其根本原因在于近代西方文化凭借富强优势而获得世界文化主导话语权之后，俨然成为对非西方文化的带有强制性的衡断标准——所有非西方文化要么按照西方文化进行现代转化，要么不免作为前现代孑遗而丧失发展乃至存在的权利。在这种时代条件下，数千年来一直自足的中国文化和学术按照西方分类标准进行转化，从而中国哲学形成专门体系，无论是不得已而为之还是心悦诚服地仿效，都不存在不合法的问题，相反对于西方文化来说恰恰应该是合于其目的的。如果将现代形态的中国哲学在形式上模仿西方哲学指为“不合法”，那就无异于某个强人单方面制定了普遍的游戏规则，却又禁止他人运用这种规则参与游戏，此非霸道逻辑而何？②

如果说否认“中国哲学合法性”的人士不允许中国哲学在形式上模仿西方哲学，那么质疑中国哲学现代转化必要性的人士则拒绝这种模仿，其理由已如前述，其中蕴含的则是强烈的民族文化自尊感，这是可以同情的。但是，缺乏必要的形式毕竟是学术的缺失，陈嶯宸将这种缺失与民族的先进与落后联系起

① 见田文军：《张岱年与中国哲学问题史研究》，《周易研究》2009年第6期，第27页。

② 确切地说，制定游戏规则者倒没有禁止他人运用规则，而是某些自封的帮闲者假权行令。

来，认为“东西方的一些优秀民族之所以‘强且智’，一个重要原因，就在于他们‘人各有学，学各有科，一理之存，源流毕贯，一事之具，颠末必详。’而近代中国的学术文化落后则因其有‘学’无‘科’”。[①] 张岱年则认为，体系化的形式并不会斲丧中国哲学的神气，反而可以彰显中国哲学的精义，“因为，‘中国哲学实本有其内在的条理’，给中国哲学以形式的系统，‘实乃是“因其固然”，依其原来隐含的分理，而加以解析，并非强加割裂’”。[②] 无论如何，在西方学术形式事实上成为普世性的知识格套的现代世界，一切古老的地方知识如果不按照这一格套进行转化，便不免由于没有公共性的表现方式而自外于主流社会，因自小门户而归于湮灭；唯有通过西方学术形式的“格义”，古老的地方知识才可能发扬光大。[③] 中国哲学自不例外。不过又当看到，西方学术形式作为普世性的知识格套，只是历史过程中的历史现象，必然在历史中被扬弃。杜维明曾经对他以西方学术形式“格义”中国传统思想资源的工作做过一个比况，他说：

假如说中国文化是强势，而德国文化是弱势。一位德国学者在北京提出对于德国理想主义的观点，希望拥有文化强势的中国学者能够了解他在讲什么。显然他必须使用中文，并运用中国哲学中的诸多范畴，诸如心、性、理、气、仁、义、礼、智等等，而不能运用德国哲学中的主体性、道德自律、绝对命令等观念；所有这些德国哲学中的观念都要通过中国语境的诠释而表达出来，从而才能与中国学者进行交流并引起他们的兴趣。如果在这一过程中，德国国内一批学者逐渐获得了文化自觉，对自身传统中的深刻意义加以反思，于是把前面那位学者在北京用中文发表的关于德国哲学的一些理念再译成德文，并在德国学术界进行讨论，这可能导致以下多种反应。或者认为那位学者的行为是荒谬的：“他通过中文的转译而消解了我们传统中十分丰富的资源，仅仅丰富了中

① 见田文军：《陈黻宸与中国哲学史》，《武汉大学学报》（人文科学版）2010 年第 1 期，第 49 页。

② 见田文军：《张岱年与中国哲学问题史研究》，《周易研究》2009 年第 6 期，第 26—27 页。

③ 笔者对此做过深入阐述，具见拙著《全球语境中的儒家论说：杜维明新儒学思想研究》，生活·读书·新知三联书店 2004 年版，第 45—49 页。

国文化资源。”或者会感到奇怪：“居然我们那些带有特殊的地方性的观念被译成中文后，还会引起中国学者的兴趣，还能扩展他们的视野。”另一种可能会认为：“他根本不是一个德国哲学家，他只是一个在中国的德国哲学家。”还有一种可能就是认为，这位学者经过很多格义功夫做出来的东西，与当下正在德国发展的理想主义的方向性及其内在资源之间，存在着不可逾越的鸿沟。另一方面，这位学者怀抱的在中国文化氛围中通过对德国理想主义的进一步阐发来开阔强势的中国文化视域的愿望，无疑会被人们视为痴人说梦。这位学者的工作还能不能做下去？如果做下去能不能获得预期的效果？这就需要对于发展前景具有信念，同时需要自我积蓄，需要待以“十年机缘”。①

这一比况的意味是十分丰富而深长的。百年来几代学者对于中国哲学（史）的现代转化，不正是追求着将杜维明虚拟的境况变为现实吗？田文军教授的系列论文大体呈现了这一过程以及贯穿其中的思想脉络，从而为中国哲学（史）的继往开来留下了一批既有学术性、又有思想性的阶段性成果，值得学界和社会关注。

① 见《全球语境中的儒家论说：杜维明新儒学思想研究》，生活·读书·新知三联书店2004年版，第48—49页。

追溯哲学的源头活水

——“中国哲学的合法性”问题再讨论

黄玉顺*

目前中国哲学研究界在关注“中国哲学的学科发展”问题。然而谈到这个问题，首先有一点是绕不开的，那就是十年前那场关于“中国哲学的合法性”问题的大讨论及随后关于“重写中国哲学史”的讨论。这是探讨中国哲学学科发展问题的一个基本前提，因为假如所谓“中国哲学”学科本身就是虚妄的，则讨论其“发展”就是同样虚妄的。

在那场讨论中，一些学者对中国哲学的合法性提出质疑，这种质疑尽管本身就存在着合法性问题，但未必就是所谓“伪问题”；另一些学者则为中国哲学的合法性进行辩护，但这些辩护其实并未真正有效地回应这种质疑。因此，那场讨论的结局可谓不了了之。

其所以如此，是因为：不论是对中国哲学的合法性提出质疑者还是为之辩护者，都事先预设了所谓“哲学”的某种固定标准模式，即哲学之“法”或“迹”，而没有触及哲学之“所以为法”、“所以迹”的问题，即没有触及哲学的源头活水——生活或存在及哲学由此源头活水而流变的问题，这就使得所谓“哲学”成为了一种凝固不变的东西，一种与现实生活无关的东西，成为了一种关于“器”而不是“道”的言说，从而丧失了存在的开放性、发展的可能性。

* 黄玉顺，山东大学儒学高等研究院副院长、教授。

一

十年前率先撰文引发“中国哲学的合法性”问题大讨论的郑家栋提出：讨论“中国哲学之合法性”问题，实际上已经预设了“中国哲学”（中国的哲学）与“哲学在中国”的区分，后者是泛指发生在中国土地上的一切哲学运动、活动、事件，哲学讨论与争论，哲学研究、创作及其成果等等；前者则是特指中国传统哲学及其现代发展。“中国哲学的合法性”问题的真实涵义在于：中国历史上存在着某种独立于欧洲传统之外的“中国哲学”吗？或者说，“哲学”是我们解释中国传统思想之一种恰当的方式吗？又究竟在什么意义上“中国哲学”概念及其所表述的内涵能够得到恰当的说明，并取得充分的理据呢？①

由于作为近现代意义上的知识系统和学科门类的“中国哲学”是中西文化交流后的产物，确切地说，是引进西方哲学的概念系统诠释中国思想的结果，这就出现一个问题：对于“中国哲学”来说，西方哲学概念及方法的引进是建立了某种不同于中国传统哲学的话语系统和表述方式，还是建立了“中国哲学”本身？换句话说，抑或中国历史上本不存在“哲学”这种东西，今天所谓“中国哲学”，乃是人们以某种取自欧美的“哲学的方式”解读中国历史上非哲学的文本创造出来的。此问题干系甚大，因为如果此一论断成立，则只存在“中国现代哲学史”，而并不存在一般意义上的“中国哲学史”，“中国哲学”一语的涵义也就可以等同于“哲学在中国”。②

其意是说：尽管无法否认一百年来“哲学在中国”（philosophy in China）存在的事实，但这种存在未必可以合法地叫做“中国哲学”（Chinese philosophy），

---

① 郑家栋：《“中国哲学”的“合法性”问题》，原载《世纪中国》（www.cc.org.cn）、《中国哲学年鉴》（2001年），转载于《中国社会科学文摘》2002年第2期。

② 同上。

未必就是中国传统的现代发展，倒毋宁说它“仅仅是一种现代的事业（而与历史和传统无关），正如现代中国的许多学科门类（如社会学等）都仅仅是现代的事业一样”[①]。

这似乎颇切合于“中国哲学”之历史实际。“中国哲学”学科的建立，有几个标志性事件：约1895年，由日本学者西周以汉字翻译“Philosophy”而得的“哲学”一词传入中国；1914年，北京大学设立“中国哲学门”；1919年，蔡元培改之为“哲学系”；同年，胡适《中国哲学史大纲》上卷出版；1934年，冯友兰《中国哲学史》问世。这就是说，所谓“中国哲学”和“中国哲学史”只有一百来年的历史。尽管一百年来“中国哲学”已经成为了中国现代学术的大宗之一，即所谓“文史哲”之一，但与此同时，“中国哲学”的学科“合法性”始终遭遇质疑。

关于“中国哲学的合法性”问题的看法，大致有以下三类观点：①西方哲学特有论：哲学是西方所特有的思想形态。②中国哲学特殊论：西方哲学为哲学的一般标准形态，而中国哲学只是哲学的一种特殊形态。③中西哲学同属特殊论：西方哲学、中国哲学都是哲学的特殊形态。评述如下。

二

第一类观点：西方哲学特有论。这类观点认为：哲学是西方特有的思想形态，西方之外无所谓哲学；换句话说，说“哲学”和说“西方哲学”其实是一回事。因此，所谓“中国哲学”其实是“(西方）哲学在中国”。

引发争论的郑家栋本人大致就是持这种观点的。他说：

> 中国历史上本不存在“哲学”这种东西，今天所谓“中国哲学”乃是人们以某种取自欧美的“哲学的方式”解读中国历史上非哲学的文本创造出来的。

① 郑家栋：《“中国哲学”的“合法性”问题》。

如果后一种论断成立，则只存在“中国现代哲学史”，而并不存在一般意义上的“中国哲学史”，“中国哲学”（Chinese Philosophy）一语的含义也就可以等同于“哲学在中国”（philosophy in China）。[①]

当然，他在这个问题上的立场是游移的。他“承认在所谓‘中国的’与‘哲学的’之间能够达成某种妥协或寻找到某种通道，或许问题的关键也不在于‘哲学’是否构成了中国历史上所固有的一种思想形态，而更在于当我们使用‘哲学’一词来表述和规范中国思想的某些内容的时候，是否能够真正接得上中国本土的历史脉络和精神传统”[②]。但是无论如何，“‘哲学’所具有的普遍性品格及其所包含的与西方的学术和文化传统相关联的一整套预设，决定了把‘哲学’运用于中国传统思想的阐释，‘以西解中’或‘以中附西’乃是必由之路”。[③]

其实，所谓“中国哲学的合法性”本是西方人提出的问题，“就国际学坛而言，对于‘中国哲学’概念、学科及其所代表的思想学术脉络的质疑，差不多是一个专属于欧洲学术界的问题。我们且不论黑格尔、胡塞尔、海德格尔、伽达默尔、德里达等著名哲学家的说法，就是近十几年来讨论相关问题的文章，也基本上是出自欧洲（主要是德、法）学者之手，作者的专业背景均属于汉学家。而哲学与汉学两条线索之间在论述方式及其结论方面又表现出高度的一致性，都是强调‘哲学’乃是欧洲所特有的传统、话语或论说方式。”[④] 西方学者对西方之外是否存在着哲学，始终持有一种质疑的态度。

胡适当年尽管写过《中国哲学史大纲》，但他后来的立场其实也是这种观点。《中国哲学史大纲》只出了卷上，而卷下始终没有下文，就是他后来对哲学的态度发生转变的结果。这是因为他的思想方法是科学主义、实证主义的，而非哲学的。胡适写道：“过去的哲学只是幼稚的、错误的，或失败了的科学。”“问题

① 郑家栋：《“中国哲学史”写作与中国思想传统的现代困境》，《中国人民大学学报》2004年第3期。

② 同上。

③ 同上。

④ 同上。

可解决的，都解决了。一时不能解决的，如将来有解决的可能，还得靠科学实验的帮助与证实，科学不能解决的，哲学也休想解决。""故哲学自然消灭，变成普通思想的一部分。""将来只有一种知识：科学知识。将来只有一种知识思想的方法：科学实验的方法。将来只有思想家而无哲学家：他们的思想，已证实的便成为科学的一部分；未证实的叫做待证的假设。"① 这意味着他事实上不再认为中国有所谓"哲学"。这与傅斯年对胡适的影响有关。② 傅斯年在1926年致胡适的信中表达了对哲学的反感，认为德国哲学只是出自"德国语言的恶习惯"③。他说："中国本没有所谓哲学，多谢上帝给我们民族这么一个健康的习惯。"④ 傅斯年之厌恶哲学，也不是出于中国文化本位立场，而是出于科学实证主义的史学立场。所以，胡适后来转而提倡科学实证主义的"国故学"或者"国学"。

其结果是：尽管在实际研究中哲学史和思想史的界线模糊不清、很难截然划分，但在中国现代学科分类体系中，两者却是被明确地分离、对立起来的：哲学史属于哲学门类，而思想史则属于史学门类。所以葛兆光才会说："关于古代中国有没有'哲学'……从根本上来说，它却是一个伪问题，因为它可能永远没有结论"⑤；"相比起来，'思想史'在描述中国历史上的各种学问时更显得从容和适当"。⑥

但是，从科学实证主义的立场来说中国没有哲学，只有思想，也会面临同样的质疑：如果说中国古代没有西方哲学意义上的"哲学"，难道就有西方科学实证主义意义上的"思想"吗？如果同样没有，那么所谓"中国思想史"的"合

---

① 见胡适1929年6月3日的日记，《胡适日记全编》五，安徽教育出版社2001年版，第427—430页。

② 王泛森：《中国近代思想与学术谱系》，河北教育出版社2001年版，第304—306页。

③ 见《胡适遗稿及秘藏书信》第三十七册，黄山书社影印本，第359页。

④ 傅斯年：《与顾颉刚论古史书》，见《傅斯年全集》第四册，台北，联经出版事业公司1980年版。

⑤ 葛兆光：《穿一件不合尺寸的衣衫——关于中国哲学和儒教定义的争论》，《开放时代》2001年第6期。

⑥ 葛兆光：《中国思想史》第一卷，复旦大学出版社1998年版。

法性”又何在？不同样是“一件不合尺寸的衣衫”吗？这是论者没有意识到的问题。当然，近年也有学者不从科学实证主义而从后现代主义或海德格尔现象学的立场上来阐述中国古代的“思想”；但这样的阐述会面临同样的质疑：难道中国古代就有西方后现代主义或现象学意义上的所谓“思想”吗？显然，比较起那种用西方哲学来剪裁中国传统的做法来，这种用西方哲学之外的其他学术来剪裁中国古代学术的做法也不过是五十步笑百步而已。其实，真正的问题不在于应该用“哲学史”模式还是“思想史”模式，而在于是否具有一种更为彻底的思考方式：难道“哲学”和“思想”就只是这种既成固有的模式吗？

三

第二类观点：中国哲学特殊论。这类观点认为，中国哲学和西方哲学之间的关系乃是特殊和普遍之间的关系，西方哲学就是一般哲学的标准形态。郑家栋提出“中国哲学的合法性”问题，主要就是针对这种观点的：“‘中国哲学之合法性’问题的出现，是以‘哲学’观念的引进和‘西方哲学’作为某种参照和尺度的存在为前提。”[①] 具体来说，他主要针对的是冯友兰的中国哲学史范式，因为现代“中国哲学”和“中国哲学史”的基本范式，实际上是由冯友兰奠定的。冯友兰范式有三个要点：第一，中国古代是有哲学的，但是只有实质的系统，缺乏形式的系统。“所谓系统有二：即形式上的系统与实质上的系统。此两者并无连带的关系。中国哲学家的哲学，虽无形式上的系统；但如谓中国哲学家的哲学无实质上的系统，则即等于谓中国哲学家之哲学不成东西，中国无哲学。”[②]“中国哲学家之哲学之形式上的系统，虽不如西洋哲学家；但实质上的系统，则同有也。讲哲学史之一要义，即是要在形式上无系统之哲学中，找出其实质的系统。”[③]

---

① 郑家栋：《“中国哲学”的“合法性”问题》。

② 冯友兰：《中国哲学史》（上册），中华书局1961年版，第13页。

③ 同上书，第14页。

第二，就他努力的目标来看，哲学的标准恰恰在于形式的系统，或曰逻辑的系统；这种形式系统是西方哲学所提供的，在这个意义上，西方哲学才是标准的哲学。

第三，因此，这等于说：西方哲学乃是哲学的一般标准形态。这就意味着：中国哲学只是哲学的一种特殊形态，或者说不成熟的形态，需要按照西方哲学的形式标准加以改进。所以冯友兰说：

> 哲学本一西洋名词。今欲讲中国哲学史，其主要工作之一，即就中国历史上各种学问中，将其可以西洋所谓哲学名之者，选出而叙述之。[①]
>
> 所谓中国哲学者，即中国之某种学问或某种学问之某部分之可以西洋所谓哲学名之者。[②]

张岱年完稿于1937年的《中国哲学大纲》也属于这种观点：他一方面认为中国有哲学，“中国哲学与西洋哲学在根本态度上未必同；然而在问题及对象上及其在诸学术中的位置上，则与西洋哲学颇为相当”[③]；但另一方面认为，“区别哲学与非哲学，实在是以西洋哲学为标准，在现代知识情形下，这是不得不然的”。[④]

这是迄今为止诟病最多的观点。尤其是近年来，伴随着中国国力的提升、文化自信心的增强，许多人感到这种观点伤害了中国人的文化自尊心。此乃是“重写中国哲学史”的一种强大的社会心理背景。不仅如此，“中国哲学特殊论”在“道理”上确实存在着某种问题：凭什么要“人为刀俎，我为鱼肉”、“以西律中”？为什么不能反过来“以中律西”，或者至少中西“平起平坐”、“平分秋色”？究其原因，“中国哲学特殊论”基于某种“历史进步”的观念，而反对者

① 冯友兰：《中国哲学史》（上册），第1页。

② 同上书，第8页。

③ 张岱年：《中国哲学大纲》，中国社会科学出版社1982年版，第2页。

④ 张岱年：《中国哲学大纲》，自序，第17—18页。

并不承认这种观念。

然而深究起来，对立双方其实都是基于以下观念的：一是“中西”对峙的思维方式，这是近代以来的一种相当普遍然而未必透彻的思考模式；二是对于“西方哲学”模式、“中国哲学”模式的凝固认识。这些观念都拘泥于“迹”或“法”，而未及“所以迹”或“所以为法”。而事实上，不论中国哲学还是西方哲学，都是随生活而流变的；而中国与西方在生活中之存在，未必只是对峙。特别是在全球化的今天，中与西愈益“共在”——“共同生活”；其在哲学上的表现，决非“普遍与特殊”这样的范畴可以说明的。

四

第三类观点：中西哲学同属特殊论。这类观点认为，不论中国哲学还是西方哲学，都是一般哲学的某种特殊表现形式。在这类观点中，郑家栋归纳出两种观点：一种是“主张扩大‘哲学’概念的内涵与外延，认为西方有关‘哲学’的理解及其范围的限定，似未免过于褊狭，‘中国哲学’的阐释与发展，可以（也应当）为之增加某些内容，诸如中国特色的‘人生修养论’，等等”；另一种则是“强调‘哲学’概念的相对性及其与历史文化传统的相关性，认为并不存在一般意义的所谓‘哲学’，‘哲学’本质上只能是一个‘文化的’概念，任何‘哲学’都只有透过文化和传统的帷幕加以理解和限定”。[①] 这两种观点其实是同属一类的，均认为不论中国哲学还是西方哲学都只是特殊的东西；只不过前者认为在中国哲学和西方哲学之上还有一般普遍的哲学，而后者认为根本就不存在什么一般普遍的哲学。在这种一致前提下，我们可以讨论两者之间的区别：

（1）中国哲学、西方哲学都是一般哲学的特殊形态

胡适早期事实上是主张这种观点的，因为他当时承认中国有哲学，而且这种哲学又有所不同于西方的哲学。胡适给出了一个“哲学”定义：“凡研究人生

① 郑家栋：《“中国哲学”的“合法性”问题》。

切要的问题从根本上着想，要寻一个根本的解决：这种学问叫做哲学。”[①] 这就是当时胡适心目中的一般普遍的哲学。但是，所谓“人生切要的问题”、“根本的解决”其实都是含糊不清的说法，胡适不仅谈到宇宙论、名学或知识论、人生哲学或伦理学，还谈到教育哲学、政治哲学、宗教哲学（这些都与胡适接受杜威实用主义的特殊立场有关），这些问题与其说是“根本”的，不如说是“要紧”的。（冯友兰《中国哲学史》则是采取的宇宙论、人生论、知识论三分架构。胡适后来放弃了哲学和“中国哲学”的立场；“国故学”其实属于现代实证主义史学的范畴。）

牟宗三的看法也属于这种观点。他从哲学与文化传统的关联性来强调“中国哲学”的特殊性：“如果了解了文化系统的特殊性，就能了解哲学的特殊性。”[②] 他说：“道是完整的，它是个全。由于人各得一察焉以自好，于是‘道术将为天下裂’。”[③] 如此说来，中国哲学、西方哲学都不过是“道术将为天下裂”的结果，都是“得一察焉以自好”而已。两者不同之处，即其特殊之点：西方哲学主要是外在的逻辑与知识论，中国哲学则主要是“内在超越”的心性论。但牟宗三同时认为，中国哲学与西方哲学之间，例如儒家哲学与康德哲学之间也有其相同之处，这表明存在着一般的哲学，这就是“道”或者未曾分裂的“道术”。因此，他既批评那种认为“哲学是普遍的，所以哲学只有一个，没有所谓中国哲学，也没有所谓西方哲学”的观点，也批评那种认为“无所谓普遍的哲学，就是没有 philosophy as such，也即只有个别的，如各个不同民族的，国家的或个人的哲学，而没有所谓 universal philosophy”的观点。[④] 在他看来：“哲学虽然是普遍的真理，但有其特殊性，故有中国的哲学也有西方的哲学，普遍性与特殊性均要承认。”[⑤] 因此，在这个问题上，牟宗三与早期胡适其实是很一致的；区别在于牟宗三认为中国哲学比西方哲学高明，甚至实际上认为中国哲学才是

① 胡适：《中国哲学史大纲》（卷上），商务印书馆 1919 年版，第 1 页。
② 牟宗三：《中国哲学十九讲》，台北，学生书局 1983 年版，第 3 页。
③ 同上书，第 7 页。
④ 牟宗三：《中西哲学之会通十四讲》，台北，学生书局 1990 年版，第 6、7 页。
⑤ 同上书，第 9 页。

一般普遍的哲学。这就陷入了某种程度的自相矛盾：中国哲学既是特殊的，又是普遍的。

值得注意的是，近些年来，许多试图论证中国哲学的合法性的学者，都是从这个角度立论的。兹不赘述。这些论述都是基于两种思维模式的："特殊与普遍"的对立范畴模式；凝固化的"中国哲学"和"西方哲学"模式。

（2）并不存在一般普遍的哲学，中国哲学、西方哲学都是特殊哲学

有趣的是，这种观点来自两种截然不同的思想背景：前现代主义和后现代主义。

A. 前现代主义的哲学特殊论

按照这种观点，倒是谢无量的《中国哲学史》应该算"中国哲学史"的标准。谢说：

> 至于哲学史之作，则在述自来哲学变迁之大势，因其世以论其人，掇学说之要删，考思想之同异，以史传之体裁，兼流略之义旨。溯厥前例，远自孔门，如《论语·尧舜》章述尧、舜、禹执中之传，而《系辞》载伏羲至尧、舜之取于易道者，宜是哲学史之滥觞也。若夫庄子之《天下篇》，荀卿之《非十二子》，司马谈之《论六家》，淮南子之《要略》，刘向之《别录》，班固之《艺文志》，虽辞有详略，而谊贵通方，皆折群言以居要，综百氏以辨类。于是又有列史之"儒林传"，创自马迁，而后世承之。惟《宋史》别出《道学传》。盖"儒林传"本以识经术之传授，其后义例稍广，所取或杂，故宋世理学大兴，遂创为"道学传"以居纯理之儒也。至记述一学派之源流而为书者，莫精于朱晦庵之《伊洛渊源录》。统一代之学派而为书者，莫详于黄宗羲之《宋元学案》及《明儒学案》。此其体例皆近于今之所谓哲学史者。①

这种操作很简单，实际上不过是给中国传统学术换上一个"哲学"的名目、

① 谢无量：《中国哲学史》，中华书局 1916 年版，第 2 页。

即硬生生地贴上一个标签而已。近年来也确有一些学者在尝试这样来“还原”中国哲学史的“本来面目”，谓之反对“汉话胡说”，倡导“汉话汉说”。然而这种前现代主义立场存在着许多问题。最大的问题是：所谓“哲学”成为脱离当下生活的东西。这实际上是行不通的，难怪尽管早在1919年胡适《中国哲学史大纲》出版之前的1916年，谢无量《中国哲学史》作为第一部冠名为“中国哲学史”的著作就已经出版了，但人们并不认为谢著是第一部《中国哲学史》。这一点是耐人寻味的，因为这种做法的要害在于照搬古代传统的学术，只是“照着讲”，而不“接着讲”，使哲学成为与我们当下的现实生活无关的东西，成为无本之木、无源之水。

B. 后现代主义的哲学特殊论

郑家栋曾指出：“目前所见到的较为彻底地依据后现代主义的立场来诠释和处理‘中国哲学’者，或许可以举出美国方面的安乐哲（Roger T. Ames）、郝大维（David L. Hall）作为代表。他们从‘情境主义’、‘特殊主义’、‘过程哲学’的立场来处理‘中国哲学’，认为中国哲学精神与西方哲学的主流传统格格不入，而惟其如此，中国哲学更具有‘后现代的敏感性’和优位性。”①

郑家栋本人也在一定程度上具有这种倾向。他倾向于中国古代并无哲学；至于未来的中国哲学：

> 至少在我看来，或许“中国哲学”的诠释进路不应当是内在于“形而上学”的，而应当是相对于“形而上学”的。从此种意义上说，它应当成为一种“后哲学”的哲学或曰“后形而上学”的哲学。而选择“非形而上学的”（不一定是“反形而上学的”）诠释进路，也并不一定意味着“哲学”与“非哲学”之间的划界，倒可以理解为是丰富与开掘哲学的维度与可能性，这也正是海德格尔等

① David L. Hall, Roger T. Ames, *Thinking Through Confucius* (State University of New York Press, 1987); David L. Hall, Roger T. Ames, *Anticipating China: Thinking through the Narratives of Chinese and Western Culture* (State University of New York Press, 1995) ; David L. Hall, Roger T. Ames, *Thinking From the Han, Self, Truth, and Transcendence in Chinese and Western Culture* (State University of New York Press, 1998).

人所从事的。①

这种后现代主义立场有其合理性，那就是对前现代主义、原教旨主义的“解构”，使我们有可能回到“源始的生存经验”——当下本真的生活感悟——来理解哲学、中国哲学的源头活水，从而面对当下的生活现实问题。但无论如何，后现代主义那种拒绝任何形而上学的立场则是值得怀疑的。没有形而上学的“哲学”还是不是哲学？这实在是一个问题。所谓“‘后哲学’的哲学”这个吊诡的说法本身显然是自相矛盾的；如果取消了“‘哲学’与‘非哲学’之间的划界”，那么是否史学也是哲学，文学也是哲学？哲学又何以独立于学术之林？

这也涉及另外一个重大问题：今天是否仍然需要形而上学或者哲学？按照20世纪以来的思潮（分析哲学、后现代主义甚至海德格尔现象学），哲学形而上学应该“终结”了。这样一来，所谓“中国哲学的学科发展”就成了逆历史潮流而动的大笑话！事实上，中国哲学今天已经是腹背受敌：前现代主义的“原教旨”立场反对哲学的所谓“发展”；后现代主义的立场则干脆宣布哲学形而上学的“终结”。不仅腹背受敌，而且四面楚歌，科学主义也以咄咄逼人之势威胁着哲学形而上学的生存空间，例如前述胡适的科学主义态度在今天似乎有了更大的市场。因此，要谈“中国哲学的学科发展”，首先就得阐明哲学形而上学为什么是不可取消的。这已超出本文的话题，我曾在拙文中从学理和现实两个方面论证了重建形而上学之必要性，兹不赘述。②

五

当年关于“中国哲学的合法性”问题的讨论为什么不了了之？在我看来，

---

① 郑家栋：《“中国哲学史”写作与中国思想传统的现代困境》。

② 黄玉顺：《复归生活、重建儒学——儒学与现象学比较研究纲领》，《人文杂志》2005年第6期，人大复印资料《中国哲学》2006年第1期全文转载，*Frontiers of Philosophy in China*2007年第2卷第3期全文译载。

那是因为这个问题的提出以及各家解决问题的方式，本身就存在着“合法性”问题，或者说是存在着思想方法上的问题：只着眼于“法”，而没有注意到“之所以为法”；只着眼于“迹”，而没有注意到“所以迹”。庄子借老子之口说：“夫六经，先王之陈迹也，岂其所以迹哉！”（《庄子·天运》）同理，任何法都是“迹”，而不是“所以迹”。哲学亦然。

郑家栋自己已经意识到：“讨论‘中国哲学之合法性’问题，实际上已经预设了‘中国哲学’（中国的哲学）与‘哲学在中国’的区分。”[①] 这里其实已经承认了“中国哲学的合法性”问题的提出是基于一种预设的。那么，我们要问：这个预设能够成立吗？

其实，郑家栋也在一定程度上承认下述事实：

> “中国哲学”作为一个专业学科已经存在了近一个世纪，我们已经写作出版了近百种各种类型的“中国哲学史”，国内外学术界亦有许多冠以“中国哲学会”、“中国哲学史学会”一类的学术组织，这些似乎都是以肯定存在这样一种学问或思想脉络为前提：它既是“中国的”，又是“哲学的”。那么，“中国哲学之合法性”还会成为一个问题吗？[②]

然而郑家栋认为：这是“诉诸于常识”，“实际上是取消了问题”，[③] 即是无效的。殊不知，我们今天需要做的工作恰恰应该是：承认中国哲学存在的事实，“取消”所谓“中国哲学的合法性”问题。

问题仅仅在于：如何“取消”这个问题？我们并不像有的学者那样简单地

① 郑家栋：《“中国哲学”的“合法性”问题》。

② 同上。

③ 同上。

判定“中国哲学的合法性”问题只是一个“伪问题”。[①] 它确实是一个真问题，否则不会有那么多学者热情而真诚地投入争论。郑家栋对现有“中国哲学”和“中国哲学史”的质疑确实在一定程度上切中了问题：“就现有的‘中国哲学史’写作而言，传统典籍差不多完全沦为某种被动的‘材料’，思想架构与诠释方法、尺度等等都不再是来自典籍自身，而是从外部引进和强加的”；“‘中国哲学’作为一种形成于20世纪的话语系统与表述方式，是否真正接得上中国传统思想的历史脉络和精神土壤？经过几代人艰苦卓绝的努力，‘中国哲学’的现代发展是否真正成就了这样一种学问系统和思想形态：它既是‘中国的’也是‘哲学的’？换句话说，‘中国哲学’是否真正具有了‘中国的’魂魄，从而能够对于人类的当代境遇及其问题做出某种原创性的回应，而不只是成为西方哲学的赝品与应声虫？”[②]

因此，我们所说的“取消”，首要的工作是通过提出并回答“‘中国哲学的合法性’问题是何以可能的”，从而将“中国哲学的合法性”这个问题置换为：何以在现代中国出现“中国哲学”？这就是说，我们需要回到作为哲学的源头活水的生活情境。

所谓“合法性”(legitimacy)本来是一个政治哲学概念，指的是合乎既有的政治规则、法律规则。在这个意义上，“合法性”概念其实并不适用于关于哲学的讨论。当然，也有广义的用法，例如韦伯的“合法秩序”(alegitimate order)指的是由道德、宗教、习俗、惯例以及法律等所构成的法则系统，分为：传统型（合法性来自于传统的神圣性和传统受命实施权威的统治者）、法理型（合法性来自于法律制度和统治者指令权力）、魅力型（来自于英雄化的非凡个人以及他所默示和创建的制度的神圣性）。因此，广义的“合法性”概念涉及更为广泛的社会领域。但无论如何，这里“法”或规则都是既定的法则、而非“所以为

① 《面向新世纪的中国哲学研究——“当前中国哲学研究的问题、方法和向度”学术座谈会纪要》，葛兆光发言，2003年1月4日《中国社会科学》编辑部、首都师范大学政法学院联合举办，孔子2000网站（www.confucius2000.com）。另见葛兆光：《穿一件不合尺寸的衣衫——关于中国哲学和儒教定义的争论》。

② 郑家栋：《“中国哲学史”写作与中国思想传统的现代困境》。

法”，意味着“迹”而非“所以迹”。

“中国哲学的合法性”问题的提出，预设了哲学的某种“法”（law）——法则；上述关于“中国哲学的合法性”的三类观点，都预设了哲学的某种既定法则。这就存在两个层面的问题：

第一，他们关于哲学的法则的那些预设是否可以成立？三类观点的预设之间是不相容的，因此，其中任何一类观点都可以对另外两类的预设提出质疑。这个现象其实已经意味着：

第二，哲学的法则就是一成不变的吗？人类历史其实早已表明：不仅哲学的法则而且社会领域的任何法则（包括所谓“自然法”——natural law）都绝不是一成不变的，而是变化着的，这是社会领域与自然领域的一个基本区别。即便西方哲学也是如此，从古希腊早期的自然哲学一直到20世纪的分析哲学，哲学的法则始终都在变动之中，诸如“理性主义”之类的任何概括都不足以涵盖。

因此，更进一步的问题就是对所谓“法”（法则）的态度：我们应该固守既有哲学之“法”，还是应该去追寻其“所以为法”？应该墨守既有哲学之“迹”，还是应该探寻其“所以迹”？

当然，这并不是说哲学“没有什么不可以”。哲学之所以为哲学，而不是科学（包括科学的史学，如思想史），不是宗教、艺术（包括文学）等，自有其学科的某种规定性。但是，这种规定性并不是那些外在的形式，不是什么“形式系统”。海德格尔对哲学的规定是不无道理的，他说：

> 哲学即形而上学。形而上学着眼于存在，着眼于存在中的存在者之共属一体，来思考存在者整体——世界、人类和上帝。形而上学以论证性表象的思维方式来思考存在者之为存在者。①

不过，在海德格尔表述的这两层意思中，第一层意思是有问题的：一方面，

① 海德格尔：《面向思的事情》，陈小文、孙周兴译，商务印书馆1999年第2版，第68页。

论证性表象的思维方式并非哲学所独有，科学甚至神学亦然；而另一方面，哲学未必总是用论证性表象的思维方式，例如，不仅中国哲学，即使西方哲学也经常用直觉的方式。海德格尔所说的第二层意思也并不十分确切，只适用于西方哲学中的某一些形态、学派。例如将上帝作为存在者整体来思考，那只是西方宗教哲学的事情。再者，哲学未必总是思考，事实上，哲学关于形而上者的原初设定往往都是直观的给予。另外，“存在者整体”和“存在者之为存在者”并不是一回事。

但海德格尔有一点是没错的：哲学一定是关乎形而上者的言说。中国《易传》所说的“形而上者”与西方哲学所说的“the metaphysical one”是对应的、可以互译的。① 不论是亚里士多德《形而上学》所说的“存在者之为存在者”，还是《易传》所说的“形而上者谓之道”，都是说的形而上者——形而上的存在者。所以，我们可以这样规定哲学：

①哲学就是形而上学，即是关于形而上者的非宗教性言说；②

②哲学言说形而上存在者，意在说明形而下存在者何以可能；

③哲学的这种形而上者的观念，乃源自特定的生活方式中的生活感悟。

唯其如此，哲学作为一种学术形态，既有其确定性的一面，也有其开放性的一面，因而从来不是一成不变的，没有什么固定的“法”、凝固的“迹”。哲学不外乎是关于形而上存在者的存在之思，就是去思（《易传》所说的）“形而上者”的存在，这也就是（《中庸》所说的）“思诚”。这就是哲学的确定性，亦即（汉儒所谓“三易”之中的）“简易”、“不易”之道，也就是哲学区别于科学之处（科学不思形而上者的存在，然而科学始终以关于形而上者的承诺为先行条件）③。存在即生活，生活即存在；生活之外，别无存在。而生活或存在之衍

① 黄玉顺：《爱与思——生活儒学的观念》，第一讲第一节“等同与对应：定名与虚位”，四川大学出版社 2006 年版。

② 说明两点：其一，这里须区分宗教与宗教哲学。宗教尽管也会言说形而上者，但它不是哲学。其二，尽管所谓“存在者整体”和“存在者之为存在者”并不是一回事，但都是说的形而上者。

③ 蒯因（Quine）所谓“本体论承诺”（Ontological Commitment）其实也就是关于“形而上者”的承诺。

流，必显现为生活方式之演变，这就是哲学的当下性的渊源所在。[①] 由于生活方式的变动，哲学所思的形而上者也是变动的，这就是哲学的开放性，亦即（汉儒所谓“三易”之中的）“变易”之道。因此，哲学的变革性，由于其当下性：哲学之变化发展，乃渊源于当下的生活。这就是哲学之“所以为法”、“所以迹”，也就是哲学的源头活水所在。

中国哲学亦然。古代中国哲学渊源于前现代的生活方式，现代中国哲学渊源现代性的生活方式。因此，中国哲学的学科发展的核心任务，既不是回到前现代的形而上学，也不是遵从后现代主义的拒绝形而上学，而是从当今世界、当今社会的现实生活出发，去重建形而上学。

① 黄玉顺：《当下性：中西马对话的共同场域》，《中国社会科学》（英文版）2009年第3期。

现象学儒学片论

李广良*

克劳斯·黑尔德在为《现象学的方法》一书而写的《致中国读者》中曾如是说：

现象学是我们这个世纪的思维传统，它最先具备了解决那些向下一个千年过渡的过程中所出现的急迫任务的哲学机能，这个任务在于，在下面这两条道路之间找到一条中间道路：第一条道路是以“后现代的”方式解脱所有规范性的约束；第二条道路则是最终会将所有个体强行纳入自身之中的理性大全主义。而对于各种文化之间的关系来说，这个寻找中间道路的任务则意味着，必须维持在下面两种趋向之间的有益张力：第一种趋向是整个人类正在无可阻止地结合为一个统一体，胡塞尔曾希望这个统一体能够发展成为一个大全的理性共同体；第二种趋向则在于，在不同的文化中仍存在着这样一个需要，即在这个世界范围的联合过程中，各种文化不失去自己固有的面目。在这种情况下，现象学作为“现象的逻各斯”可以指明一条道路；因为胡塞尔从一开始便把现象学理解为一种理性的说明（逻各斯），它的意义正是在于澄清并维护所有现象的固有本质和固有权利。

这段话说于1991年2月，至今已经过去了20多年。在这些年中，现象学在中国取得了巨大的进展，以至于我们可以说发生了一个中国现象学运动。中

* 李广良，云南师范大学哲学与政法学院教授。

国现象学的成就不仅在于对胡塞尔、舍勒、海德格尔、萨特、梅洛庞蒂、德里达等现象学家的研究和介绍，而且在于现象学的中国化。所谓现象学的中国化，主要表现在三个方面：一是对20世纪中国的存在现象的描述和分析（以张志扬为代表）；二是对现象学与传统思想的比较研究（以黄玉顺等为代表）；三是对传统中国经典的解读和重新“书写”（以张祥龙、伍晓明、夏君可等为代表，当然也包括叶秀山先生）。第一个方面的成就其实很有限，即使是张志扬的“创伤记忆”也并没有真正彻底地“面向实事本身”，他似乎只能借助于“传统性”、“意识形态性”、“个体性”这样一些概念去做抽象界定，而不能对创伤记忆进行现象学的描述和分析。相比而言，我觉得后两个方面的成就更大，它们确实“在现象学与中国传统哲学的结合点上”“拓展出”了“新的视域”。[1] 对此，我在《现象学视野中的中国哲学》一文中已经有所阐述，今天再就其中的“现象学与儒学”问题作些论述。

任何外来思想进入中国后都必须严肃认真地考虑自己与本土思想的“关系”，相反，本土思想也必须严肃认真地考虑自己与外来思想的“关系”。这种关系要么是敌意的互相“排斥”、“斗争”和“批判”等，要么是含情脉脉的“恋爱”、“结合”，当然还有不摸底细之时的“相互试探”。就儒学与现象学而言，至少到目前为止还没有发生相互的“排斥”、“斗争”和“批判”，将来恐怕也不会发生这种情况，因为这些“相互为敌”的现象在20世纪大多是与主流的意识形态有关的。而儒学已经不是20世纪中国的主流意识形态，现象学与意识形态的关系也并不直接。在我看来，现象学与儒学已经进入了“恋爱”甚至“结婚”的阶段，他们的恩爱痴缘似乎已经有了“爱的结晶”，这就是我所谓的现象学儒学。

现象学儒学是儒学史上的一种新的形态，目前还在发展中。现象学儒学中包含着现象学与儒学的比较研究，但其本质并不在于比较，而是在于通过现象学回归了儒家的源初存在，激活了儒学的活力或“内在生命”。现象学儒学的意义在于它打破了20世纪以来流行的形而上学式儒学研究一统天下的局面，开始

---

① Iso Kern、倪梁康：《现象学在中国》，《江海学刊》2000年第5期。

面向儒家或儒学的“事情本身”。关于现象学儒学，有许多值得一说的严肃的学者和思想家。今天我想重点提及黄玉顺和张祥龙，前者与我的渊源较深，后者对我的思想影响很大。

黄玉顺的生活儒学现在影响很大。生活儒学自称是在与现象学——胡塞尔、舍勒，尤其是海德格尔的平等对话中展开的，是要通过破解传统儒学，而回归作为大本大源的生活本身，并在作为源头活水的生活感悟的地基上，重新构造儒家形而上学。“生活儒学在破解传统那种‘无本的’和‘无家可归’的形而上学的同时，拒绝‘后现代主义’的‘反形而上学’倾向，主张积极的形而上学重建，并自始至终把这种重建工作建立在生活感悟的地基上。”[①] 这一生活儒学的构造，包含三个基本的层级：1. 生活本源，讨论作为“形而上学的本源”的生活，包括“生”、“情”、“智”、“爱”与“思”；2. 形而上学，“在生活本源的地基上，重建主体性，重建实体性，重建本体论，重建范畴表”，包括“人”、“物”、“欲”、“本体”、“物界”等的讨论；3. 形而下学，“关于某个存在者领域的构造”，包括“道德论”、“伦理”、“知识论”、“科学”、“规范”、“制度”等。

生活儒学作为现象学儒学的一种形式，思辨细密，用心良苦，是当代中国思想的一个重要成果，值得我们认真对待。然而，这里面也存在许多必须深入思考的问题。什么是生活？是那种海德格尔式的“存在者的存在”吗？什么是形而上学？中国思想与形而上学是什么关系？生活儒学还是儒学吗？尽管黄玉顺声称“生活儒学是‘儒学’，而不是所谓‘存在哲学’”。但我还是对此心存疑虑。

相比而言，张祥龙先生的现象学儒学就是另一番气象。我对此曾经做过一些论述。[②] 张祥龙反对用概念形而上学来解读包括儒学在内的中国思想（“中华古学”），他始终基于现象学的构成观而力图发现儒学的源始生存经验。他指出：“在我个人的哲学视野中，只有生存—结构现象学，方能来尝试跟随孔夫子那

---

① 黄玉顺：《面向生活本身的儒学——黄玉顺“生活儒学”自选集》，四川大学出版社 2006 年版，第 41 页。

② 李广良：《现象学视野中的中国哲学》，《出版广角》2012 年第 10 期。

‘动无常则，若危若安’的思想足迹，凌波微步般前行，因为这种现象学突破了西方观念对象化的思维方式，让思想透入生存化脉络和时机化视域，在诗与思的某种交织中开出哲理新境，但又能穷本究源。通过它来体会夫子哲思，就不会以现成框架切割之，以形而上学概念塑造之，以科学逻辑硬化之，而是容吾夫子回到深刻意义上的原文，也就是回到原本的人生起伏、时潮语境、诗书礼乐、家国之忧、好学之乐中；让《论语》回到上下文，其根得土，其叶得舒，其微言大义得以滋生攀缘，开花结果，从容展现于当今的哲学话语世界。”[①] 张祥龙的思想中有一种奇异的力量，这种力量与其说是来自现象学与儒学的某种“结合”，还不如说是来自久已被遮蔽了的华夏思想的“实事本身”。在张祥龙的笔下，我们看到了一个鲜活灵动的孔子，看到了君子的“原本完整的时机化或生存时间化”，看到了《春秋》的“乐感与诗意”，也看到了《中庸》的“至诚、不伪”的真情至性，总之，看到了“儒家哲学中最深奥的、最重要的，到现在还可以被我们活生生地体验到而且到未来还可以发挥重要作用的活东西”。

现象学儒学不限于黄玉顺的形式，也不限于张祥龙的形式，它有着丰富的可能性。如果要问现象学儒学将走向何方，我想也许可以这样作答：“有些句子肯定早就存在于我之间；有些则刚刚痛苦地诞生。”

① 张祥龙：《孔子的现象学阐释九讲》，华东师范大学出版社 2009 年版，第 3 页。

思想生产与学术研究

——中国哲学研究方式之反思

李景林 *

引言

冯友兰先生讲中西文化，曾用“古今”来表述“中西”，把中西的文化差异理解为古今的差异。从常理而言，这一表述似乎并不合适，因为中西思想、文化理应各有自己的“古”和“今”。但吊诡的是，它却又是对当代中国思想、文化现状的一种大体真实的描述，因为我们确实未能真正建立起中国思想和文化的现代形态。反思中国近百年尤其是上世纪五十年代以来的中国哲学研究，我们觉得，现代中国哲学研究所存在的一个主要问题，就是哲学思想的生产与学术研究的两歧。目前中国哲学研究方式的调适，亦当由对这一问题的解决入手。

一、哲学与哲学史

“哲学”一词，译自西方。在中国传统的思想学术系统中，本无一种被称作哲学的学术部门。上世纪初以来，中国传统学术文化的研究，经历了一个现代转型的过程。这个现代转型，简单说来，就是按照西方的学科模式对中国传统的思想学术进行分科化的研究，进行重新的学术分类。现代中国大学和科研院

* 李景林，北京师范大学哲学与社会学学院教授。

所的人文社会科学研究，基本上就是按照这一模式来规划的。我们现在所谓“中国哲学”，就是在这样一个学科分类过程中所形成的一个学科。

这一现代转型很重要，它是中国学术的研究能够参与当代国际学术对话的一个前提（当然，这只是一个前提。如能真正参与对话，需要中国学术自身具有主体性）。但它也带来了严重的问题，那就是未能建构起中国学术的现代形态，因而导致了它自身学术“自性”和主体性的严重缺失。这在“哲学”一方面表现尤其严重。中国古来讲内圣外王之学，“内圣”，即所谓“心性义理之学”或形而上学（取《易·系辞上》“形而上者谓之道”之义）这一面，是这一学术文化系统的形上学和价值的基础。这一方面，在当代中国的学术系统中，属于“中国哲学”的研究范围，所以尤应引起我们的重视。

近年来，一些学者对用“哲学”这一思想学术范式研究中国传统思想学术的有效性，颇有质疑。管见以为，两千余年的哲学史表明，哲学总是以不同层级的具体个性形态存在，它并不实质性地与中国传统的义理之学或形上学系统相排斥，而学术和学科规范的转变亦非一朝一夕之事。因此，当前之要务，在于如何在取自于西方的“哲学”这一概念框架下，凸显出中国传统思想学术的个性特质和固有的精神，建构起中国哲学的当代形态，从而使之能够有效地参与当今中国社会和世界思想学术的创造进程。这亦是我们能够推动学术和学科规范之转变的唯一有效途径。

按照黑格尔的说法，“哲学……是被把握在思想中的它的时代”。[①] 换言之，每一个时代，都应有属于该时代的哲学思想。哲学史乃是由这种每一时代思想的创造所构筑的历史。同时，从哲学史来看，每一时代的哲学又总是不断回归于经典和历史的源头以寻求哲学当代性重建的原创性本原。如怀特海所说，一部西方哲学史不过是对柏拉图的注脚。中国哲学更是如此。就其表现形式而言，整个中国思想和哲学发展的历史可以说就是一部经典的诠释史。由此看来，哲学既有其时代性，又有其历史的连续性。与此相应，哲学的研究亦应包括理论

① 黑格尔：《法哲学原理》，范扬、张企泰译，商务印书馆 1961 年版，《序言》第 12 页。

的研究与哲学史或学术的研究两个方面。

哲学史既是每一时代思想创造所构成的历史，则哲学的理论创造与哲学的历史就有着密不可分的关系。冯友兰先生曾著有《论民族哲学》（1937）一文来讨论哲学的民族差异问题。认为哲学之所以有民族的分别，乃是因为“哲学总是接着哲学史讲底”，而且必须是“接着某民族的哲学史讲底”。[①] 从这个意义上讲，哲学应对和解决时代问题的创造活动便与哲学史有着密不可分的关联性。按照冯友兰先生的说法，哲学的创造活动是一种“接着讲”的活动，哲学史的研究，则是一种“照着讲”的活动。“接着讲”和“照着讲”，是一个形象的说法。实质上，哲学史的“照着讲”，并非原封不动的资料汇编式的讲法。冯先生在《三松堂自序》《明志》一章阐述他“旧邦新命”的职志，认为哲学是一个有生命的“活的东西”，每一个重要的历史时代都要有“新的包括自然、社会、个人生活各方面的广泛哲学体系”的创造。这个哲学体系的内容，乃是“历史的产物”，有着历史的必然性，并需要长期的孕育才能完成。因此，哲学史的“照着讲”，不是把哲学史当做一种死的东西来研究，它既非陈列资料，亦非对博物馆陈列品的解说。冯先生自谓其哲学的系统，是为中国现代新哲学的创造作贡献；而其哲学史的工作，则是为中国哲学的发展和新的中国哲学系统提供养料或营养品。这种“新旧”的统一和连续，乃能使“旧”的具有生命力，同时使“新”的具有自己的民族特色。[②] 冯友兰先生具有中国现代哲学家与哲学史家的双重身份，他的有关讨论，对我们理解哲学与哲学史的关系，有重要的启示意义。

哲学作为“活的东西”，乃表现为一生生连续的活的生命整体。这个“活”，应包涵两个方面的意义。一是就哲学的理论创造而言，它必表现为一种植根历史传统的长期孕育的过程。冯友兰所谓“一个民族的新民族哲学，是从他的旧民族哲学‘生’出来底”，[③] 而现代中国新的“广泛哲学体系”必须要能够自己从

① 参阅冯友兰：《三松堂学术文集》，北京大学出版社 1984 年版，第 429—439 页。

② 参阅冯友兰：《三松堂自序》第十一章《明志》，见《三松堂全集》第一卷，河南人民出版社 2001 年版。

③ 冯友兰：《三松堂学术文集》，北京大学出版社 1984 年版，第 439 页。

传统“吸取营养”，经由几代人的努力才能完成，[①] 讲的就是这个意思。二是就哲学史的研究而言，哲学史不应是古代哲学资料的汇编，而应是经由新的诠释原则的奠基和整合而形成的新系统。这样，它才能真正为新的哲学系统提供生命的“营养”。正是在这个意义上，黑格尔主张：“哲学史本身就应当是哲学的”，“哲学史的研究就是哲学本身的研究”。[②] 这样的哲学史，亦非在陈列古董或罗列存在于过去的历史知识。哲学史的对象，“不是对于已死去的、埋藏在地下的、腐朽了的事物的知识。哲学史所研究的是不老的、现在活生生的东西”。[③] 这两个方面的统一，构成了一个时代的哲学思想存在的基本方式。它表明，哲学的思想生产或创造与哲学的历史发生犹一体之两面，不可分割。用冯友兰先生的术语说，一个时代的哲学，应当包括“接着讲”与“照着讲”这两个方面的统一。我们讲“中国哲学”，亦应如此。

二、思想生产与学术研究

从这个角度来看，现代中国哲学研究所存在的一个主要问题，就是哲学思想的生产与学术研究的两歧。

民国初年的“整理国故运动”，对推动中国传统学术的现代转型和分科化的研究，起到了积极的推动作用。其基本的精神，就是把中国固有的学问或者“国故”，当做一种客观的资料，而以西方科学的模式和方法，对之加以分类的整理和研究，由此形成新的科学和学科系统。[④] 它代表了现代以来中国传统思想学术

---

① 冯友兰：《三松堂自序》第十一章《明志》，见《三松堂全集》第一卷，河南人民出版社 2001 年版，第 310—314 页。

② 黑格尔：《哲学史讲演录》第一卷，商务印书馆 1981 年版，第 13、34 页。

③ 同上，第 42—43 页。

④ 参阅曹聚仁：《国故学之意义与价值》，载许啸天编《国故学讨论集》第一集，上海书店 1991 年版（据群学社 1927 年版影印）。许啸天亦在《国故学讨论集》的《序言》中强调，中国所谓“国故”，本无系统，无理知的方法，不能成立“一种有系统的学问”，颇以之为耻；主张用西方科学的方法，整理出政治学、社会学、文学、哲学以及工农数理格物等科学的系统。这确实表现了当时学者一种普遍的思路和情绪。

研究的一种基本的路径。

不过，在这一学术转型的初期，中国思想学术的研究并未完全失其个性或自性。就中国哲学的研究而论，一方面，当时学者自身多具有深厚的传统学养和人格教养，另一方面，他们虽深受西方哲学的影响，但对诠释原则却具有自己选择的自由。因此，这一时期的中国哲学研究，在思想和学术上并未失去其思想的原创力与其作为中国学术之个性。结合西方哲学与中国传统思想学术以构成自己独立的哲学系统，成为当时学者一种自觉的意识，而这一时期，也成为中国传统思想学术向现代中国哲学形态转化过程中一个最具原创力的阶段。梁漱溟的文化哲学、熊十力的新唯识论、冯友兰的新理学等，都是对中西哲学思想有所取资，而以中国思想为根底所建立的独立的哲学系统。当时的很多中国哲学学者，既是哲学史家，同时又是哲学家。如冯友兰先生，既著有《中国哲学史》，又构建了《贞元六书》的哲学体系。张岱年先生既有《中国哲学史大纲》一类哲学史论著，亦有其《天人五论》[①]的哲学系统。他们是用自己的哲学来观察中国哲学的历史，对之作出自己的诠释和建构，而非依傍于某种外在的理论。这一时代对中国哲学的研究，“史”贯通着“哲学”和“思想”，而史的研究，也往往以创建自己独立的哲学体系为其最终的归宿。

五十年代以后，上述以西方学科模式和科学方法整理“国故”的路径继续大行其道，同时，意识形态逐渐代替思想的创造占据了一元化的话语主导地位，这使得传统学术研究既完全脱离社会生活，局限于学院的狭小领域，同时，学院学术中的历史传统，亦更进一步蜕化为单纯“过去”时态意义上的知识、资料甚至古董，完全失去了它作为思想创造本原的文化生命意义。1952 年全国院系调整，全国的哲学系集中到北京大学。当时的北大哲学系分四个专业组：逻辑学教研组、马列主义课程教学辅导组、中国哲学史料研究组、西方哲学编译组。在全国大学唯一的哲学系里面，中国哲学的一流学者们所能做的工作，就是辅导、编译和整理史料（这当然是一个极端化时代的一个极端化的例子）。[②]

① 即其 1940 年代所著《哲学思维论》、《知实论》、《事理论》、《品德论》、《天人简论》。

② 参阅《张岱年全集》第八卷，河北人民出版社 1996 年版，第 541—542 页

在这种情势下，哲学的研究完全脱离了思想和理论的生产与创造，成为一种单纯的史料整理和历史知识的传授工作。哲学的思想生产仅为少数领袖人物所领有；老一辈哲学家或被迫进行“思想改造”，或只能放弃原有的哲学思考，而专做“哲学史”的研究或具有唯一性的哲学“原理”的辅导工作。老一代哲学家为此而扼腕，经历了长期的思想挣扎；[①] 以后的研究者，则基本上是放弃了哲学上的思考和创造。基于中国传统思想学术的当代中国哲学的思想创造和重建活动由此而终止，“中国哲学史”成为了“中国哲学”的代名词。

从哲学思想的生产与哲学的历史或哲学的“接着讲”与“照着讲”的统一本性来讲，我们所谓“中国哲学”，实应包括中国整个哲学界的思想学术活动及其思想成果，而不应仅仅在目前哲学学科划分中二级学科（即“中国哲学史”）的意义上来理解“中国哲学”这一概念。

当前，中国哲学界的状况较之三十多年前有了很大的改观，学者在思想和学术研究两方面拥有了较大的自由空间。但是，学科分工过细，学科间壁垒森严的状况尚未得到根本的改观。中国哲学界目前的学术结构，是长期以来形成的“中西马”三驾马车的格局。这三方面的关系，也是近年中国哲学界关注的一个重要问题。就这三个方面的功能而论，“马”仍然充当着思想生产的角色，“中”和“西”所充当的，仍然只是“史”的角色。“史”只是知识，不是思想，不是思想的产生者和发源地。这一点，在“中”这一方面，表现得尤其严重。

当然，我们不是说“马”不应是思想的生产者。问题是，“马”不应是脱离开“史”的单纯的“原理”。哲学不存在一般性的原理。一方面，只有经由不同层级的充分的个性化，哲学才真正具有可以相互通达的可理解性；同时，各种

---

① 张岱年先生曾回忆说，他四十年代（1942—1944）受冯友兰、熊十力、金岳霖创立体系的影响，写出《哲学思维论》、《知实论》、《事理论》、《品德论》等论稿，提出自己初步的哲学系统，“惜乎50年代以后，专门从事中国哲学史的教学工作，后来又遭值困厄，对哲学理论问题存而不论了”（《张岱年全集》，《自序》第3—4页）。在《我与中国20世纪》一文中亦说：“在1957年至1979年的二十年中，我完全放弃了对于哲学理论问题的思考，正在经历比较旺盛的时间，却完全钻入故纸堆中，枉费了光阴，这是深感痛惜的”（《张岱年全集》第八卷，第518页）。这对老一辈哲学家而言，是很有代表性的。

具体形态的哲学系统，亦只有充分地向他者敞开以达成自身的普遍化，才能获得其作为哲学的本真意义。哲学的普遍性，实建基于差异互通的“通性”或可理解性。只有真正建基于自身历史传统的哲学，才能具有文化生命的个性，因而具有这样的通性和可理解性。黑格尔“哲学史是哲学的”这一判断，同时亦应蕴含着它的反命题——哲学就是哲学史。冯友兰先生“接着讲”与“照着讲”统一，“旧邦新命”（“阐旧邦以辅新命”）的中国哲学观，亦体现了这一精神。黑格尔的哲学著作，他的《精神现象学》、《逻辑学》，都内在地充盈着西方宗教、哲学和历史的精神。胡塞尔的现象学之所以在西方当代思想和诸文化领域能够产生巨大的影响，具有强大的思想解释力量，亦是由于它针对西方思想实证主义的倾向，表现了一种复兴希腊理性精神，重建科学、哲学之生活世界意义基础的努力。哲学作为在其思想中所把握的时代，同时表现着它与自身之生成历史的内在连续性和密切的关联性。哲学与自身历史的这种密切的关系，是其他任何一个学科所不能比拟的。而哲学一旦走向一元化、形式化的“原理”，也就表明了它与哲学的历史传统及世道人心的脱离，宣示了它在思想创造进程和人的精神生活领域中的退场。

就“哲学史是哲学的”这一方面而言，“西”的状况比较好。西方哲学本身所具有的理论和逻辑特性，亦使学者较能关注哲学理论问题的讨论和哲学的思考。而且我们经常看到，研究西方哲学的学者，常常会尤其是会在晚年回到中国哲学领域，对其做出很有哲学意义的诠释。

比起三十年前仅把中国哲学理解为“史料”和解说两军对战之工具的状况，中国哲学的研究已经有了长足的进步。学者对中国哲学史的诠释原则有了较大的自由选择空间，可以把自身的学术志趣融入到学术研究中去，这使之逐渐有可能秉承传统“为己之学”的宗旨，说自己的话，走自己的路，学术的研究因而获得了更充分的自由度和真实性。但是，当前中国哲学的研究方式，仍然没有摆脱仅仅把中国哲学看作单纯的“史”的窠臼。借用冯友兰先生的用语，中国哲学（狭义的、二级学科意义上的）的研究仍完全处于一种只有“照着讲”而没有“接着讲”的状态。缺失了“接着讲”这一面，“照着讲”便同时失去了源出于其自身的内在性的诠释原则，“思想”仍然只能完全由外边外在地引入。

这样，一方面，思想理论界流行的各种理论学说，多属从外面直接“拿来”，而未能上接民族文化之慧命；另一方面，传统的思想学术文化则仅被理解为“过去”时态意义上的知识、资料甚至古董，不能参与当代社会思想文化创造的过程。此即我们所说的“哲学思想的生产与学术研究的两歧”。由此产生出这样一个学术悖论：“中国哲学界”里无“中国哲学”，或者说，存在着一个“无中国哲学”的“中国哲学界”。中国当代思想与文化的建设缺乏内在的原创力，收效亦甚微，这是一个重要的原因。

三、中国传统立言方式及其启示意义

针对上述问题，我们以为，中国哲学的研究方式需要有所改变。这就是要打破哲学与哲学史的抽象对峙，以构建中国哲学的当代理论形态。

中国传统思想学术深具历史意识，诠释经典，为中国哲学家“立言”或表达其思想的基本方式。中国哲学思想的历史，可以说就是一部经典诠释史。而这恰恰表明，中国哲学的思想与其历史具有密不可分的内在关联性。这种关联，其特点则表现为：不同时代的学术，乃恒据新的思想以重建经典的意义系统，而非以之为单纯的历史知识。

先秦哲学的兴起，适当西方学者所谓的轴心期或哲学突破的时代。这个时代，经典系统与哲学思想的形成相为表里，构成为同一过程的两个方面。孔子自称“述而不作，信而好古”。[①]孔子非无所创作，实寓“述”以为“作”。这“述、作”之义，乃与六经经典系统的建构相关。西周官师一体，学在官府，[②]

① 《论语·述而》。按朱子的解释，“述”谓“传旧”，“作”即“创始”（见朱熹《论语集注》卷四）。

② 章学诚《校雠通义·原道》：“圣人为之立官分守，而文字亦从而纪焉。有官斯有法，故法具于官；有法斯有书，故官守其书；有书斯有学，故师传其学；有学斯有业，故弟子习其业；官守学业皆出于一。”

经籍典章既掌于官司典守，礼乐射御书数六艺亦被用以教养贵胄国子。[①]但在当时，作为社会教化基础的经典系统尚未形成。春秋王室衰微，诸侯力政，礼坏乐崩，道术为天下裂。于是孔子起而担当斯文，损益三代，“论次诗书，修起礼乐”，[②]赞《易》，作《春秋》，删定六经；并以之为教典，开私学无类之教，始教化于民间。孔子于六经，特重《易》与《春秋》。孔子弟子三千，能于《诗》《书》《礼》《乐》之外，兼通《易》与《春秋》者，数仅七十。“后世疑丘，或以《易》乎”；[③]“知我罪我，其惟《春秋》”。[④]足见孔子哲思理念与文化生命之所托，要在《易》与《春秋》。三代之《易》，曰《连山》、《归藏》、《周易》，本为卜筮之书。孔子晚而喜《易》，著《易大传》，观天之神道以设教，归筮数之途于德义，[⑤]始转变《周易》为一著天地、阴阳之道的形上哲学系统。春秋诸侯各有国史，史称“百国《春秋》”。孔子据鲁史而作《春秋》，所重在“义”。[⑥]这个“义”，具体说来，就是司马迁所说“是非二百四十二年之中，以为天下仪表”，“别嫌疑，明是非，定犹豫，善善恶恶，贤贤贱不肖”，[⑦]集中体现了孔子的价值观念。要言之，“《易》以道阴阳”，“本隐之以显”，表现了孔子“性与天道”的形上学；“《春秋》以道名分”，“推见而至隐”，表现了孔子的价值理念。[⑧]统合二者，孔子的哲学系统，可见其大概。孔子据此而贯通六艺，乃开创了中国

① 《周礼·保氏》：“养国子以道，乃教之六艺：一曰五礼，二曰六乐，三曰五射，四曰五驭，五曰六书，六曰九数。”

② 见《史记·儒林列传》。

③ 《帛书易传·要》篇：“后世之士疑丘者，或以《易》乎！”

④ 《孟子·滕文公下》：“孔子曰：知我者，其惟《春秋》乎！罪我者，其惟《春秋》乎！”

⑤ 《帛书易传·要》：“《易》，我后其祝卜矣，我观其德义耳也。幽赞而达乎数，明数而达乎德，又仁守者而义行之耳。赞而不达乎数，则其为之巫；数而不达乎德，则其为之史。史巫之筮，乡之而未也，好之而非也。后世之士疑丘者，或以易乎？吾求其德而已，吾与史巫同途而殊归者也。”可知孔子《易传》，要在阐发《易》之“德义”内涵。

⑥ 《孟子·离娄下》：“王者之迹熄而《诗》亡，《诗》亡然后《春秋》作。晋之《乘》，楚之《梼杌》，鲁之《春秋》，一也。其事则齐桓晋文，其文则史。孔子曰：其义则丘窃取之矣。”

⑦ 见《史记·太史公自序》。

⑧ 《庄子·天下篇》：“《易》以道阴阳，《春秋》以道名分。”《史记·司马相如列传》：“太史公曰：《春秋》推见至隐；《易》本隐之以显。”

文化以六经为中心、作为社会教化基础的经典系统。孔子以“德、义”为本重建传统，寓“作”于“述”，其超越性的文化价值理念由是而表见于经典的系统，获得了关涉现实和当下生命存在的意义。“孔子成《春秋》而乱臣贼子惧”，[①]就表现了这一点。

故历来言儒学，必及六经。先秦诸子蜂起，孔子六艺之学，实居其主流。《庄子·天下篇》论古之“道术”在当时学术中的表现，认为百家之学仅得道术之一曲，无以体现古来道术之精神全貌，“内圣外王之道”之整全性由是隐而不明。《天下篇》所列百家诸子之学，儒家不在其中；而以邹鲁之士、搢绅先生的六经之学作为古来道术之整全表现，以与百家之学相对举。[②]《汉书·艺文志》孔子《论语》不在诸子，与《孝经》[③]同列于六艺。其综论诸子，以为诸子之学，起于王道既微，诸侯力政，虽各引一端，以取合诸侯，其实皆出于六艺之学，为“六经之支与流裔”。强调须通过“修六艺之术而观此九家之言”，即从六经的整体精神来理解诸子之学，乃能把握其根本。[④]《天下篇》与《艺文志》之说，并非虚言。周代包括德行、道艺、仪容诸方面的教育内容，皆托于职官，存诸经籍。[⑤]诸子所承接传统及其教育，亦大体不能外此。故战国诸子之文，源出六

---

① 《孟子·滕文公下》。

② 《庄子·天下篇》：“其明而在数度者，旧法世传之史，尚多有之；其在于《诗》、《书》、《礼》、《乐》者，邹鲁之士、搢绅先生多能明之。《诗》以道志，《书》以道事，《礼》以道行，《乐》以道和，《易》以道阴阳，《春秋》以道名分。其数散于天下而设于中国者，百家之学，时或称而道之。”“其明而在”、“其在于”、“其数散于”的“其”字，指古之道术而言。

③ 《汉书·艺文志》以《孝经》为“孔子为曾子陈孝道”之书。

④ 《汉书·艺文志》综论诸子之学说：“诸子十家，其可观者九家而已。皆起于王道既微，诸侯力政，时君世主好恶殊方。是以九家之术，蜂出并作，各引一端，崇其所善，以此驰说，取合诸侯……《易》曰：天下同归而殊涂，一致而百虑。今异家者，各推所长，穷知究虑以明其指，虽有蔽短，合其要归，亦六经之支与流裔。使其人遭明王圣主，得其所折中，皆股肱之才已……若能修六艺之术而观此九家之言，舍短取长，则可以通万方之略矣。”

⑤ 如《周礼·地官·大司徒》职教万民以“六德”、“六行”、“六艺”；《师氏》职“以三德教国子”；《保氏》职“养国子以道，乃教之六艺……教之六仪”；《春官·大司乐》职“掌成均之法”，以“乐德”、“乐语”、“曰舞”教国子。

艺之教；[①]儒家六经传记，亦"往往取诸子以为书"。[②]孔子以"德义"为本，建立以"六经"为内容的经典系统，其意义即在于据哲学和理性的自觉以重建传统，并为中国文明发展确立新的精神方向。孔子所开创的儒家思想，成为中国思想学术之主流。其依止于经典重建的"述、作"之义，[③]亦成为中国哲学思想建构的基本方式。

孔子"述、作"之义及其所开启的经典诠释传统，其要在于经典之意义系统的重建。在中国哲学思想史上，不同时代思想的差异，主要表现在两个方面：一是所重经典之不同；一是诠释原则之转变。此二者又相为表里，密切相关。而每一时代学术的重心，则在于其面对经典、重构传统、因任现实的思想性创造。同时，这种思想的创造，亦必"深切著明"于具体的史事，而非取徒托"空言"的方式来实现。[④]西方哲学主要以理论和逻辑建构的方式来表出其思想的系统，用孔子的话说，所采取的是一种"载之空言"的方式。中国哲学与此不同，其思想的创造和表述，所采取的则是一种道事、经史一体的方式。王阳明答徐爱问《春秋》与五经的关系云："以事言谓之史，以道言谓之经。事即道，道即事，《春秋》亦经，五经亦史。"[⑤]阳明所论道与事、经与史的关系，很恰切地表现了这一点。这种方式，更凸显了思想的历史连续与当代性创造之间的内在一体性。

中国学术有所谓汉宋之争。然汉儒经学，其要并不在章句训诂；宋明道学，亦非仅仅是空谈心性义理。

汉代大一统，高帝布衣天子，将相亦多起于平民，其在思想上所面临的首要问题，就是政治上的一统和政治合法性的问题。汉代的政治和历史哲学，主要围绕这一中心问题展开。董仲舒通五经，尤为《春秋》公羊学大家。其以《公

① 参阅章学诚：《文史通义·诗教上》。

② 参阅蒙文通：《经学抉原·传记第三》，见《经史抉原》，巴蜀书社 1995 年版，第 64—65 页。

③ 见李景林：《教化的哲学》第六章，黑龙江人民出版社 2006 年版。

④ 《史记·孔子世家》记孔子论其作《春秋》之意说："我欲载之空言，不如见之于行事之深切著明者也。"

⑤ 王阳明：《传习录上》。

羊春秋》为诠释文本，结合《易传》、《月令》、《吕氏春秋》的宇宙论学说，引入阴阳五行、天人感应等观念，建立起一个形上学和宇宙论的体系，以为当时政治的合法性和伦理社会价值体系的重建，奠定一超越性的基础。董仲舒所建立的宇宙论和“天的哲学系统”，为儒家思想确立了一个新的发展方向，铸就了汉代思想的特性。[①]汉儒崇奉六经，以孔子为素王，称其为汉制法。其阐发经义，提出诸如征诛、禅让、革命、改制、质文、三统、三正、更化等一套政治和历史哲学理论，其着眼点显然并非把经典视为对象性的历史知识，而是重在揭示大义微言，重构经典的意义系统，以应对和解决时代所面临的重大理论和社会问题。

宋明儒学以“心性义理之学”名，其为学宗旨，要在应对释老对儒家传统价值理念的冲击，以接续儒学固有的人文传统，重建其圣学教化和外王事业之形上学的基础。宋明诸大儒多有泛滥于释老而后反求诸六经之经历，虽于释老心性之说有所取资，但并非空说心性或“载之空言”逻辑推论式地建构理论。汉唐儒学略偏重于社会政治层面，社会生活之修心养生的精神皈依一面，乃渐次为佛家道教所操持。宋明儒思想和经典诠释原则的转换，表现为由汉唐儒之社会政治关怀转向以性命之道和个体心性修养为中心以建立其心性本体化的形上学系统；与此相应，其所重经典，则由汉唐儒的五经转向以四书为中心而辅以五经的经典系统。这两个方面的统一，表现了宋儒学说的精神。朱子和吕祖谦所撰《近思录》为理学入门书。其纲目次第，表现为一个“内圣外王”的结构，与《大学》格致诚正、修齐治平的学说规模相一致。由此可以看出宋人对思想学术之本质的理解。[②]在经典方面，朱子谓读经要循序渐进，应先四书后六经；四书次序，则宜先《大学》，次《论》、《孟》，最后《中庸》。《大学》三纲八目，概括了儒家由心性内圣工夫外显于治平外王事业的一个总的纲领，故

① 参阅徐复观：《两汉思想史》第二卷，华东师范大学出版社 2001 年版，第 182—183 页。

② 《近思录》十四卷，其纲目为：“(一) 道体；(二) 为学大要；(三) 格物穷理；(四) 存养；(五) 改过迁善，克己复礼；(六) 齐家之道；(七) 出处、进退、辞受之义；(八) 治国、平天下之道；(九) 制度；(十) 君子处事之方；(十一) 教学之道；(十二) 改过及人心疵病；(十三) 异端之学；(十四) 圣贤气象。”(见黎靖德编：《朱子语类》，中华书局 1986 年版，第 2629 页。)

程朱以《大学》为圣学入德之门。《论》、《孟》应机接物，因时因事而发微言，循此以进，可以收具体而微、融贯会通之效。《中庸》一书，荟萃儒家天人性命学说之精要，循《大学》、《论》、《孟》，而后会其极于《中庸》，便可建立大本大经。由此进于经史，乃能知其大义，而不致泥于文字训诂。① 故宋明儒所发心性义理之精微，绝非空言推论的产物。其所讨论问题，大率亦皆出自经典。诠释原则和思想重心的转变引发与之相应的经典系统重构，经典的讲论和诠释则使太极、理气、理欲、性命、心性、性情、性气、格致、本体工夫等观念凸显出来，构成为一新的话题系统和理论视域。在这种思想与经典之缘生互动的动态机制中，经典乃在不同时代获得其意义重构，参与思想的创造进程，成为思想生产的源头活水和生命源泉。

综上可见，在中国哲学思想史上，思想的创造与经史的研究并非分为两橛。经由经典及其意义的重建以实现思想的转变，成为中国哲学思想生产的基本方式。思想家在有关经史的传习讲论中关注现实人生，构成着当下的思想世界；而经史的研究亦在这种不断当下化了的思想视域中，参与着思想的生产。经典和哲学史的“知识”，由之转成为“现在活生生”的智慧，而非“对于已死去的、埋藏在地下的、腐朽了的事物的知识”。接续这种思想生产与思想史学术研究之相互共生的“立言”方式，对纠正当前哲学理论与哲学史抽象对峙的状况，有着重要的现实意义。

四、中国需要属于自己的当代思想和哲学理论

中国需要属于自己的当代思想和哲学理论。这里所谓“属于自己”，当有二义。一是“属于”哲学家或中国哲学学者“自己”；一是“属于”中国学术和文化“自己”。两者实一体两面，本不可分。孔子既主“学者为己”②，又自称“述

① 参阅《朱子语类》卷第十、第十一；张洪、齐熙编：《朱子读书法》卷一，四库全书本。
② 《论语·宪问》。

而不作，信而好古”。孟子既倡学贵“深造自得”，[①] 又特强调“论世知人”，“尚友”古圣。[②] 都表现了在为学上这两者统一的精神。黄宗羲著两《学案》，其《明儒学案》《序》与《发凡》对中国思想学术这一为学精神的讨论，颇具代表性。黄宗羲以“殊途百虑之学”、“一本而万殊”概括为学之道。认为理非“悬空于天地万物之间”。学问思想，不出一途，“学术之不同，正以见道体之无尽”。“学问之道，以各人自用得著者为真……学者于其不同处，正宜着眼理会，所谓一本而万殊也。”为学必“穷此心之万殊”而成一家之言，形成自己独特的思想“宗旨”和思想系统，才能证显那个“理一”和同归一致之“道体”。反之，学无宗旨，便只能是“倚门傍户，依样葫芦”，实无学术可言。[③] 濂、洛、关、闽、陆、王，殊途百虑，悉“竭其心之万殊者，而后成家”，[④] 其学问“宗旨”，各各有别；经典及其意义系统据此得以重建，而文化生命根源性的获得，亦使其共通的理论视域及思想世界得以构成。在中国哲学思想史上，“天下同归而殊途，一致而百虑”，既被视为“道”的实现方式，同时亦被理解为思想学术之生产和存在的方式。[⑤] 宋儒提出“理一分殊”的观念，其义与此相通。不过宋明儒学的着重点，更强调由“分殊”上来证显“理一”。黄宗羲所谓一本万殊、殊途百虑之学，正凸显了这一精神。

在中国当代哲学的研究中，上述经典诠释传统发生了断裂。时下中国学界其实并不缺少各种各样的哲学理论，而真正缺乏的却是根源于中国自身历史传统并由之而观照现实社会人生所成的“属于自己”的哲学理论。长期以来，中国学界占主导地位的哲学理论，基本上从外面现成“拿来”，就中国学术和文化而言，它不属于我们“自己”。这一理论，又表现为一种一元性而未能真正差异

① 《孟子·离娄下》：“孟子曰：君子深造之以道，欲其自得之也。”

② 见《孟子·万章下》。

③ 参阅黄宗羲：《明儒学案》，《序》及《发凡》，中华书局 1985 年版；《黄宗羲全集》第七册，《明儒学案·自序》，浙江古籍出版社 1992 年版。

④ 《黄宗羲全集》第七册，《明儒学案·自序》，浙江古籍出版社 1992 年版，第 4 页。

⑤ 司马谈《论六家要旨》、《汉书·艺文志》皆引《易传》“天下同归殊涂，一致百虑”一语概述诸子之学，即典型地表现了这一点。

化的解释原则，它成为横亘于中国哲学研究者与其研究对象间的一个第三者或外在的评判标准，亦不属于中国哲学学者“自己”。缺乏这种不同层级个性化而“属于自己”的理论原则，则所谓中国哲学思想史的学术研究，亦只能蜕化为某种资料性的整理工作，成为属于过去时的不相干的历史知识。如前所述，哲学是一种有生命的“活的东西”。生产性或创造性，是哲学作为思想的一种本性。它一方面表现为一种其自身思想建构及不断生成的内在动力，另一方面，作为思想的原则，对文化学术诸领域产生某种辐射作用，表现出一种巨大的理论透视和解释力。而只有“属于自己”或植根于自身历史传统慧命的哲学理论，才能内在地具有这种思想的创造性和生产性。另一方面，哲学史是思想的历史，它只能向思想者敞开其自身。显然，一个缺乏自身独立思想，只能把其思想传统当做过去时之知识的时代，它的哲学史的知识，亦失去了它作为思想的真实性，成为虚假的、坏的“知识”。[①] 这样的哲学史知识，当然无助于真实的思想创造。可见，即就哲学史的研究而言，那“属于自己”的哲学理论建构，亦为每一个时代所必须。

“属于自己”的哲学理论的建构，内在地包涵着一个从学者个体至整个文化传统之不同层级的差异化序列；而哲学学者经由“竭其心之万殊”，深造自得而构成属于自己的学术“宗旨”，则是这一差异化程序之必然的出发点。在上世纪前半叶中国哲学学科建立的初期阶段，学者所拥有的深厚传统学养和人格教养、理论原则多元化的选择空间，使其能够形成自己独立的学术宗旨；因此，当时作为哲学理论创造的“接着讲”与作为哲学史学术研究的“照着讲”虽已有学科的分工，但却未产生分裂。之后政治意识形态渗入学术研究领域，一元化的“原理”和解释原则由之形成；学者因此完全失去了其建立自身独特学术“宗旨”的可能性，在理论、思想、精神、生命及人格教养诸层面上与自身的思想文化传统渐行渐远，这便从源头上阻断了上述理论建构的差异化序列。近年来，中国传统哲学的研究，在诠释原则的选择上已呈现出一种多元化的趋势，但现成

① 比如，当哲学史的研究仅仅是在寻求孔子是否唯物论或辩证法，是否是哪个阶级的代言者的时候，这样的哲学史知识，还有什么真实和思想可言？

“拿来”西方概念模式作为解释工具以“整理国故”的研究方式尚无根本性的改观。外来思想的刺激对于一个时代诠释原则的转变，起着重要的作用，在我们这个全球化的时代，这一点尤其重要。但是，哲学的概念非抽象的、可以现成搬来搬去的形式，它具有自身的内容；[①] 因而必关联于个体、族群、文化等差异化序列乃能真实地展显出一种共通性的思想和精神世界。正如食物须经肠胃消化方能营卫身体一样，哲学的理论亦须经由特定历史文化“肠胃”的消化，才能获得活的文化生命意义和起到精神教养的作用。在这一点上，宋明儒对佛教哲学批判性的吸纳，已为我们提供了一种思想实验的范本。

以学者个体自身“学术宗旨”的差异多元性构成为出发点，接续中国传统重建经典及其意义系统的思想生产和“立言”方式，使经典和哲学思想史的学术研究真正参与当下思想创造的进程，在此基础上真实展开与其他文明传统的思想对话，那“属于自己”的当代中国的哲学系统和思想世界才能逐步得以形成。

① 参阅李景林：《正负方法与人生境界》，第二部分，《中国社会科学》2010 年第 6 期。

中国哲学的现代转型与传统更新

——关于19—20世纪中国哲学史观的思考

李维武*

对于鸦片战争以来的19—20世纪中国哲学，研究者们往往存在着不同的看法。这种看法之不同，并不在于是否承认19—20世纪中国哲学与以往数千年中国哲学相比，发生了巨大的变化，呈现出明显的不同；也不在于是否承认这一变化与不同的根源，来自中国从鸦片战争起被卷入以西方近现代文化为标本的全球性现代化运动，以及由此而来的西方文化及其哲学大规模传入中国相关；而在于如何看待、理解和评价中国哲学的这一历史性变化。这种看法之不同可大致归结为两派观点：一派认为，中国哲学在19—20世纪所发生的巨大变化，对中国哲学的自性、特质与传统造成了严重的冲击和破坏；近一个半世纪来，中国哲学的主流开展实际上背离了中国哲学的自性、特质与传统，大概只有现代新儒学才能算是中国哲学的自性、特质与传统的真正继承者；21世纪中国哲学只有回归19世纪以前的中国哲学传统，甚至只有回归“轴心时代”的先秦哲学传统，才能接上中国哲学的正统。另一派则认为，中国哲学在19—20世纪所发生的巨大变化，促成了中国哲学的形态转变与传统更新；近一个半世纪来，中国哲学经历了由古代形态而近代形态而现代形态的转型，继中国哲学古代传统之后形成了中国哲学现代传统；21世纪中国哲学应当以19—20世纪中国哲学的开展为起点，承继和发扬中国哲学现代传统而做新的开展。这两派不同的看法，鲜明地反映了在19—20世纪中国哲学研究中两种哲学史观的分歧，

* 李维武，武汉大学哲学院教授。

直接关系到对19—20世纪中国哲学的理解与书写，也直接关系到21世纪中国哲学的开展。由此可见，在19—20世纪中国哲学研究中，哲学史观问题是一个值得关注和探讨的重要问题。笔者赞成后一种哲学史观，但又感到这一哲学史观尚需予以深入阐发，使之具有马克思所强调的理论的彻底性以及由之而来的影响力与吸引力，因此在这里试对自己的有关思考加以阐发，以期引起研究者们对这一问题的关注与探讨。

一、19—20世纪中国哲学的主轴线

鸦片战争以来的19—20世纪中国哲学，与以往数千年的中国哲学开展相比，首先在哲学文化风貌上呈现出明显的不同：在中国哲学史上，还没有一个大的历史时期，像19—20世纪中国哲学，吸取了那么多西方的思想，改变了那么多传统的内容，在中西古今哲学的碰撞、交流、融会中，涌现了众多的哲学人物、林立的哲学派别和纵横起伏的哲学思潮，由此而造成了中国哲学的空前大变动。这种哲学文化风貌，不仅就其复杂性、多变性言，而且就其创新性、深刻性言，都是以往时代的中国哲学开展所难以比拟的，即使是在诸子蜂起、百家争鸣的先秦哲学中也未曾出现过。这种创新性、深刻性在于，在这一个多世纪纷繁复杂的哲学格局中，存在着一以贯之的主轴线，即中国哲学由古代形态而近代形态而现代形态的历史性转变，也就是中国哲学的现代转型。可以说，只有这种哲学形态的历史性转变，才是19—20世纪中国哲学的最本质、最深刻的东西。

所谓哲学的形态，是指哲学在历史发展中所呈现的一定的思维方式。这种思维方式规定了一定时期哲学的致思趋向和话语系统，规定了一定时期的哲学文化风貌，使之与以往时代的哲学呈现出明显的区别。哲学的形态具有较大的稳定性，能够在一个相当长的时间内保持基本不变，但又不是凝固的、永恒的、僵硬的，不仅有量的变化，更有质的更新。随着文化历史变迁的影响，随着由之而来的思想世界的变化，哲学的形态或迟或早总要发生变化，由旧的形态逐渐转换成新的形态。这种哲学的形态由旧而新的转变，就是哲学的转型。因此，

所谓哲学的转型，是指哲学的一定的思维方式所发生的质的飞跃及其新质的展开，是指哲学的致思趋向、话语系统及其整个哲学文化风貌的转变。正是由于有哲学的形态转变，所以造成了哲学发展的大的阶段性的区分。

从世界哲学发展的视域看，不同民族的哲学思维方式在历史上都存在着转变的问题，不可能固定在一种致思趋向、话语系统及其哲学文化风貌上，因此不同民族的哲学都有自己的转型。但这种转型，在西方哲学的发展中尤为鲜明和典型，呈现出由古代形态而近代形态而现代形态的相当分明的发展阶段，其哲学的致思趋向、话语系统及其整个哲学文化风貌表现出明显的质的差异性。自 19 世纪以来，西方哲学伴随着以西方近现代文化为标本的全球性现代化运动向前近代的非西方民族传播，不断扩大自己的影响，与这些非西方民族原有的哲学发生冲突与融合，促使这些非西方民族的哲学由古代形态转向近代形态再转向现代形态，从而促成了不同民族的哲学走向世界哲学。正是在这一过程中，西方哲学由于这种示范作用和推动作用，被赋予了一种世界性，使得前近代的非西方民族在进入全球性现代化运动后，必须引入、学习、吸纳西方哲学的思想内容。这样一来，西方哲学的转型，就往往成为研究者们衡论不同民族哲学转型的一个尺度、一个参照系。在考察 19—20 世纪中国哲学的转型问题时，也少不了使用这样一个尺度、这样一个参照系。而且，19—20 世纪中国哲学的开展，就是通过中西古今哲学的彼此争鸣、相互激荡、重新熔铸而实现的，因此这样一个尺度、这样一个参照系与 19—20 世纪中国哲学就有着内在的历史的联系，并不是研究者们主观地从外部强加到中国哲学自身的进程上的。可以说，在 19—20 世纪中国哲学的发展中，本身就内在地历史地蕴含着这样一个尺度、这样一个参照系。

通过这样一个尺度、这样一个参照系来看中国哲学发展，可以清晰地看到鸦片战争以来 19—20 世纪中国哲学同样经历了现代转型，这一转型呈现出两个大的阶段：在鸦片战争后的 19 世纪下半叶，中国哲学实现了由古代形态向近代形态的转变；而在 19 世纪与 20 世纪之交，中国哲学又开始了由近代形态向现代形态的转变。早在鸦片战争前，龚自珍就已敏锐地意识到中国封建统治者已经不能照旧统治下去了，开始从政治哲学入手思考这种统治的合法性问题，提出了“自改革”[①]的主张。鸦片战争后，魏源首先开眼看世界，突破了中国传统的历史观与文化观，提出了“师夷长技以制夷”[②]的主张。龚、魏的新思想，深刻地影响了19世纪下半叶中国哲学的开展，使得中国人的历史观、文化观和政治哲学最终超越了古代哲学的框架与内涵，正如梁启超所说：“新思想之萌蘖，其因缘固不得不远溯龚、魏。”[③]到了19世纪最后10年，康有为、谭嗣同、严复进一步在哲学本体论问题上取得了新突破。康、谭沿着中国古代哲学杂糅本体论与宇宙论的传统，把西方近代科学知识与中国传统哲学本体观念结合起来，建构起具有近代哲学特征的本体论体系。严复则引入西方近代经验主义传统与现代实证主义原则作为新哲学的基础，解构中国古代哲学杂糅本体论与宇宙论的传统，建立起以牛顿力学与达尔文进化论为框架的科学宇宙论，这是中国哲学史上第一个完全近代意义的哲学体系，同时又成为现代形态中国哲学的开端。这样一来，中国哲学仅仅用了短短大半个世纪的时间，就完成了从古代形态向近代形态的转变，并进而开始了向现代形态的转变。19世纪与20世纪之交，西方哲学中的不同思潮相继传入中国，中国哲学家对于西方哲学有了更深入更全面的了解，如果说严复对20世纪中国哲学中的科学主义、自由主义以及进化史观都有开启之功，那么王国维则开始把西方人文主义哲学引入中国，并敏锐地揭示了西方哲学发展中人文主义与科学主义两大思潮的分歧与对立。马克思主义哲学也在这时传入中国，受到当时向西方寻找救国救民真理的先进中国人的关注和介绍：朱执信于1906年在《民报》上发表长文《德意志社会革命家列传》，第一次把马克思作为革命家兼哲学家介绍给中国人；孙中山于1912年在上海发表公开演讲，首先在中国内地介绍马克思的经济学—哲学名著《资本论》。1915—1924年的新文化运动，对中国学术的现代转型起了积极促进作用，对中

① 龚自珍：《乙丙之际著议第七》，《龚自珍全集》，上海人民出版社1975年版，第6页。

② 魏源：《海国图志叙》，《魏源集》上册，中华书局1976年版，第207页。

③ 梁启超：《论中国学术思想变迁之大势》，《饮冰室合集》第1卷文集之七，中华书局1989年版，第97页。

国哲学的现代转型更是意义重大。新文化运动中的东西文化问题论战、问题与主义论战、科学与玄学论战，分别凸显和深化了中国人对历史观与文化观问题、政治哲学问题、本体论与认识论问题的探讨，使得现代形态中国哲学由此进入了全面发展时期。20 世纪 30—40 年代，中国哲学家开始融会中西古今哲学资源，建构了代表不同哲学思潮、具有不同哲学风格的本体论、认识论体系，如熊十力的“新唯识论”、冯友兰的“新理学”、贺麟的“新心学”、金岳霖的“道论”与“知识论”、毛泽东的“实践论”、张岱年的“天人五论”等等。这些各具个性与特色的哲学体系化创作，成为了中国哲学现代转型的标志性成果，对现代形态中国哲学的进一步开展产生了深刻的历史影响。以后现代形态中国哲学的开展，都与这些标志性成果分不开，或是沿着这些成果的思路进一步拓展，或是针对这些成果的问题进一步探索，或是根据这些成果的思想资源进一步综合创新，从而从不同方面推进、深化了中国哲学的现代转型。

由此可见，19—20 世纪中国哲学，与西方哲学的发展相类似，也经历了从古代形态而近代形态而现代形态的转变；正是这种中国哲学的现代转型，构成了 19—20 世纪中国哲学一以贯之的主轴线。只是与西方哲学的转型相比，中国哲学的转型属于后发生型，因此难以像西方哲学那样在一个相当长的时间内自然而充分地完成转型，而只能在一个相当短的时间里十分急促而紧张地实现形态的转变，其局限与不足就自然难以避免。尽管如此，中国哲学的现代转型的发生及其意义则是不可否认的。

在 19—20 世纪中国哲学研究中，之所以会形成两种不同的哲学史观，产生出两派不同的看法，是否认肯中国哲学的现代转型正是其关键。看不到这一主轴线或否认这一主轴线，当然只会把中国哲学在 19—20 世纪所发生的巨大变化，理解为对中国哲学的自性、特质与传统的冲击和破坏，否定 19—20 世纪中国哲学的创新性、深刻性。相反，只有抓住了这一主轴线，才能真正理解中国哲学在 19—20 世纪所发生的巨大变化，揭示其间所蕴含的创新性、深刻性，对 19—20 世纪中国哲学作出正确的看待、本质的理解和合理的书写。换言之，只有抓住了这一主轴线，才能建立起合理的 19—20 世纪中国哲学史观。

二、中国哲学现代转型的总特点

中国哲学的现代转型，尽管是在西方文化及其哲学强烈影响下发生的，参照了西方哲学的转型尺度，吸取了西方哲学的思想资源，但并不就意味着是对西方哲学发展进程的简单模仿、照抄照搬，也不意味着是用西方人的哲学思维与哲学话语来代替中国人的哲学思维与哲学话语，更不意味着是把中国哲学的发展由此纳入西方哲学的轨道，而是有着不同于西方哲学的基础、背景与传统，有着自己的特殊性。具体地说，中国哲学的现代转型，是在近代中国文化历史大变迁的基础上发生的，是在中国文化的背景下与语境中进行的，是通过由古代形态中国哲学而近代形态中国哲学而现代形态中国哲学实现的。因此，中国哲学的现代转型又有着自己的特点。这些特点主要通过两种哲学运动鲜明地呈现出来：一是西方哲学的中国化，一是中国哲学的现代化。这两种哲学运动，在实际的哲学发展中是合为一体的，共同体现了中国哲学的现代转型的总特点。

自19世纪下半叶以来，西方哲学中的各种理论、体系、思潮先后传入中国思想世界，对中国哲学的现代转型起了示范作用和推动作用。但这些传入中国思想世界的西方哲学思想，在影响、促进、参与中国哲学现代转型的过程中，既显示了自己的世界性的一面，又要在中国文化的背景下与语境中作一种新的理解和阐释，即需要经过一番新的思想创作，或者在古代形态中国哲学的传统中找到契合处，或者参与到19—20世纪中国哲学的发展中来。只有经过这种新的理解和阐释，经过这番新的思想创作，从而与中国哲学的传统或发展建立起一定的联系，一种外来的哲学才有可能真正为中国人所接纳，进而在中国文化土壤上生根、成长，使自己逐渐转化成为现代形态中国哲学的有机内容。可以说，这是任何一种能够在中国文化土壤上生根、成长、产生影响的西方哲学所必须经历的过程。这个过程就是西方哲学的中国化。

20世纪30年代，孙道升在《现代中国哲学界之解剖》一文中，曾把现代中国哲学开展按对待中国哲学和西方哲学的态度分为两大系统：一是“纯宗西洋哲学”，一是“兼综中西哲学”。前一系统是照抄照搬西方哲学，西洋现代有某派哲学，中国现代也有某派哲学，如实用主义、新实在论、新唯物论、新唯心论。后一系统则有一种创造的意味在里面，是糅合中西两种哲学而组织成功的，如唯生论、新法相宗、新陆王派、新程朱派。在这里，孙道升认为在20世纪中国哲学中有一部分派别是纯粹由外国引进的，是原封不动地照抄照搬外国人的东西的。但他所列举的“纯宗西洋哲学”诸派别，实际上都经历了中国化的过程，并不存在那种“纯宗”的性质。如实用主义哲学，在新文化运动时期由胡适引入中国思想世界后，就自觉或不自觉地在中国文化的背景下与语境中作了与其原来的意义不尽相同的变形。本来意义上的实用主义，并不是西方科学主义思潮的一个分支，也不仅仅是对科学方法的看重和强调，但胡适却极力凸显了实用主义看重和强调科学方法的方面，进而把实用主义解释成为就是一种科学方法，纳入到新文化运动中的科学主义思潮中来，从而使实用主义与科学主义思潮的狂飙突进相伴随相结合而影响一时。又如被称为新唯物论的马克思主义哲学，在中国的传播和发展，更是一个不断中国化的过程。从李大钊的唯物史观，到毛泽东的“实践论”，再到冯契的“智慧说”，都是中国马克思主义哲学家在中国文化的背景下与语境中，结合中国实际情况，吸取中国传统哲学资源，对马克思主义哲学进行重新解读、重新创造的成果。马克思主义哲学对中国思想世界的深刻影响，正是通过不断的中国化而实现的。由此可见，中国哲学家在接引西方哲学过程中，不只是起传声筒的作用，也不仅仅充当翻译家的角色，而显示了自己的创造性。

需要指出的是，西方哲学的中国化所追求的目标，是要把西方哲学中具有近代价值或现代价值的核心观念引入中国思想世界，并不是要对传入中国的西方哲学的自性、特点与传统进行大部的或基本的消解，使西方哲学只剩下与古代形态中国哲学相似相通的内容。西方哲学中具有近代价值或现代价值的核心观念，往往是西方哲学中具有世界性的内容。自鸦片战争以来，先进中国人之所以积极地学习、引入、吸纳西方哲学，正是为了从中获得这些具有近代价值或现代价值的核心观念，使中国哲学从这些新的思想资源中获得新的生命活力，从而塑造中华民族的新的时代精神与民族精神。早在20世纪初，严复就明确指出了这一点："夫自由、平等、民主、人权、立宪、革命诸义，为吾国六经历史之不言固也，然即以其不言，见古人论治之所短。"① 因此，在西方哲学的中国化运动中，又必然有选择地保留和自觉地吸取西方哲学的这些核心观念，使之转化为近代形态中国哲学或现代形态中国哲学的内容。胡适引入实用主义，尽管根据当时中国的实际作了变形，但他所强调的"科学试验室的态度"和"历史的态度"，仍然鲜明地体现了实用主义的基本观念，精辟地表达了实用主义对经验、实践、真理、历史的独特理解。马克思主义哲学中国化同样如此。尽管在百年间出现了对马克思主义哲学的多种中国化阐发，但只要这种阐发是真正立足于马克思主义哲学的，其中又总会有着共同的核心观念，如唯物史观对生产力与经济基础决定性作用的重视，唯物辩证法对实践意义的强调，社会主义对平等价值的追求。诚如艾思奇所说："中国化绝不是丢开马克思主义的立场的意思，相反地，愈更要能够中国化，就是指愈更能够正确坚决地实践马克思主义的立场的意思。"② 他进而指出："马克思主义之所以能中国化，就因为马克思主义有一般的正确性，正因为它是'放之四海而皆准'的，是'万能'的。倘若它没有这一般的正确性，倘若它仅仅是特殊的东西，那就完全谈不到'化'的问题了。"③

正是这样，西方哲学的中国化所带给中国哲学的，主要是能够为中国人所接受的西方哲学中具有近代价值或现代价值的核心观念；而这些观念为中国思想世界所接受吸纳，也就促成了中国哲学的现代化。早在明清之际，中国哲学就已经在自己的古代形态中孕育了近代形态的因素，但由于多方面的原因，这些因素并没有能够发育成熟，从古代形态中国哲学的母体中产生出独立的近代形态中国哲学。对于这一哲学文化现象，侯外庐在明清之际早期启蒙思潮研究

① 严复：《主客平议》，《严复集》第1册，中华书局1986年版，第118页。

② 艾思奇：《论中国的特殊性》，《艾思奇文集》第1卷，人民出版社1981年版，第481页。

③ 同上，第482页。

中作过系统而深入的探讨,形象而深刻地称之为“中国近代思想难产”①。这种近代形态中国哲学的“难产”,一直持续到19世纪中叶,才由于鸦片战争所开始的中国文化历史大变局而改变。鸦片战争后,随着西方哲学中具有近代价值或现代价值的核心观念先后引入中国思想世界,对中国人的精神生活与哲学思想发生了深刻影响,才使得古代形态中国哲学遇到了来自外部的强烈挑战和猛烈冲击。在西方近代和现代哲学思想的启迪下,中国哲学家开始重新认识、检讨、批判古代形态中国哲学,力图创造新形态的中国哲学,重建中华民族的时代精神与民族精神,从而开启了中国哲学的现代化进程。即使是20世纪中国的文化保守主义者,也在时代风潮影响下有此自觉。现代新儒学的开启者梁漱溟就说过:“我觉得我有一个最大的责任,即为替中国儒家作一个说明,开出一个与现代学术接头的机会。”②

中国哲学的现代化,固然是对古代形态中国哲学的超越,但同时又与古代形态中国哲学有着联系。中国哲学在数千年自成一系的开展中,积淀了丰厚的资源,形成了悠久的传统。这一传统具有巨大的历史惰性力、影响力、渗透力,制约着中国哲学的现代转型。这种制约性表现在两个方面:一方面,古代形态中国哲学以其传统的巨大力量,对中国哲学的现代转型有着阻碍作用,是造成“中国近代思想难产”的重要因素之一;另一方面,古代形态中国哲学中的一些因素,又会在特定的历史条件下,对中国哲学的现代转型起着积极的促进作用。这些对中国哲学的现代转型起着促进作用的传统因素,就其性质来说十分复杂。其中的一些内容,属于明清之际在古代形态中国哲学中就已孕育的近代形态的因素,如黄宗羲在《明夷待访录》中所提出的“天下为主君为客”的构想,就是这类因素的典型体现。梁启超就曾结合自己投身维新变法的亲身体验说明这种因素的存在与作用,指出:“宗羲……最有影响于近代思想者,则《明夷待访录》也。……而后此梁启超、谭嗣同辈倡民权共和之说,则将其书节钞,印数

① 侯外庐:《近代中国思想学说史》(下册),生活书店1947年版,第585页。

② 梁漱溟:《朝话》,《梁漱溟全集》第2卷,山东人民出版社1990年版,第136页。

万本，秘密散布，于晚清思想之骤变，极有力焉。”①还有一些内容，则是古代形态中国哲学中很早就已存在的因素，本身并没有什么现代性可言，但却也能在特定的历史条件下对中国哲学的现代转型发生积极的促进作用，如经世致用学风、公羊三世说、民本思想，就是这类因素的典型体现。在经世致用学风的影响下，中国哲学家在鸦片战争后直面中国文化历史的大变局，冲破传统的以中国为中心的历史观与文化观，积极地向西方寻找救国救民的真理，从而引入、接受西方哲学中具有近代价值或现代价值的核心观念，促成了西方哲学的中国化和中国哲学的现代化。公羊学的三世进化观念则成为19世纪先进中国人主张改革、进行维新的哲学根据，中国哲学家通过公羊三世说与西方进化理论的结合，重新复活了儒家政治哲学中“小康”与“大同”观念，用以标示中国现代化进程的不同阶段，为古老的大同理想注入了全新的内容。至于中国古代民本思想，更成为中国先进思想家走向马克思主义的思想桥梁。李大钊之所以能够成为中国的第一个马克思主义者、第一个马克思主义哲学家，从他自身的思想因素上看，在于他在接受马克思主义之前，已经通过吸取儒家民本思想资源，如《诗经》所言“天生烝民，有物有则。民之秉彝，好是懿德”，《尚书》所言“天视自我民视，天听自我民听”，形成了重视人民大众在历史中作用的民彝史观。在他看来：“天生众民，有形下之器，必有形上之道。道即理也，斯民之生，即本此理以为性，趋于至善而止焉。”②在人民大众的自身生命中，自然地存在着一种合乎道理、努力向善的本性，这种本性具有冲破蔽障、照明世界的巨大作用。所谓历史活动中的人心向背，实际上由每个普通之人自身内在的善的观念和道德的准则所支配，本身就是一种具有历史合理性的选择。正是基于对民心中理性主体和至善追求的信赖，正是基于对民心向背所体现的历史合理性的尊重，使李大钊在当时诸多先进中国人中首先敏锐地觉察到俄国十月革命的历史合理性并加以认同，认为：“Bolshevism这个字，虽为俄人所创造，但是他的精

---

① 梁启超：《清代学术概论》，《饮冰室合集》第8卷专集之三十四，中华书局1989年版，第14页。

② 李大钊：《民彝与政治》，《李大钊文集》第1卷，人民出版社1999年版，第146页。

神，可是二十世纪全世界人类人人心中共同觉悟的精神。所以 Bolshevism 的胜利，就是二十世纪世界人类人人心中共同觉悟的新精神的胜利！”[①] 这些哲学文化现象表明，中国哲学的现代化既是对古代形态中国哲学的超越，又是对古代形态中国哲学的继承。换言之，中国哲学的现代化是在这种超越与继承的张力间开展的。

西方哲学的中国化与中国哲学的现代化，作为中国哲学的现代转型的总特点，清楚地显示出中国哲学的现代转型既有与西方哲学发展相似相通的一面，又有与西方哲学发展不相同的一面。相似相通的一面，反映了 19—20 世纪中国哲学改变了中国哲学原来的长期封闭状况，汇入了世界哲学进程；不相同的一面，则反映了 19—20 世纪中国哲学将继续保持中国哲学的自性、特质与传统，而与其他民族的哲学相区别。只有看到这一总特点，才能对中国哲学的现代转型有深切的了解与把握。

三、中国哲学现代转型的基本问题

中国哲学的现代转型，所造成的在致思趋向、话语系统及其哲学文化风貌上的重构与转变，集中表现为哲学的提问方式和提问话语的改变。也就是说，19—20 世纪中国哲学有着自己的提问方式和提问话语，由此而显示出在致思趋向、话语系统及其哲学文化风貌上的重构与转变。在这一转型中所出现的西方哲学的中国化与中国哲学的现代化两种哲学运动，首先就在于形成一种新的哲学的提问方式和提问话语。因此，对于中国哲学的现代转型，应当以哲学问题为中心来把握、来探讨。

在哲学史研究中，对哲学问题的重视与对哲学范畴演变的重视，其指向、其意义是不相同的。对哲学范畴演变的重视，所凸显的是哲学观念之间的联系；而对哲学问题的重视，所凸显的是哲学观念与文化历史之间的联系。哲学观念

① 李大钊：《Bolshevism 的胜利》，《李大钊文集》第 2 卷，人民出版社 1999 年版，第 246 页。

与文化历史之间的联系在于：文化历史确定了哲学观念的特殊性及其在哲学史上的位置。哲学观念尽管有其抽象性、思辨性，但其根源仍在于文化历史之中，是经验世界的升华物。正是这样，尽管哲学有着自身的提问方式和问题，如本体论、认识论等问题都是哲学史上的老问题，为古往今来的哲学家反复探讨、不断思考，从而形成了哲学发展的内在的逻辑环节和逻辑进程；但不同时代、不同民族的哲学家往往基于各自的时代和传统，对这些提问方式和问题作出各具文化历史特点的理解和回答，因此哲学发展的内在的逻辑环节和逻辑进程，实则是与文化历史密切联系的。在哲学发展中，除了这些哲学史上的老问题外，还有着直接来自具体时代、具体民族的文化历史的提问方式和问题。这些特殊的提问方式和问题，往往不属于哲学自身的提问方式和问题，并不是其他时代、其他民族哲学发展中都会出现的；也往往与哲学自身的提问方式和问题相比，处于一种哲学史与思想史交叉的边缘性位置，其哲学理论不那么具有思辨性，其哲学意味也不那么浓厚。但正是这些特殊的提问方式和问题，使得哲学发展呈现出不同的时代特征和各异的民族风格。这两类哲学史上的问题，从不同的方面显示了哲学观念与文化历史之间的联系，在哲学史研究中都值得重视。

在19—20世纪中国哲学开展中，可以清楚地看到存在着这两类提问方式和问题：一方面，19—20世纪中国哲学发展，对于哲学自身的提问方式和问题作出了具有时代特色和民族特色的转换，在本体论、认识论等问题上多有创获；另一方面，19—20世纪中国哲学发展，对于那些直接来自中国文化历史大变迁的特殊的提问方式和问题予以了重视和思考，如一百多年来中国哲学家反复探讨的中西古今文化关系问题、中国现代化道路问题、全球化问题、现代性问题、“中国向何处去”问题，就是这类直接来自中国文化历史大变迁的特殊的提问方式和问题。中国哲学的现代转型的基本问题，来自这两类提问方式和问题。环绕这些哲学问题所展开的哲学思考，构成了19—20世纪中国哲学发展的历史进程，使得中国哲学的现代转型，既具有内在的逻辑环节和逻辑进程，又呈现出绚丽多彩的色调和鲜活跃动的生命力。

中国哲学的现代转型的基本问题，由于来自这两类提问方式和问题，因此相互之间不都是并列的，其间存在着层次性和结构性。从逻辑上看，即从哲学观念由一般到特殊、由抽象到具体看，这些哲学问题集中在三个层面上：最抽象的是本体论与认识论问题，居中是历史观与文化观问题，最具体的是政治哲学问题。

本体论、认识论问题是哲学自身长期以来探讨的重大问题。特别是本体论问题尤为古老。随着哲学形态的发展，本体论变换自己的提问方式和提问话语。在对本体论的反复探讨中，哲学家们或建构一个个哲学体系，或解构一个个哲学体系，由此而申发理想，寄寓希望，倾注感情，寻求智慧，重建一个民族在一个时代的文化精神。西方哲学由近代形态向现代形态的转换，是环绕着本体论、认识论问题而展开的。中国哲学的现代转型，同样也是环绕着这些问题来进行的。所不同的是，中国哲学家基于自己的时代和自己的传统，对于这些问题作出了具有自己民族特点的回答，从而以抽象的形式探讨并建构中华民族的新的时代精神与民族精神。近代的中华民族，内忧外患，救亡启蒙，贞下起元，多难兴邦，激起哲学家们对本体论、认识论问题的思考和探讨，通过这种思考和探讨来寄托自己的家国情怀，通过这种思考和探讨来重建中华民族的精神生活，也通过这种思考和探讨来寻找解决中国问题的正确方法。因此，本体论、认识论问题对于中国哲学的现代转型发生了重大的影响。可以说，19—20 世纪中国哲学的提问方式和问题，是以本体论及认识论问题为其中心和重心的。

历史观、文化观问题中的一些内容也可以说是哲学自身的提问方式和问题，但更主要的内容却是与 19—20 世纪中国历史的走向和中国文化的选择直接联系在一起的。鸦片战争后一个半世纪的中国历史，是中国被卷入以西方近现代文化为标本的全球性现代化进程而发生巨大变迁的历史，是西方近现代文化大规模传入中国而造成中西古今文化大碰撞、大交流、大融会的历史，是中国由封建社会经过半殖民地半封建社会向社会主义社会急剧转变的历史。如何看待中国文化历史这一天翻地覆大变局？如何看待中国传统文化在全球性现代化运动中的价值和作用？如何面对西方文化的强烈影响来选择中国文化发展的道路？这些问题，是时代向 19—20 世纪中国哲学家提出的重大哲学问题，也是 19—

20世纪中国哲学家必须首先思考的重大哲学问题。这就使得历史观与文化观问题，在中国哲学的现代转型中占有了十分显著、十分重要的位置，引起中国哲学家的普遍关注和反复探讨。而历史观、文化观问题，又是与“中国向何处去”这一时代大问题密切地联系在一起的。这就使得19—20世纪中国哲学中的历史观与文化观问题，不是一种思辨的历史哲学或文化哲学，而与回答“中国向何处去”这一时代大问题相联系。

政治哲学问题在19—20世纪中国哲学中有着特殊的含义，所要直接回答的主要问题就是“中国向何处去”这一时代大问题。这个问题显然不是一个哲学史上的老问题，而是一个鸦片战争以来中国文化历史大变迁所直接提出的问题。在这一文化历史大变迁中，环绕“中国向何处去”而展开了一系列重大政治问题，如封闭与开放、守旧与维新、改良与革命、立宪与共和、启蒙与救亡、旧民主主义与新民主主义、资本主义与社会主义，这些都成为19—20世纪中国政治哲学探讨的内容。这些内容往往是西方政治哲学中所没有的，也往往与现实政治纠缠在一起而较少思辨性，但对于19—20世纪中国来说却是极为重要的，引起了中国哲学家反复的思考与探讨。正是通过这种反复的思考与探讨，逐渐从理论与实践的结合上回答了“中国向何处去”这一时代大问题。

除了上述三个层面的基本问题外，中国哲学的现代转型还有其他一些问题，是以社会问题或文化问题的形式出现的，而不是以纯粹哲学问题的形式出现的，但同样意义重大，不可忽视。例如，20世纪上半叶出现的女性主义问题，原本是作为社会问题提出的，但其中有关性别意识、家庭观念、女性伦理、男女权利诸问题，都包含了哲学层面的探讨，所以实际上又成为了20世纪中国哲学的重要问题。又如，新文化运动中凸显出的中国教育思想问题，原本是作为文化问题提出的，但其中又必然涉及人性改造、人格培养、教育民主诸问题，需要在教育哲学意义上进行总体性的探讨，而这种探讨对于中国教育的现代转型和中国哲学的现代转型都有着重要的意义。因此，在中国哲学的现代转型中，还包含这些具有哲学内容的社会问题、文化问题。这些社会问题、文化问题，实际上反映了中国哲学的现代转型与近现代中国文化历史的多方面的联系，也体现了中国哲学的现代转型的丰富内涵，是研究中国哲学的现代转型时值得注意的。

四、中国哲学现代转型的主要思潮

在19—20世纪中国哲学开展中，特别是在20世纪中国哲学开展中，涌现了诸多不同的哲学思潮，此起彼伏，相激互动，有力地推动了中国哲学的现代转型。所谓哲学思潮，是指一定时代的哲学家们由一定的致思趋向和价值认同所形成的哲学思想的开展。同一哲学思潮中，往往出现了许多哲学家，他们一方面有着个性化的哲学创造，另一方面又有着大体一致的致思趋向和价值认同。通过对哲学思潮的研究，既可以比较准确地把握这些哲学家的思想走向与学术源流，又可以从一个方面深刻地揭示一个时期的哲学发展，从而使哲学史研究获得比较明晰的线索。因此，在中国哲学的现代转型研究中，对哲学思潮的研究占有十分重要的位置。

这些哲学思潮之间，存在着相当复杂的关系：除了相互争鸣、彼此交锋外，又往往相互交叉、彼此纠缠，并不是截然分开、完全不同的。这样一来，就使得如何认识与把握19—20世纪中国哲学思潮，存在着很大的困难性。这种困难性集中表现在两个问题上。

第一个问题是把19—20世纪中国哲学思潮划分得过于简单。早在20世纪上半叶，在一些哲学家衡论当时的哲学思潮时，这一问题实际上就已经出现了。例如，艾思奇在1933年所写《二十二年来之中国哲学思潮》一文中，把自辛亥革命以来的中国哲学划分为三大思潮：一是“输入底资本主义型之哲学”；二是“封建底哲学传统之不断的复归”；三是“唯物辩证法哲学”。贺麟在1945年所著《当代中国哲学》一书中，把近50年的中国哲学发展划分为三大思潮：一是实用主义，其政治背景是自由主义；二是辩证唯物论，其政治背景是共产主义；三是古典哲学的新发展，其政治背景是三民主义。在最近30年中，随着20世纪中国哲学研究的开展，很多学者又提出马克思主义、自由主义、现代新儒学是20世纪中国哲学三大主要思潮。笔者则在1990年完成的博士论文《20世纪中国哲学本体论问题》中，提出科学主义、人文主义、马克思主义哲学是20世纪中国哲学三大主要思潮。以后随着对20世纪中国哲学研究的深入与拓展，笔者逐渐感到自己的这种思潮划分，固然仍能适用于对20世纪中国哲学本体论与认识论问题的解释，但要对20世纪中国哲学做多视角多层面的研究，就很难作周延的解释和准确的说明，需要做一种新的拓展。

第二个问题是把19—20世纪中国哲学的不同层面的思潮混为一谈。这个问题实际上是由第一个问题导致的。由于对20世纪中国哲学思潮划分得过于简单，因而往往把一些有交叉内容或近似内容的不同思潮，都视为一种思潮。如科学主义、自由主义、西化思潮，原本是三种不同性质的思潮，但由于其中存在着交叉的内容，如胡适既是科学主义者，又是自由主义者，还是西化思潮的提倡者，因而就有不少研究者把这三种思潮混而视之，以为就是一种思潮。其实，这三种思潮所探讨的问题并不是相同的：科学主义思潮对科学的意义与价值做了放大，强调哲学要走科学化、实证化的道路，最核心的问题是哲学要不要沿着本体论的路向发展；自由主义思潮追求的是以个人自由为原则的民主政治制度，讲的是一种政治哲学；西化思潮则凸显了以西方近现代文化为标本的全球性现代化运动对于中国现代化的意义，是一种关于中国文化发展的理论。在20世纪中国哲学发展中，像胡适那样将这三种思潮集于一身者，并不是一种普遍现象。例如，张君劢、徐复观都是20世纪中国典型的自由主义者，但他们都不赞成科学主义和西化思潮，而是哲学上的人文主义者和文化上的保守主义者。在1923—1924年科学与玄学论战中，张君劢作为玄学派的代表，与丁文江为代表的科学派展开了激烈的论争，就表现出鲜明的人文主义立场。在20世纪50—60年代台湾中西文化问题论战中，徐复观与胡适、殷海光、李敖等西化思潮主张者进行了激烈的论争，就表现出鲜明的文化保守主义态度。又如，金岳霖是科学主义思潮的重要代表人物，但却不是西化思潮的主张者。他在建构自己的“道论”体系时，强调“道”是中国哲学和中国文化的最核心的概念，并吸取“道”作为自己本体论的最根本的概念。在他看来，只有这样，才能使自己的本体论具有“中国味”，才能真正体现自己的生命情感和理想追求。因此，把19—20世纪中国哲学中环绕不同哲学问题展开的思潮混为一谈，妨碍了对19—20世纪中国哲学的深入研究。

为了改变上述状况，笔者认为在中国哲学的现代转型研究中，应当把哲学思潮的划分同哲学问题的划分结合起来，根据各种思潮对哲学问题的探讨来区分不同性质的哲学思潮。因为某种哲学思潮，总是针对某种哲学问题而发生、而发展的。环绕不同层面的哲学问题，形成了不同的哲学思潮以及它们之间的联系。因此，根据中国哲学的现代转型的基本问题，可以把19—20世纪中国哲学的思潮做一种结构性、层次性的划分。

第一，在中国哲学的现代转型中，环绕本体论与认识论问题，形成了科学主义、人文主义、马克思主义哲学三大思潮及其它们之间的复杂联系。这三大思潮在19世纪与20世纪之交相继出现于中国思想世界。新文化运动中的科学与玄学论战，成为这三大思潮相激互动的第一个交汇点。在这场论战中，科学派代表了科学主义思潮，力主哲学走科学化、实证化的道路，其代表人物丁文江就强调哲学要沿着“科学知识论”[①]的方向发展；玄学派代表了人文主义思潮，力主为本体论的存在进行辩护，其代表人物张君劢认为现在正是“新玄学时代”[②]；而中国早期马克思主义者陈独秀，则对科学派与玄学派都持批评态度，但又表现出明显的科学主义化倾向，强调只有作为社会科学的唯物史观才是哲学发展的方向。这以后，现代形态中国哲学是沿着本体论路向还是沿着认识论路向发展，以及建设怎样的本体论与认识论，就成为这三大思潮反复探讨、不断互动的重要论题。20世纪中国哲学中的有代表性的本体论、认识论体系，都是在这三大思潮的探讨与互动中建构的。

第二，在中国哲学的现代转型中，环绕历史观与文化观问题，自19世纪与20世纪之交开始，逐渐形成了进化史观、民生史观、唯物史观三大历史观以及

① 丁文江：《玄学与科学——评张君劢的〈人生观〉》，《科学与人生观》，山东人民出版社1997年版，第48页。

② 张君劢：《再论人生观与科学并答丁在君》，《科学与人生观》，第100页。

它们之间的复杂联系，形成了西化思潮、文化保守主义、马克思主义文化观三大文化思潮以及它们之间的复杂联系。其中，文化保守主义思潮中又有十分复杂的思想派别，不可一概而论。在这些思潮的复杂联系中，中国马克思主义的历史观与文化观，对其他有关思潮产生了深刻影响，如孙中山的民生史观、前期冯友兰的历史哲学、晚年梁漱溟的文化哲学，都曾吸取唯物史观的思想资源。同时，中国马克思主义的历史观与文化观，也从这些思潮中吸取了一些合理因素，如中国马克思主义正是从文化保守主义那里批判地吸取了重视中国文化传统的思想，由早期对中国传统文化的激烈批评，转而重新估价中国传统文化的价值，提出做“从孔夫子到孙中山”的总结者和继承者，从而把马克思主义与中国文化传统直接结合起来。此外，在20世纪某些特定的历史阶段，环绕历史观与文化观问题，也会形成一些存在时间并不长但在当时却颇有影响的思潮，抗日战争时期出现的战国策派思潮即是一例。

第三，在中国哲学的现代转型中，环绕政治哲学问题形成了不同的政治哲学思潮。鸦片战争后，先进的中国人开始向西方寻找救国救民的真理，引入西方政治思想及政治哲学，提出对中国政治制度的新设计，政治哲学思潮开始出现新格局。在19世纪下半叶，前后出现了地主阶级改革派、农民阶级反抗运动与早期改良主义的政治哲学主张。19世纪与20世纪之交，更有不同政治哲学思潮相互激荡，影响一时，如以严复为代表的自由主义思潮、以康有为为代表的改良主义思潮、以孙中山为代表的三民主义思潮、以刘师培为代表的无政府主义思潮、各种非马克思主义的社会主义思潮中的政治哲学等。经过这一时期的思想论争与政治实践的选择，环绕政治哲学问题，形成了三民主义、自由主义、马克思主义政治哲学三大思潮以及它们之间的复杂联系。这三大思潮之间的关系，随着中国社会矛盾的变化及各种政治力量的不断组合，经历了十分复杂的变化，其间既有过联盟，又有过分歧；既有过对抗，又有过互动。中国马克思主义政治哲学的发展，如新民主主义理论的提出、对民主政治的追求与构想等，就包含了对三民主义、自由主义思想资源的吸取。这三大思潮之间关系的变化，对20世纪中国向何处去的历史选择，对现代中国民主政治的建设，产生了直接的影响。中国马克思主义政治哲学，也正是在与三民主义、自由主义的相激互动中，显示出了自身的优越性，对“中国向何处去”这一时代大问题做出了最有说服力的回答。

中国哲学的现代转型中的诸多思潮，通过这一结构性、层次性的划分，可以说得到了一个比较合理的分疏和比较清楚的展现。由此来看19—20世纪中国哲学发展，能够透过纷繁复杂、起伏纵横的哲学思潮，对其基本格局和基本框架有一个更为明晰的把握。需要说明的是，从这三个层面的哲学问题来划分哲学思潮，并不是要把这些哲学思潮做一种截然的分开。一些不同层面的思潮，在实际的历史中本是一个统一的思潮，如马克思主义哲学、现代新儒学就是如此。但为了能够更清晰地说明20世纪中国哲学进程的复杂性，在这里做了不同问题层面的划分：马克思主义哲学分做了三个问题层面上的展开；现代新儒学在本体论问题上作为人文主义思潮的主流，而在文化观问题上则成为文化保守主义的一派。不同层面问题上的思潮，其间当然也存在着联系，有的甚至还存在着十分密切的联系。例如，科学主义思潮与进化史观之间就存在着密切的联系，正是科学主义思潮以进化论为科学方法，以此解释历史、说明现实，导致了进化史观风行一时；又如，现代新儒学的人文主义立场与文化保守主义的态度也是一致的，他们建立的本体论体系分别称之为“新唯识论”、“新理学”、“新心学”，就很直观地反映了两者间的联系；再如，孙中山的民生史观与由他创立而后成为了国民党政治哲学的三民主义之间，也有着密切而复杂的联系。

除了这三个层面的哲学思潮外，在19—20世纪中国思想世界，还存在着各种具有哲学内核的社会思潮。与作为观念形态的哲学思想相比，这些社会思潮与实际生活、社会实践、下层民众有着更为密切的联系，吸引了广大民众的认同、响应与参与，甚至演变为声势浩大的群众运动，而不只是少数哲学家的学问，不只是局限于哲学家的课堂上和书本中。但就这些社会思潮最核心的内容看，往往仍然是以哲学家思想家的思想创造为其主体，而非仅为群体性的心理认同和心理表达。特别是一些持续时间长、社会影响大、具有鲜明奋斗目标的社会思潮，其间都存在着经过哲学家思想家的自觉创造而形成的哲学内核。这些具有哲学内核的社会思潮，往往是环绕某一具有哲学内容的社会问题或文化问题产生的，如环绕女性主义问题产生了女性主义思潮，环绕教育哲学问题产生了教育哲学思潮。在一些有很大影响力的社会思潮中，还包含着对多方面哲学问题的思考，如在19世纪末的湖南维新思潮中，就包含着有关本体论、文化观、历史观、政治哲学的多层面哲学思考。这些思潮既有许多非哲学的成分，同时又具有哲学的内核，构成了中国哲学的现代转型中的一些边缘性思潮。这些思潮尽管在19—20世纪中国哲学开展中处于边缘的位置，但却在中国哲学的现代转型中有其自身的活力与价值，并在19—20世纪中国文化历史进程中留下了深刻的影响，同样值得重视和研究。

总之，在19—20世纪中国哲学研究中，对哲学思潮的研究与对哲学问题的探讨需要有机地结合起来。如果说哲学问题是19—20世纪中国哲学之网的网上纽结，那么哲学思潮就是19—20世纪中国哲学之网的网上主线。以问题为中心，以思潮为线索，这样一来，就可以比较好地把握19—20世纪中国哲学之网了，比较好地展开中国哲学现代转型的研究空间了。

五、中国哲学现代传统的形成

中国哲学在自商周之际至鸦片战争前的自成一系、源远流长的开展中，形成了自己的古代传统。这一传统固然有着巨大的历史惰性力，但随着19—20世纪中国文化历史与思想世界的大变动，特别是在中国哲学现代转型的深刻影响下，也必然发生变化，以至更新。这就形成了中国哲学的新传统，即与中国哲学古代传统相区别的中国哲学现代传统，也可称之为20世纪中国哲学传统。

由于中国哲学的现代转型是以西方哲学的中国化与中国哲学的现代化为其总特点，因此，中国哲学传统的更新与中国哲学现代传统的形成是在中西古今文化及其哲学的碰撞、交流、融会中实现的。这就使得中国哲学现代传统，从内容上看，包括了三个方面的因素。

第一，一些属于中国哲学古代传统的因素，在中国哲学的现代转型中发挥了积极的作用，促成了中国哲学的现代转型的实现。这些古老的哲学因素，因其巨大的影响力与旺盛的生命力，在中国哲学传统的更新过程中积淀保存下来，转化成为了中国哲学现代传统的有机内容。经世致用学风重实际、重现实、重实践的求实精神，公羊三世说所讲的“小康”与“大同”的历史演进，民本思想所强调的对“民”的重视、尊重与爱护，就是这样的因素。这些属于中国哲学古代传统的因素，积淀并保留在中国哲学现代传统中，表明中国哲学现代传统与中国哲学古代传统之间绝非截然的断裂与对立，而是有着直接的内在的联系。

第二，中国哲学的现代转型，又是在西方近现代文化及哲学的强烈影响下实现的。西方哲学中那些对中国哲学现代转型产生过深刻影响的内容，特别是那些能够为中国人所接受的西方哲学中具有近代价值或现代价值的核心观念，经过中国化过程后，逐渐为中国思想世界所吸纳和融会，成为19—20中国哲学的重要组成部分。严复所说的“为吾国六经历史之不言”的“自由、平等、民主、人权、立宪、革命诸义”，就是这样的内容。这些外来的因素，构成了中国哲学现代传统中与中国哲学古代传统不相同的重要内容，表明中国哲学传统确实在19—20世纪中国哲学开展中获得了更新。

第三，中国哲学家在19—20世纪中国文化历史条件下，通过吸取、消化、综合、融贯中西古今哲学资源，进行了自己的新的哲学创造，通过近代形态哲学体系特别是现代形态哲学体系的建构，彰显了19—20世纪中国哲学家的原创性智慧，标示了中国哲学现代转型的实现。这些新的哲学创造，当然是中国哲学现代传统的最为重要的内容。正是这些内容，构成了中国哲学的现代转型的主体。

上述三个方面的因素，使得在中国哲学现代传统中，既有对中国哲学古代传统的继承，也有对中国哲学古代传统的更新。也就是说，中国哲学现代传统并不是脱离了数千年中国哲学发展大道的思想歧出，而是与中国哲学古代传统有着直接的内在的联系。只是在中国哲学现代传统中，中国哲学传统的更新与中国哲学传统的继承相比，处于主导性的位置，有着更多的内容和更大的影响。

这种状况的出现，其实也不足怪。如非这样，有着数千年厚重历史的中国哲学，要在短短一百多年间实现由古代形态向现代形态的转变，无疑是十分困难的。

中国哲学现代传统的这一特点，使人们在看待它、理解它的时候，往往不易做出准确的把握。正是这样，在如何看待、理解、把握中国哲学现代传统与中国哲学古代传统的关系上，存在着不同的看法。具体地看，这些不同的看法可大致归纳为两种观点。

一种看法是竭力否认中国哲学现代传统的存在及其合理性。这种观点认为，从商周之际一直到鸦片战争前，中国哲学是自成一系发展起来的，孔子开启的儒家思想是中国哲学的主流，这就是中国哲学传统。至于鸦片战争后西方文化及哲学大量传入中国，中西古今文化及哲学发生碰撞、交流、融合，特别是新文化运动以来新哲学蓬勃开展，则是对中国哲学传统的冲击、破坏和背离。也就是说，中国哲学只存在着一种传统。这种观点多为文化保守主义者所主张。早在新文化运动初始之时，杜亚泉就已明确地表达了这一观点。他强调中国思想数千年来有着自成一系的传统，认为："我国先民，于思想之统整一方面，最为精神所集注。周公之兼三王，孔子之集大成，孟子之拒邪说，皆致力于统整者。后世大儒亦大都绍述前闻，未闻独创异说；即或耽黄老之学，究释氏之典，亦皆吸收其精义，与儒术醇化。"[①] 因此，他坚决反对引入西方思想来冲击和破坏中国思想传统，认为："吾人往时羡慕西洋人之富强，乃谓彼之主义主张，取其一即足以救济吾人，于是拾其一二断片，以击破己国固有之文明。此等主义主张之输入，直与猩红热、梅毒等之输入无异。"[②] 这一观点，到今天仍为文化保守主义者所认同和延续，以反对"激进"、反对"西化"、反对"反传统"为旗帜，形成对中国哲学现代传统的否定性批判。按照这些观点，中国哲学的现代转型中的大多数思潮，不是属于激进主义就是属于全盘西化，因此中国哲学现代传统的合理性是难以成立的；在这些思潮中，大概只有现代新儒学才是唯一在激

① 杜亚泉：《迷乱之现代人心》，《杜亚泉文选》，华东师范大学出版社1993年版，第307—308页。

② 同上，第311—312页。

进主义与全盘西化之外而与中国哲学古代传统相接续的，才体现了中国哲学在19—20世纪开展的正确方向。总之，按照这种看法，中国哲学的现代转型似乎只是对以往中国哲学传统的大破坏大断裂，中国哲学的传统更新其实只是“反传统”。

另一种看法，则是认肯中国哲学现代传统的存在及其合理性。这种看法认为，中国哲学在数千年的开展中固然形成了自己的古代传统，但这种传统并不是永远如此、凝固不变的。自鸦片战争以来，中国哲学经历了由古代形态而近代形态而现代形态的转变，从而促使中国哲学的传统出现了改造与更新，形成了不同于中国哲学古代传统的中国哲学现代传统。也就是说，中国哲学并不是只有一种传统，而实际上由于传统的变迁、转化和更新，存在着两种传统。主张这一观点的，是文化保守主义的批评者，特别是中国马克思主义哲学家。毛泽东指出：“自从一八四〇年鸦片战争失败那时起，先进的中国人，经过千辛万苦，向西方国家寻找真理。洪秀全、康有为、严复和孙中山，代表了在中国共产党出世以前向西方寻找真理的一派人物。……这些是西方资产阶级民主主义的文化，即所谓新学，包括那时的社会学说和自然科学，和中国封建主义的文化即所谓旧学是对立的。”[①] 在这里，他从总的文化变迁上立论，指出了中国学术和思想传统在鸦片战争后有一个更新问题，揭示了19世纪中叶至20世纪初期这一新传统形成的代表人物与主要环节。冯契在对近代中国的哲学历史进行反思时，更明确地提出了中国文化与中国哲学的近代传统问题，指出：“现在人们一谈到传统，往往专指古代传统。我们有五千年民族文化传统，这是足以自豪和需要批判地加以继承的，但是，构成当代人直接精神背景的，却不是原封不动的古代传统。古代文化中那些在当代仍然有生命力的东西，大多是经过近代历史的筛选，并发生了不同程度变形的东西。所以，批判继承民族文化传统的问题，首先应该注意的是自1840年以来一百余年间（主要是20世纪）形成的

① 毛泽东：《论人民民主专政》，《毛泽东选集》第4卷，人民出版社1991年版，第1469—1470页。

近代传统。”[①]在这里，他明确地强调了中国文化发展中存在着古代传统与近代传统，主张在重视中国文化古代传统的同时也要重视中国文化近代传统。冯契进而认为，伴随中国文化传统的转变，中国哲学传统也经历了由古代传统而近代传统的历史性转变。他反复指出："中国近代哲学既是古代哲学的延续，又发生了革命性的变革，形成了新的近代传统。”[②]“民族文化传统、包括哲学传统，在近代、在20世纪，已发生了很大变化。”[③]冯契所说的中国哲学近代传统，也就是笔者所说的中国哲学现代传统或20世纪中国哲学传统。

这两种看法，不仅涉及对中国哲学历史的理解，而且还关涉到中国哲学未来的发展。在今天谈论21世纪中国哲学的开展时，实际上存在着一个如何看待中国哲学传统的问题。如果持前一种看法，就会把21世纪中国哲学的出发点定位于古代形态中国哲学或现代新儒学，要求21世纪中国哲学只是接着19世纪前的古代形态中国哲学讲，或至多只是接着20世纪中的现代新儒学讲。如果持后一种看法，则会把21世纪中国哲学的出发点定位于中国哲学现代传统，要求21世纪中国哲学沿着现代形态中国哲学的发展道路继续走下去，而不是置19—20世纪中国哲学于不顾而以19世纪前的古代形态中国哲学作为出发点。这两个不同的出发点，将深刻地影响到21世纪中国哲学的开展。

当然，以中国哲学现代传统作为21世纪中国哲学的出发点，需要对这一传统做具体的了解和深刻的把握，需要有历史主义的实事求是的态度。在这里，包含了两方面的内容：一方面是对19—20世纪中国哲学全部积极成果的继承，另一方面是对19—20世纪中国哲学不足与局限的改造与克服。所谓对19—20世纪中国哲学全部积极成果的继承，就是从中国哲学的现代转型的视域出发，从西方哲学的中国化与中国哲学的现代化两种相关联的哲学运动中，发现、肯定、继承对促成这一转型起过积极作用的全部哲学探索和思想创作，不仅发现、

---

① 冯契：《“通古今之变”与回顾20世纪中国哲学》，《冯契文集》第8卷，华东师范大学出版社1997年版，第608页。

② 冯契：《中国近代哲学史史料学简编》序，《冯契文集》第9卷，华东师范大学出版社1998年版，第513页。

③ 冯契：《“通古今之变”与回顾20世纪中国哲学》，《冯契文集》第8卷，第608页。

肯定、继承其中的那些中国古已有之的因素，而且要发现、肯定、继承其中的那些中国今才有之的因素。西方哲学的中国化，尤其是马克思主义哲学的中国化，都是20世纪中国哲学全部积极成果中的重要内容，都是值得21世纪中国哲学重视和继承的中国今才有之的因素。把这些内容和因素都视为“激进”、“西化”、“反传统”而加以拒斥和抛弃，仅从中国古代哲学资源出发，在儒家哲学中打圈圈，是不可能建构出能够回答21世纪诸多重大哲学问题的新的中国哲学理论形态的。所谓对19—20世纪中国哲学不足与局限的改造与更新，即要求对中国哲学现代传统取历史批判的态度，看到由于时代条件和哲学家自身条件的诸多限制，中国哲学现代传统也存在着不足和局限。这种不足和局限，其最为主要者，一是在于中国哲学的现代转型过于急迫和短促，一些在今天看来值得认真探讨的重要哲学问题未能深入展开，如价值问题、自由问题、民主问题、平等问题、个性发展问题、社会正义问题等都还没有引起足够的重视，得到充分的探讨；二是在于中国哲学的现代转型是在西方近现代文化及哲学的直接影响下实现的，因而对于中国古代文化及哲学的吸取与继承尚有许多不足，中国古代哲学的一些核心的和精华的内容及其现代意义没有得到有效的阐释与充分的显发，即使是现代新儒学所建构的一系列本体论体系也存在未能与中国人的生活世界打成一片的困境。这样一来，就有一个在21世纪中国哲学发展中对中国哲学现代传统进行完善、加以发展的问题。

因此，以中国哲学现代传统作为21世纪中国哲学的出发点，既是对19—20世纪中国哲学的继承，也是对19—20世纪中国哲学的更新；既是直承中国哲学的现代转型而做新开展与再创造，也是对全部中国哲学传统的新阐释与再继承。

六、19—20世纪中国哲学研究中的历史主义原则

以上关于19—20世纪中国哲学史观的思考，归结起来，就是在19—20世纪中国哲学研究中坚持和贯彻历史主义原则。这一原则表现为时间向度与空间

向度两个方面。从时间向度看，19—20世纪中国哲学研究，首先要处理好中国哲学开展的过去与现在之间的联系。在这里，需要有“通古今之变”的历史意识，尤其需要把握好一个“变”的问题，不仅要看到19—20世纪中国哲学在一百多年间的变化发展，而且要看到这种变化发展中还有哲学形态的转变与哲学传统的更新。这种哲学形态的转变与哲学传统的更新，可以说是一种更值得重视的“古今之变”。从空间向度看，19—20世纪中国哲学研究，还要处理好哲学史与文化历史之间的联系。在这里，需要有“近代中国”的历史意识，要重视鸦片战争后中国文化历史大变迁与19—20世纪中国哲学开展的密切关联，要重视那些直接来自中国文化历史大变迁的特殊的提问方式和问题，要重视环绕这些问题所出现的不同哲学思潮间的相激互动，要重视在中国文化历史大变迁基础上所出现的西方哲学的中国化与中国哲学的现代化。如能在这两个方面都坚持和贯彻历史主义原则，那么关于19—20世纪中国哲学研究就能获得一种真实厚重的历史感，既能深刻把握这一段哲学史的主轴与脉络，又能为这一段哲学史开拓出广阔的研究空间。

改变从“时代性”的单一维度论衡中国哲学的思维定式

李翔海 *

在世纪之交对于20世纪中国哲学的回顾与展望中，学界对于“以西释中”即以西方现代文化的价值准则、思维方式、问题意识、思想主题乃至话语方式等为标准来评断中国哲学的理论范式做了集中的反省，提出了中国哲学的研究范式从“外在化”（即以外在的标准来框衡、梳理与裁剪中国文化）向“内在化”（即对中国“天人之学”产生发展的内在逻辑与理论内容以哲学的方式加以理解和诠释）转变的主张。这些理论成果对于面向21世纪进一步开展中国哲学研究无疑具有积极意义。

笔者认为，要想切实完成中国哲学研究范式从“外在化”向“内在化”的转变，以不仅避免“天人之学”在相当程度上被肢解、扭曲甚至面目全非的问题，而且更为完整准确地反映中国哲学的思想面貌、更为充分地展示作为中国文化智慧结晶之最高表现形态的中国哲学独异的精神特质，还应当进而对于一些影响甚至主导现代中国哲学研究的重要观念予以认真的反思。在笔者看来，从“时代性”的单一维度论衡中国哲学的思维定式就是其中的一个重要方面。

正如学界不少前辈与时贤曾经指出的，中国哲学构成了中国文化的核心。在宽泛的意义上，可以把“文化”看作人类精神的外化。而就特定的人类共同体而言，显然都是生活在具体的时间与空间条件下的。其中不同文化共同体在横向比较中（亦即在空间向度中）体现出来的区别于其他文化共同体的特质即

---

* 李翔海，北京大学马克思主义学院暨中国文化发展研究中心教授。

文化的民族性，而文化系统与特定的发展演进阶段或过程（亦即在时间向度中）相联系的时代特征可以名之为“时代性”。正如人们已经注意到的，“时代性”是现代学界看待、评价中国哲学的一个重要视角。在相当长的一段时间里，“时代性”一直是学界评价中国哲学的某个思想家、思想流派乃至论衡整个“中国哲学”之优长与缺失的一个基本的标准。曾经出现过这样的情况：如果历史上的某个思想家被看作处于他所归属的特定阶级的“上升期”，则人们就可以在总体上肯定其思想的积极意义；而如果被看作处于他所归属的特定阶级的“没落期”，则其思想的积极意义就值得质疑了。正是立足于这样的认识，改革开放之初力图对孔子思想有所肯定的学者与力图完全否定孔子思想之积极意义的学者之间，曾经有过相当激烈的争论。争论的焦点则在将孔子看作初兴的地主阶级的代表还是看作没落的奴隶主阶级的代表。在今天，这种直接将对于研究对象的褒贬与其所属时代简单等同的情况虽已有相当改变，但在归根结底的意义上，不少研究者还是依然习惯于主要从“时代性”的维度来评断研究对象的是非优劣。在对一种社会思潮进行评价时，它在时代属性上是“现代”的还是“前现代”的，几乎就等于分判它是“先进”的还是“落后”的同义语。在一定程度上，只要一种思潮被指认为是“封建时代的产物”亦即是“前现代”的，也就事实上是从总体上确定了它与现代精神是逆向的，从而从根本上否定了它的现代价值与意义。这一点在对待中国哲学传统之主流的儒家思想那里得到了集中体现。在今天，人们依然时常碰到的一种从整体上否定儒家思想之现代意义的论式就是：首先将之指认为是“封建时代的产物”亦即是“前现代”的，进而得出儒家思想必然是与现代精神逆向的结论，从而在归根结底的意义上否定了它的现代价值与意义。

中国哲学研究中这种以“时代性”作为衡量某种思潮或学说之基本标准的理论立场，在直接的思想渊源上与中国自由主义西化派的影响有着紧密的关联。西化派思潮看待文化问题的一个基本的理论立场，就是专注于文化的时代性，而将中西文化的差别完全归结为时代性的不同。胡适认为，中西文化之间的差异只是表现了两者发展程度的不同，即西方文化已经发展到了现代，而中国文化则依然还是停滞在古代，因而两者之间的差异不能归结为文化之民族性特质的不同。[①] 陈序经则更为明确地指出，在世界范围内只有近世西洋文化是“现代化的根本和主干”。中国文化传统则只能是“仅可以在闭关时代苟延残喘”的文化，是一种“不适宜现代世界的旧文化”。[②] 由此，西方现代文化被西化派看作现代人类的“共法”，而中国文化传统作为一种并没有发展到现代阶段的“旧文化”，其在现代世界中就自然是因为缺乏积极的价值与意义因而在归根结底的意义上应当被置于淘汰之列了。应当说，自由主义西化派的上述理论立场与长期以来理论界存在着的以“时代性”作为衡量某种思潮或学说的基本标准的价值取向两者之间显然有着内在的一致性。

在这个意义上，可以认为，以“时代性”作为衡量某种思潮或学说之基本标准的理论立场事实上是为“以西释中”的范式提供了“合法性”的论证。“以西释中”之所以成为20世纪中国哲学的几种基本范式之一并产生了广泛影响，除了要编成现代意义上的中国哲学史（“古人的著作没有可依傍的，不能不依傍西洋人的哲学史”[③]）这一客观原因外，更为内在的原因还在于：正是由于在“时代性”的标准下中国文化已经在整体上被置于应淘汰之列，因而照搬西方哲学的范式就是理所当然的了。

进而言之，中国自由主义西化派的上述理论立场又可以说是在相当的程度上反映了西方“现代性”理论对中国学界的重要影响。正如人们已经注意到的，强调时间对于空间的首要性，是在源起于西方的现代化过程中所成就的现代性的一个重要的特质。作为以反省、批判“现代性”为职志的后现代主义思潮的代表人物之一，福柯明确指出：“从康德以来，哲学家们思考的是时间。……与此相应，空间遭到贬值，因为它站在阐释、分析、概念、死亡、固定、还有惰性的一边。我记得十年前参加过对空间政治问题的讨论，人家告诉我，空间是

① 胡适：《读梁漱溟先生〈东西文化及其哲学〉》，《胡适文存》第2集第2卷，上海亚东图书馆1930年版。

② 陈序经：《对于一般怀疑全盘西化者的一个浅说》，《全盘西化言论集》，岭南大学青年会1934年版。

③ 胡适：《中国哲学史大纲》蔡元培序，上海古籍出版社1997年版。

一种反动的东西，时间才与生命和进步有关系”。[①]之所以尊崇“时间”，一方面与作为现代性的核心价值系统之一的“进步的历史观”有关。理性精神[②]的突显既在现代性中居于基础地位，又是在西方社会的发展中现代社会区别于前现代社会的基本标志。正是由于充分显发理性能力，人才能有效地认识、改造自然与社会，从而使人类社会的不断发展成为可能。这样，进步的历史观就内在地包含了一种时间的等级序列（如前现代—现代）。另一方面又可以说是事实上落脚于对西方文化与非西方文化之间中心—边沿等级结构的维护。由于在这样的视野之下，西方文化与非西方文化都被置放于时间的等级序列的考量之中，西方文化被等同于现代文化，而非西方文化则被等同于前现代文化，西方文化在时间序列上的优先性就被确立为在空间序列中西方文化相对于非西方文化的优越性。由此，强调前现代与现代的对立就落脚于维护西方文化对于非西方文化的中心地位。而随着人类社会的发展从孤立的“民族历史”阶段向统一的“世界历史”阶段的转进，随着在西方文化主导下的“全球化”进程的不断推进，强调时间之首要性的价值取向逐渐产生了全球性的影响：“自从资本主义的全球扩张把一种人类社会的历史线型发展作为共同的规律带给了世界，各文化都在时间维度上定义自己社会的性质和规划自己发展的方向。时间成了一种给发展程度定性和确立世界等级制度的标尺。”[③]正是在这样的时代背景之下，作为中国三大现代思潮之一的自由主义西化派走向了以时代性作为衡论中国文化之基本尺度乃至唯一尺度的理论立场，并产生了广泛的社会影响。

从时代性来论衡中国哲学传统，的确有其积极意义。这一方面是因为任何一个哲学系统事实上都同时具有民族性与时代性两个向度，因而从“时代性”的视角来对其得失优缺加以评断本来就应当是评价中国哲学的“题中应有之义”。另一方面，由于在人类社会的“世界历史”阶段，缘起于西方的“现代性”在

---

① 包亚明主编、严峰译：《福柯访谈录——权力的眼睛》，上海人民出版社 1997 年版，第 151—152 页。

② 这里所谓“理性”，系指以人类健全的理智为基础的、首先在西方主体与客体二分的文化传统之中表现出其成熟形态的、以现代科学精神为核心内容的人类精神机能。

③ 张法：《谈谈后现代及其与中国文化的关联》，《文艺研究》1997 年第 5 期。

相当的程度上被等同于代表了人类哲学之发展方向的“时代性”，因而从时代性的角度来看待中国哲学往往能够更为清楚地见出中国哲学传统的自身局限之所在。正因为此，我们有理由认为，不仅“以夷为师”构成了中国文化从传统走向现代的历史起点与逻辑起点，而且不断地师法西方是中国文化在从传统向现代的转型过程中取得历史性成就的一个重要前提。但是，如果从时代性来论衡中国哲学传统成为基本的乃至唯一的尺度，它所可能带来的一个基本问题就是容易由此而走向在整体上否定中国哲学传统的现代价值。在过去相当长的一段时间里，理论界曾经出现过的将中国文化传统在整体上指认为是“前现代”的亦即是在整体上与现代精神逆向的思想系统的主张，就是这种流弊的一个典型例证。时至今日，虽然就中国思想文化界的总体状况而言，人们对作为中国文化传统的“同情的了解”明显增强，但是，依然仅仅从时代性这一个维度来看待中国文化传统，将之简单地归结为“前现代”文明甚至是农业文明的产物，认定它在工业文明乃至后工业文明的今天必然在整体上已经失去积极意义的观念却仍然时有所见。在走出了“西方文化中心论”的今天，我们没有理由继续在西方文化与非西方文化之间维持“中心”与“边沿”的关系框架，而应当更多地关注如何集中多民族文化共同体的智慧精神以解决“地球村”所面临的共同问题这一时代课题。显然，在西方与非西方之间区分“中心”与“边沿”是不可能适切全球化时代人类文化多元开展的内在要求的。因为在按照时间尺度在西方文化与非西方文化之间所确立的等级序列中，只有西方文化被判定为是适切现时代人类的现代文化，而非西方文化则被归之于是落后于时代发展要求、只能逐渐被淘汰的“传统文化”。其逻辑的结论就只能是把一些非西方文化系统不同于西方文化的智慧精神封限在“传统”之中，而不可能使之参与到集中全世界各民族文化共同体之智慧精神以解决“地球村”所面对的共同问题的历史进程中。而在归根结底的意义上，这种状况的出现与上述在现代性思维的主导下由于机械地持守时代性之一维而形成的“传统”与“现代”之间非此即彼、二元对立的僵固思维模式有着内在的关联。为此，对现代性思维片面地突显时代性之一维的内在局限性加以认真反省显然是有其必要性的。在笔者看来，其内在局限性至少包括了以下几个方面。

第一，这一主张事实上隐含着以特定时期西方文化的民族性充任人类文化共同的时代性的理论内涵。文化的民族性与时代性有其原始的亦是内在的统一性。由于特定的民族文化系统总有其不同于其他文化系统的民族性特质，而且这种特质总是随着历史的变迁而处于自然的发展演进之中，因而在资本主义尚未兴起、现代世界体系尚未形成之前，对于尚处于“自为”阶段的各个民族文化系统而言，其民族性与时代性无疑是有着原始的、内在的统一性的。但是，当现代化的历史进程首先在西方文化中出现并进而成为一种全球性的文化现象以后，对于后起的现代化民族的文化而言，这种统一性就不复存在了。被视为20世纪最有影响力的思想家之一的马克斯·韦伯曾经指出：“生为现代文明之子，研究任何世界性的历史问题，都必然会提出这样的问题：为什么在西方文明中，而且只有在西方文明中，出现了一个（我们认为）其发展具有世界意义和价值的文化现象？”[①] 这里姑且不论韦伯的有关论断所表现出来的“西方文化中心论”，他的确指出了人类文化发展史上的一个事实：以资本主义兴起为基本标志的现代文明，的确是首先在西方文化中出现并进而成为“具有世界意义和价值的文化现象”。由此，西方文明开始成为非西方文明效法的样板。由于非西方文明在归根结底的意义上仍然处于前现代，因而要想自立于现代世界，它们就必须首先完成从前现代文明向现代文明的转型。由此，世界范围内各民族文化所当具的时代性就被归结为西方化的“现代性”。这样，文化之民族性与时代性本有的原始统一就仅仅存在于西方文化之中，而处于后起的现代化过程中的非西方文化的民族性与时代性就只能是走向分裂。而由于“现代性”在诞生于西方的过程中虽然也包含了某种程度的对自身传统的变革，但在归根结底的意义上依然是立足于西方文化传统之中的，因而作为西方文化特定发展阶段之时代性的“现代性”又依然是体现了自身文化传统之民族性特质的。这样，缘起于西方而又被视为具有世界性示范意义的“现代性”既代表了西方现代文化的

① 马克斯·韦伯：《新教伦理与资本主义精神》，黄晓京等译，“作者导论”，四川人民出版社1986年版。

时代性，同时又是立足于西方文化传统特定的“民族性”之中的。由此，西方“现代性”的普世化在一定的意义上就隐含着以特定时期西方文化的民族性充任人类文化共同的时代性的理论内涵。在这样的理论基设之下，包括中国文化在内的一切非西方文化不同于西方文化的民族性特质都被归结为是时代性的差异，而这其中就已经内在地包含了在“时代性”的名号下行以西方文化特定的民族性来冲击以至取代非西方文化之民族性之实的价值取向。

第二，这种主张轻忽乃至抹杀了非西方民族文化传统的超越性与继承性。上述主张由于在“传统”与“现代”之间抱持了一种非此即彼、二元对立的僵固思维模式，因而事实上轻忽乃至抹杀了特定民族文化所本有的超越性与继承性。正如人们已经注意到的，与一般的动物出生时已经具备了完善的本能相比，人刚刚来到这个世界的时候不仅不是完备的，而且可以说是明显有欠缺的。他之所以能够在日后的发展中不断地成熟自己，最基本的乃在于他有一种通过不断学习而不断改进和丰富自己的机能。而这之所以可能，一个很重要的前提又是因为人是生活在内在地具有习得性或曰继承性的文化之中的。这也就是说，人作为一种高级动物与一般动物的一个基本的不同，就在于人可以以前人所已经达到的文化成就为基础而不断将其发展到更高水平，而一般动物则只能是一代又一代地重复前代所已经具有的本能。如果作为人类精神之外化的文化没有习得性或继承性，那么，人类就只能像一般的动物一样永远是一切从头开始，人类文化就不可能累积性地得到不断发展。在这个意义上，我们可以认为，人类文化所具有的习得性或继承性是人类得以以“人”的方式存在而区别于一般动物的一个基本原因。因此，正像哲学诠释学所揭明的，在人类社会的发展过程中，“传统”并不是与现在和未来毫无关系的封闭体，而是一个扎根于过去并向现在和未来开放着的“生生之流”。它通过深入一代又一代人的生活，在潜移默化、耳濡目染之中使一代又一代人成为其传承延续的历史载体。在其中，语言充任了极为重要的角色。一个人诞生于特定的语言环境并逐渐变成该种语言的“言说者”的过程，正是他在不知不觉中被该种语言所承载的传统所浸润的过程。无论集团生命（民族）与个体生命（个人）自觉与否，都只能是带着特定传统的印迹走向未来。人类文化所内在具有的习得性或继承性的本性，说明人类文化又是具有超越性的。因为人类文化的任何活动都是处于具体的时间、空间之中的具体的人所从事的，如果这些活动本身不具有超越特定的时间、空间而向着更为广阔的普遍性敞开的指向，其价值与意义就只能是被封限在具体的时间、空间范围内，而超越于特定的时间、空间范围而为他者所习得、继承就是不可想象的。在这个意义上，我们有理由认为，继承性与超越性是人类文化的内在本性。这也就意味着，仅仅注重时代性这一个维度并由此而否定特定民族文化传统的继承性与超越性是缺乏充分的理据的。而在现代性思维的主导下由于机械地持守时代性之一维而形成的"传统"与"现代"之间非此即彼、二元对立的僵固思维模式却恰恰正是要通过现代与前现代的分判来根本否定非西方文化的现代意义及其合理地继承自身民族文化传统的正当性。

第三，这种主张的一个基本的理论前提是将西方式的现代性看作是一个封闭的、完备的价值系统。如果迄今为止在西方现代化的过程中生成的"现代性"已经是一个完备的因而在一定意义上封闭的价值系统，它不仅能够完备地解决当代西方社会与人生所面临的问题，而且具有全球范围内的普适性，那么要求在总体上还处于前现代的非西方文化按照西方式的现代性来型塑自己或许真是一条导引非西方文化走向现代化的坦途。但是人类文化发展演进的历史已经说明，片面注重时代性这一维度的有关主张其中所隐含的这一理论前提是难以成立的。在过去相当长的时间区段里，由于人们主要是根据时代性来对不同文化共同体进行分判，并进而将西方文化与非西方文化之间看作"现代"与"前现代"的对峙，因而很容易得出非西方文化已经是彻底落伍的前现代"遗迹"，而只有西方文化才代表了人类文化的现代与未来的结论。但是，如果我们从"轴心文明"的视角来关照这一问题，也许能够看到一幅不尽相同的图景。概要而言，德国思想家雅思贝斯所提出的"轴心文明"的观念包括了以下两个方面的基本要点：其一，在比较宗教研究的视野中指明了人类社会发展的早期人类文化就是多元开展的这一历史事实；其二，在公元前 8 世纪至前 2 世纪的这一广阔时间区段里，不少各自独立发展的人类文化共同体先后经历了从原初文明向确立了稳固的基本精神方向的成熟形态转进的过程，从而形成了“轴心文明”。这一过程是通过“超越的突破”即将有限存在的个体与“绝对实在”（上帝、天等）相联系而实现的。根据“轴心文明”的观念，不仅只有经过了“超越的突破”的文明系统才有可能获得日后进一步发展的内涵空间，而且这些轴心文明在日后数千年的发展中，只要它在“超越的突破”中所获得的展开自身的理论内涵空间尚有进一步拓展的余地，就会在归根结底的意义上继续按照在“超越的突破”中所贞定的基本精神方向作“惯性运动”。[①] 从轴心时代的视角来关照人类文化的发展走势，人们发现，一方面是各轴心文明尽管具有不尽相同的存在形态与发展历程，但却从未彻底消亡，而是各自不同程度地持续保持了对于特定文化共同体中的社会与人生的影响力；另一方面则是各轴心文明大都经历了一个在漫长的历史进程中逐渐展示其完整的理论内涵空间、在充分体现出理论成就的同时亦将自身的困限暴露无遗的过程。这一点不仅印度文明、中国文明是如此，而且西方文明也不例外。如果说，13 世纪佛教在印度本土的衰落、1840 年鸦片战争之后中国社会与文化的困境分别可以看作印度文明与中国文明充分暴露自身困限的明显标志的话，后现代主义对作为西方现代文化之基本成就的现代性的全面反省与批判乃至明确倡言要“抛弃现代性”[②]，则鲜明地表征了西方文化在当今所暴露出来的内在局限。这些局限在人生意义的失落、人性的异化和迷失以及人与自然的尖锐对立等方面均有明确的表现。[③]

因此，尽管“时代性”足以与“民族性”一起共同构成文化的两个基本属性，但是仅仅从时代性之一维来衡断特定民族哲学系统的优劣又的确是一种在现代性的僵硬思维模式主导下形成的一偏之见。正是“民族性”与“时代性”一起共同构成了特定哲学系统不可或缺的基本属性。在归根结底的意义上，我们究竟有什么充分的理由仅仅从时代性这一个维度来看待和评断中国哲学传统而弃其民族性于不顾？正如上文的分析所显示的，西方现代文化对于“时代性”的片面强

① 参见雅思贝斯：《历史的起源与目标》，魏楚雄等译，华夏出版社 1989 年版。

② 大卫·格里芬：《后现代科学》，马季方译，英文版序，中央编译出版社 1995 年版。

③ 参见刘述先：《时代与哲学》，载《中国哲学与现代化》，台北时报出版公司 1980 年版。

调，是落脚于对西方文化与非西方文化之间中心—边沿等级结构的维护。而这恰恰是以遮蔽甚至抹杀非西方文化的基本精神特质为前提和代价的：由于中国哲学在整体上已被归属于“前现代”，其零散的“现代价值”只能是通过向“现代哲学”看齐而从西方价值系统中分有。这正是中国哲学在以往相当长一段时间里真实的存在境遇：由于中国哲学已经在时代性的维度中被封限在“前现代”，因此，其整体上的现代价值已被否定，最多只能是从中挖掘出某些零星的、片段性的价值；而由于论衡中国哲学的基本范式在相当程度上是“外在化”的，中国哲学自身的精神特质遭到贬抑、扭曲乃至肢解，这也就不可避免地使“中国哲学”只能是以“初步”的、“素朴”的面目示人。在这样的视野下，中国哲学与时代精神之间的关系，归根结底就只能是“现代”与“前现代”、“先进文化”与“落后文化”之间的关系，中国哲学何以能够对于现时代的社会人生产生实际的影响就是可以质疑的。即使发生影响，也主要被归结为为时代精神提供某种“民族形式”，而不能在精神内涵层面作出自己的贡献。这种状况显然与民族精神应当为当代中华民族的复兴提供精神支撑、以中国哲学为核心的中华民族文化应当成为中华民族共有精神家园的根基与底蕴的时代要求不相适应。

因此，面向21世纪的中国哲学研究必须切实完成中国哲学研究范式从“外在化”向“内在化”的转变，以不仅避免“天人之学”在相当程度上被肢解、扭曲甚至面目全非的问题，而且更为完整准确地反映中国哲学的思想面貌，更为充分地展示作为中国文化智慧结晶之最高表现形态的中国哲学独异的精神特质。为此，应当切实纠正主要从时代性一个方面来评断以中国哲学的偏颇，而从“民族性”与“时代性”的双重维度来认知、把握中国哲学。由此，当代中国哲学的研究将完成以下三方面的转变：第一，从主要自时代性的维度论衡中国哲学，转变为明确强调以民族性作为当代中国哲学研究的落脚点。第二，从直接照搬西方式的时代性，转变为突显既立足于“人类哲学”之一般的高度而又体现了中国哲学自身要求的时代性。第三，从将中国哲学限定为“初步”与“素朴”的形态，主要挖掘中国哲学的某些零星的、片段性的价值，转变为确立中国哲学作为一种特定哲学形态自身所具有的独立自足的内在意义，并对其整体价值予以深度的理论诠释。

进而言之，正如前文已经论及的，从这样的角度来关照今天的人类文化，尽管西方现代文化所表现出来的巨大的生命活力、在西方文化的主导之下现代人类社会相比传统社会而言所取得的巨大的历史性进步是不容否认的，但是，在这一过程中西方文化已经暴露出严重问题也是毋庸置疑的。在今天，西方文化已经难以独立地承担起为人类的未来指引光明前途的历史任务。由此，当代人类文化建设关注的重心也应当完成一个“中心主题的置换”，即由主要关注“非西方文化如何按照西方式的现代性彻底改造自己”的问题转而更多地关注“如何集中多民族文化共同体的智慧解决地球村所面临的共同困限”这一问题。为达此目标，必须摒弃上述因为机械地持守时代性之一维来衡论人类文化的僵硬思维模式，而从时代性与民族性两个维度来对文化问题予以更为完整地关照，从而根本改变在现代性思维的主导下由于机械地持守时代性之一维而形成的“传统”与“现代”之间二元对立的僵固思维模式，而达成两者之间更为辩证的连接，使传统的思想资源与现代的思想资源之间从过去的彼此固闭乃至对立的状态变为互相向对方“敞开”的状态，并进而达成互诠互释、双向回流的“诠释圆环”。在彼此之间的良性互动中，一方面以现代的思想资源撞击传统、激活传统，使“传统经由创造的转化而逐渐建立起一个新的、有生机的传统”，[①] 从而使现代的思想资源真正能够与民族文化传统接榫并在其中扎根，以为中国哲学的现代开展确立内在于自身民族传统的精神动源；另一方面从中国哲学的视角展开对于现代思想的诠释与批导，进一步厘清现代精神的意义与问题，通过将中华民族独特的智慧精神融入现代思想资源，在推进中国哲学进一步走向现代的同时，亦使现代精神更具丰满而康健的存在形态，从而为面向未来在多元民族哲学的互融、互汇中成就人类更为合理的“现代性”作出中国哲学自身的贡献。这或许应当成为中国哲学在面向未来进行“综合的创造”与“创造的综合”所应当备具的一个基本的理论前提。

---

① 林毓生：《中国传统的创造性转化》自序，生活·读书·新知三联书店 1988 年版。

会通思想渊源及现代价值

——中国哲学研究方法论的反思与前瞻

任九光 *

自第一次鸦片战争以来，中西文明冲突伴随着现代化的扩张而成为当代文化发展主流。其间历经战争和政治纷争，然中西文明之冲突至今仍在延续。改革开放以来，中国哲学三十余年发展，学人筚路蓝缕，承国学之精微，探西学之原委，欲求人类文明未来发展之正确路径。在逻辑严整、推理精密且挟现代化之威的强势西学面前，中国哲学之天道性命固然始终受到中学人士之坚持，然而中西文明冲突似乎始终在两个方向，多为自说自话，并未形成针锋相对之势。冲突是交流融合的一种方式，不同文明之间充分的冲突必然形成相互的融会交流。当年国学大师王国维指出，“异日昌大吾国固有之哲学者，必在深通西洋哲学之人，无疑也”。[①] 光大中国哲学之重担，缘何担在精通西洋哲学之人的肩上？本文从会通思想渊源的简单回顾入手，反思近现代中西哲学研究中的冲突，从会通现象自身出发，展望中西哲学未来发展之路。

一、中国会通思想的历史渊源

回顾中国思想史或谓哲学史，从文化交流角度分析，实则为一部思想会通史。今日中国哲学思想之博大精深，实则由于兼容并包之会通特质决定，而非单纯某一家某一子所能达成今日之煌煌气象。自先秦至今，可分为大致三个会

* 任九光，中央党校中国哲学专业，2012 级博士生。

① 王国维：《哲学辨惑》，载《王国维哲学美学论文辑佚》，华东大学出版社 1993 年版，第 6 页。

通阶段。

第一阶段：先秦至汉的诸子会通时期。春秋先秦，诸子百家齐放争鸣，儒、墨、道、名、法、阴阳等诸家各抒己见，思想潮流之丰富、交流争鸣之广泛开中国文艺批评之先河。万世师表之孔子身先士卒，于弟子三盈三虚之后痛下决心诛杀少正卯。继者孟子通过对墨家“兼爱”和告子“性恶”的批判，力倡复尊周孔。荀子更是以“饰邪说，文奸言，以枭乱天下”为名，在《非十二子》中将自魏牟、墨翟、惠施至同门的子思、孟轲尽数非议一遍。至秦灭六国，官方思想一尊于法。秦灭而汉，复统于儒，确立儒家思想之历史主流地位。就此阶段文化冲突看，冲突争论的后果导致儒家思想成为官方正统，但此正统非以一己之私取代各家之长，而是弼教不忘明刑，德主不忘刑辅，儒家掺杂黄老，立场主流同时杂糅各家思想。各流派之会通，于汉确立儒家学统之同时，初显兼容并包融合会通之博大。先秦人性论善恶之争至董仲舒集大成而提出有性、情之分的“性三品”说。儒家一统并未产生孔子所言“敬鬼神而远之”，反而相应的是“天人合一”之下谶纬学说之盛行，并直接导致后世魏晋玄学的兴盛。大略可言，先秦诸子思想之会通，直接奠定了中国哲学思想兼容并包、含融开放的整体框架，为后世的佛儒并兴奠定了生存基础。

第二阶段：汉至宋明的三教会通时期。此处之教如牟钟鉴先生所言，“非宗教之教，乃教化之称，当然也包括宗教之教化”。[①] 从佛教传入主线看，至唐宋，佛学日益昌盛，佛门义理参证之博大精微，使得“天道性命不得闻”的儒家思想受到严重冲击。六祖慧能开始禅宗本土化革命后，性、相、台、贤、禅、净、律、密八大宗派于中土勃兴。相对于佛教“南朝四百八十寺”的兴盛逼人，本土儒家在心性方面的薄弱劣势显露无遗。此种情况反而逼迫儒生梳理本土遗产，发掘自身资源。韩愈提出“道统”以正世系，并从《礼记》中发掘出《大学》

---

① 参见牟钟鉴：《儒、佛、道三教的结构与互补》，《南京大学学报（哲学、人文科学、社会科学）》2003 年第 6 期。

对抗佛教心性论,开儒家道学[①]先河。李翱以“性善情恶”的“性情一元论”进一步发展了自董仲舒至韩愈的“性三品”论，将清净本性看作仁义道德的基础而主张去情复性，以对抗佛教义理。然从李翱自身的性情论看，难以分辨其“性情一元论”与佛教心性之间的区别。同时，为发扬儒家心性思想，儒家将孟子以配享太庙、由子入经等一系列抬举升格行动证明儒家道统存在。再经周敦颐、二程、朱陆、王阳明等人阐扬，经体用一元显微无间之内省，天理二字被体贴出来，理一分殊而月印万川，尊德性而道问学，至“宇宙即是吾心，吾心即是宇宙”，儒学之义理心性学说足堪媲美佛学之清净圆融。子贡不得而闻的性与天道，被宋儒程朱陆王尽数倒出。此阶段之冲突融合，与其说是与佛教之对抗，不如说是与佛教之会通。佛教之心性精微玄妙，逼迫当时儒者从自家经典中找寻，并借鉴佛教之修行方式，返观内照以发明本心。在方法论方面，原本是援儒入释翻译佛经之格义方法，被唐宋儒生再做援释入儒之“反向格义[②]”。正反格义之余，佛教义理、儒家心性水乳交融，血脉相通，难分彼此。甚至至明朝后期，阳明心学流于狂禅，儒林尽皆静坐谈心性。就义理、功夫论等方面看，佛学与儒学实难有界限可言。

从整个儒释冲突融合史看，儒家文化思想之丰富[③]，是在外来佛学义理的强烈刺激之下，在新领域或原有理论之薄弱领域进行重新诠释。而佛学在格义中国儒家经典的同时，也寻获了自身扎根中国本土的生命力。文化的冲突与融合中，会通思想承担了沟通交流的重任，秉承了中国文化兼容并包的博大胸怀，成为走出文化冲突的有力说明。

---

① 儒家本非不论“道”，《论语》中共87处提到“道”，其中“本立道生”、“吾道一以贯之”、“就有道而正焉”、“朝闻道”、“士志于道”等处均与道家之“道”有明显会通之意。然韩愈之前尚无人正式提出“道统”观念，韩愈之后儒家道学由原来孔子“罕言”而发展成为主流。

② 此处之“反向格义”，非刘笑敢教授所指当今之“反向格义”方法，而是就格义本意而言。格义方法本源于以儒释佛，反向格义即以佛释儒。

③ 此处之所以不用“发展”，而用“丰富”，实则文化思想无发展可言，孔子不言之“性与天道”，无非被程朱陆王讲出，并非孔子认识不到“性与天道”，亦非孔子时不具备“性与天道”。无“性与天道”之背景，箪食瓢饮在陋巷之颜回，何处得其乐可言。

第三阶段：清末至今的中西会通阶段。此阶段源于明清，正式开启于鸦片战争。西学在坚船利炮的陪伴下来到中国。相对当初佛学东渡，此阶段同时伴随着现代化和殖民化的全球扩张，以及对于政权的强力打压。国门崩塌之后进入的不仅是鸦片、贸易、战争，还有至高无上的西学和基督教。五四之后开启的新文化运动，使得西学日渐昌隆，部分海归人士俨然取得“奉天承运”之地位，力倡西学同时贬损国学不遗余力。以“物竞天择，适者生存”而自命名并师从实用主义大师杜威的胡适，凭西方哲学思维撰写的《中国哲学史大纲》虽仅有上卷，并力倡怀疑主义主张废除中国文言文，却得到士林普遍赞誉成为新文化运动之先锋，可见西学于时人心中地位之崇高。相对于穿着物质文化发达、科技水平强盛外衣的西学，中国国学陷入尴尬境地——明明今日昌盛之西学于心性返朴、精神强健有百害而无一利，然究究众生全无心性健全之渴望。随着西学统治的时间推移，力倡西学之人士同样发现问题多多：中国似乎确实具备一种韧性极强的文化传统，“孝悌忠信礼义廉耻”等观念似乎折而不弯、弯而不断，社会风气不断恶化的同时，近年似乎再度出现反弹，“国学热”、“读经班”等在民间抬头，“三字经”、“弟子规”等重新获得社会整体认可，再入小学课堂。民主、平等、自由、人权、科学、理性等西学的核心价值观念，迅速登上至高无上的价值神坛，却有尚未站稳便被拉下的危险。今日中国之文化思想界，中西冲突大幕拉开后剧情不断推演，中学处于守势，感叹西学攻势太猛，多数本土学人抱着知其不可而为之的心态，进行理念上的坚守；西学处于攻势，感叹中学守势太强，僵而不死之余反渐露生色，颇有转守为攻的战略态势。伴随着西方本土对文艺复兴后的再反思和后现代思潮的解构，现代性的弊端和危害日渐为更多有良知的西学人士所抛弃，日趋转投东学阵营。中西哲学思想的冲突中，中学防御西学进攻阶段似乎就要走到尽头，相持阶段即将拉开序幕，会通前景尚不明朗，然笼罩在头顶上空的西学阴霾正在逐渐淡去。

本土卓绝学人在西潮冲击下，以历史眼光看到了中西会通的必然。如1911年王国维先生指出，“世界学问，不出科学、史学、文学。故中国之学，西国类皆有之。西国之学，我国亦类皆有之。所异者，广狭、疏密耳”，“余谓中、西二学，盛则俱盛，衰则俱衰。风气既开，互相推助。且居今日之世，讲今日之学，未有西学不兴，而中学能兴者；亦未有中学不兴，而西学能兴者。”[①] 陈寅恪更明确指出了中西会通之要，“窃疑中国自今日以后，即使能忠实输入北美或东欧之思想，其结局当亦等于玄奘唯识之学，在吾国思想史，既不能居最高之地位，且亦终归于歇绝者。其真能于思想史上自成系统，有所创获者，必须一方面吸收输入外来之学说，一方面不忘本国民族之地位”。[②] 诚如王国维先生所言，只有世间学问之整体，而无东西你我之分。孔子、释迦牟尼、苏格拉底、柏拉图等中西先知圣贤的思想，都是全人类的财富，而非一国所有。只存在后人从前贤财富中继承发扬多少之问题，而不存在前贤思想属于哪个国家的问题。因而，为保存中学而抵制西学和为光大西学而贬低中学都是与现实相悖的。如何走上更好的中西会通之途，将是未来世界哲学必然承担的历史任务。

二、中西会通之现实基础

关于中西何以会通的问题，前文已引王国维先生中学西学之实质的论断。中学西学，均是对宇宙和人生的认识，无非文化传统、语言体系、地理历史、宗教信仰不同，故而描述立场角度不同。远近高低之不同，源于横看成岭侧成峰。然无论中西，人生之生老病死相同，七情六欲相同，衣食便溺相同，故中西哲学思想均为对此类相同问题的不同描述。基于相同问题，岂能不具有相通之基础。因而陆象山在悟到“宇宙便是吾心，吾心即是宇宙”后，不忘强调曰：“东海有圣人出焉，此心同也，此理同也。西海有圣人出焉，此心同也，此理同也。千百世之上至千百世之下，有圣人出焉，此心此理，亦莫不同也。”[③] 生于同

① 王国维：《国学丛刊序》(1911 年)，载《观堂林集》卷四，上海古籍出版社 1983 年版。

② 陈寅恪：《冯友兰中国哲学史下册审查报告》，载《金明馆丛稿二编》，生活·读书·新知三联书店 2001 年版，第 252 页。

③ 陆九渊：《象山年谱》，《陆九渊集》卷三十六，中华书局 1980 年版。

一个宇宙之内，受同样规律支配，因而关于共同规律支配的描述和领悟，如同瞎子摸象，描述可能不同，指向一致。而一旦体察全貌，则不禁将对原来只言片语的描述哑然失笑。又如同禅宗指月之喻，手指不同，然指归均为天空之明月，不可因手指迷人双眼而忘其指归。中西学实则具有贯通基础，也必然会在长期的交流中认清手指与指向，走向融合贯通。

然而如同喝惯了豆浆的中国人不习惯牛奶，西方哲学的方法论和模式始终成为当前中国哲学研究中绕不过的别扭和掣肘。针对这种问题，中国哲学研究者深入反思，在“以西解中”、“以中解中”和“以中解西”的主要思想的冲突中，综合成果颇多。具有马克思主义背景的学者提出“综合创新”的思路，如张岱年先生主张应根据辩证唯物论和历史唯物论的基础研究分析中国历史上哲学家的哲学思想，刘文英先生主张整合中国传统的汉学和宋学的方法、马克思主义哲学的历史方法和逻辑方法以及语义分析、结构分析、解释学等方法。而一些学者引入哲学解释学进行中国的经典诠释，如傅伟勋先生提出的诠释学方法，汤一介、黄俊杰等提出的解释学方法，凸显了人文主义的特征。张立文先生不满西方哲学史的体系设置，提出了“中国哲学逻辑结构论”，以“通过概念、范畴和合诠释学，即句法层面和语义层面的表层结构的具体解释，网状层面和时代层面的深层结构的义理解释，历史层面和统一层面的整体结构的真实解释”来把握中国哲学的独特灵魂。而在传统与现代化的关系上则有张岱年的“综合创新论”，于光远、黎澍、李泽厚等人的“西体中用论”，杜维明的“创造性建设论”，林毓生的“创造性转换论”，牟宗三的“返本开新论”等。[①]可以说上述学者的探索使得中国哲学研究更加接近中国传统思想本身，凸显出了中国哲学的主体觉醒。对此陈来先生指出：“我们应当立基于全部人类文化，把‘哲学’看作一共相（并非本体意义的），一个‘家族相似’的概念，是西方关于宇宙、人生的理论思考（西方哲学）、印度关于宇宙、人生的理论思考（印度哲学）、中国关于宇宙、人生的理论思考（中国哲学），是世界各民族对超越、自

---

① 参见张立文、段海宝：《中国哲学三十年来的回顾与展望》，《社会科学战线》2008年第3期。

然、社会与人之理论思考之总名。在此意义上，西方哲学只是哲学的一个殊相、一个例子，从而西方哲学的问题和讨论方式并不是哲学所以为哲学的标准。因此，'哲学'一名不应当是西方传统的特殊意义上的东西，而应当是世界多元文化的一个富于包容性的普遍概念。"[①] 此论立意高远，共相与殊相概念之引入，颇得"月印万川"之妙，亦契指月之喻，指明了中西会通之可能。然从研究实际看，至今中西学冲突仍为主流，烈度仍然居高不下。冲突之余，有效融合尚未完成。究其原因，一方面诚如王国维当年所言，"异日昌大吾国固有之哲学者，必在深通西洋哲学之人无疑也"，而深通西洋哲学之人尚未横空出世；另一方面且以当今国学复兴之肤浅层面，亦少会通儒释道之硕德耆宿。通中学者少，通西学者少，能兼通中西者更少，能会通中西者自然没有。当今虽无，亦无需可悲。多数学人辛勤耕耘，普及发展中学西学，实为稀世学人出世奠定基础。待得西学益衰、中学益盛，双方能成均势，抵御外侮进入深层相持阶段，风云激荡之稍事平静，才能为水乳交融奠定时代基础。

三、问题与前瞻

会通可作为一种思想，也可以是对一定状态的描述。以会通思想来指导中国哲学之发展，在文化交流的背景下，已经具有现实检验意义。儒佛长期交流后，学人往往既需深研儒家经典，又需致力佛学义理以互相参验，现代新儒家三圣梁溯溟、熊十力、马一浮无不如此。不同流派背景之互摄，不但不会成为负担，反而成为互相参验之绝好凭证。以当前中西文化交流之状况，且面临全球化之紧迫现实任务，中西会通必然将成为中国哲学发展的必然选择。从目前研究情况看，存在问题很多，笔者认为突出的有：

一是本源性的探究意识不足。《论语》首篇首句"学而时习之"，许慎《说文解字》中释"学"为"觉悟也"。东汉官府儒生共识之《白虎通·辟雍》中释

---

① 陈来：《关于"中国哲学"的若干问题浅议》，《江汉论坛》2003年第7期。

为“学之为言，觉也，以觉悟所未知也”。后朱熹在《四书集注》中注释“学”为“学之为言效也。人性皆善，而觉有先后，后觉者必效先觉之所为，乃可以明善而复其初也”。后人批评朱熹援佛入儒，以佛教义理附会孔子原意。然从汉许慎即将“学”释为“觉悟”即可知，此种说法误会朱熹。《论语》首句“学而时习之”之本意，当年即具有浓厚的“上达”色彩，故以此标准，才可理解孔子仅评价颜回一人“好学”之意。再回首儒学发展史，不难看出儒学后来成为“道学”、“理学”、“心学”，实际因为具有对彼岸世界关怀的先天基因，故能与讲求觉悟的佛教义理相融默契。五四以来，批判宋明理学，批判吃人的旧礼教，不仅反的是僵化的形式，连同丰富的内涵一同推翻。宋明理学被推翻的同时，连带推翻了儒学对彼岸世界的终极关怀。相应儒学即不再具有安身立命之合理性，至今佛学与佛教、道家与道教可谓同时存在，终极关怀与哲学义理并存。唯独儒家难称儒教，只因一度丢失的终极关怀尚未找寻回来。在此情况下，现今之儒学研究者自身尚无处安身立命，如何将自身之终极关怀与西学之终极关怀相抗衡、相会通。不补上儒学中“道学”一课，儒学整体自身无法弥补缺陷，也无法在中西学交流中转守为攻引领上风。

二是对西学之片面理解。相当部分学人将西方哲学之范式理解成主客二分，将中国哲学范式定义为天人合一。如此简单化、范式化的理解贬低了西方历史上丰富的哲学思想，也让原本更多元的中国传统哲学思想逊色不少。西方哲学自米利都学派的泰勒斯，至苏格拉底、柏拉图，再到后世的笛卡尔、康德，有几人拒绝否定此岸世界与彼岸世界的沟通与交流？近现代以来经由文艺复兴兴盛的人文主义、宗教改革推动的资本主义精神、地理大发现和工业革命推动的科技发展，使得西方自身也在“异化”之途上越走越远。然而对西方哲学原本非如此之“主客二分”的正本清源，应当作为中国哲学在中西哲学思想冲突交流中首先认识的。近现代以来越来越多的西方学者认识到西方思想按照目前趋势发展必然走向末日，从而向西方古典哲学、经院哲学回归，同时寄望更多从中国哲学思想中汲取营养元素。正因当今西方盛行之物竞天择、适者生存等近现代哲学将西方引入主客二分之极端对立，故西方在近现代经过全球暴力掠夺的殖民化时代极端疯狂后，已经面对缺少历史积淀而后继乏力的窘境。中西哲学之会通，首先是与西方古典哲学会通，会通之后再与近现代西方思想进行会通，其中近现代主客二分之极端恰可成为天人合一之反证。故由会通西方古典哲学、经院哲学入手，或许能够成为中西会通之捷径。

三是中国哲学自身与现代化的相容性问题。现代化肇始于西方，波及东方，事实上挟物质文明之威重创了世界各国之传统文化。中国、印度等作为文明悠久而被动卷入现代化之国家受害尤烈。时至今日，中国哲学思想与现代化的兼容问题一直没有解决。儒释道三教均主张返观内照，不向心外求法，克制内心欲望，刻意抑制工商。现代工商业的冲击，使得内心欲望不再受到束缚，反而无限膨胀，从而导致当前人们精神沙漠化之现状。就此领域而言，中国哲学应将马克思主义哲学作为会通重点。时移而世异，备变就是理所当然。马克思主义哲学是现代化背景下诞生的哲学体系，同样具有儒释道一样的对无产阶级的普度关怀，不但取得了世所瞩目的现实影响，而且现在仍然是中国处于执政地位的意识形态。马克思主义自中国共产党成立将近百年，建立政权六十余年，自身也已到进行自反而洗去形式僵化而重新装点灵魂的时刻。在此时机，中国传统哲学思想和马克思主义哲学进行会通，以指导中国实践，增强现实关怀，正是中国哲学和马克思哲学双方面临的必然选择。不管是马克思主义中国化，还是中国哲学马克思主义化，只要精神不变、为民之关怀不变，正通于孔子博施济众而至于圣之境界。值得注意的是，马克思主义中国化的探索中，曾经出现类似批孔的问题，后随着环境变化，部分学者开始投桃报李而批马。应当认识到，批孔可以，应该批的是形式的、僵化的不适应当前形势的伪孔，保留孔子思想的活的灵魂；批马也可以，批的是僵化的、不适应中国国情的伪马，而非马克思主义对劳苦大众的关怀，对资本的批判和人的自由全面发展的美好愿望。如此批判，力度越大，孔子和马克思的精神才能更多展现在当今国人面前，才是对孔子与马克思的最好继承。至于唯心唯物之争，解决的现实方案仍然是求其会通，孔子“四时行焉，百物生焉，天何言哉”之“天”，并未具备人格意义；即使就“天厌之”而言，亦难断言此“天”即为人格意义之天，何况鬼神虽敬却需远之。而马克思主义之唯物，似乎更多应从只研究物质和现实存在方面理解更便于会通。如此解释难免有附会之嫌，然待日后心物一元论之发展，未必不能带来融合唯物唯心对立的理论现实进展。

中国哲学史学科建设的回顾与前瞻

宋志明*

1916年蔡元培出任北京大学校长，在中国历史上真正建立了第一个哲学系。在这近百年来的历史时段，中国哲学史学科建设的历程，可以概括为三个发展阶段：第一个阶段止于1949年，中国哲学史学科初步建立；第二个阶段从1949年到1978年，中国哲学史学科建设落入低谷；第三个阶段为1978年以后，迎来中国哲学史学科建设的春天。总的来看，呈现出马鞍形轨迹。

一

在"五四"时期，现代中国哲学家自觉意识到哲学是一门独立学科之后，便着手建立哲学学科的重要分支——中国哲学史学科，使之不再淹没在学术史当中，与哲学同时成为一门独立的学科。在此之前，也有学者讲"中国哲学史"，但由于他们没有自觉的哲学学科意识，没有树立哲学观，实际上讲的是学术史。建立中国哲学史学科的前提，必须意识到哲学是一门独立的学科，树立一种哲学观，否则无从谈起。从这个意义上说，只有哲学家才能讲出哲学史，而学问家讲不出哲学史。在"五四"前后，中国涌现出一批受过哲学理论思维训练的学者，他们担当起建设中国哲学史学科的重任。

蔡元培是中国最早使用"哲学"术语的学者之一，可是起初并没有意识到哲学的学科性质，将哲学理解为"一切学之学"或"综合之学"。在"五四"时

① 宋志明，中国人民大学哲学院教授。

期，他从德国留学回来以后，对哲学有了新的认识，达到了对于哲学学科性质的自我意识。他在《简易哲学纲要》中写道：

“哲学是人类思想的产物，思想起于怀疑，因怀疑而求解答，所以有种种假定的学说。普通人都有怀疑的时候，但往往听到一种说明，就深信不疑，算是已经解决了。一经哲学家考察，觉得普通人所认为业已解决的，其中还大有疑点；于是提出种种问题来，再求解答。要是这些哲学家有了各种解答了，他们的信徒认为不成问题了；然而又有些哲学家看出其中又大有疑点，又提出种种问题来，又求解答。有从前以为不成问题的；有从前以为是简单问题而后来成为复杂问题的。初以为解答愈多，问题愈少。那知道问题反而随解答而增加。几千年来，这样的递推下来，所以有今日哲学界的状况。”①

在这里，蔡元培放弃了广义哲学观，树立了一种狭义哲学观：哲学是一门独立的学科，是关于世界观和人生观的学问。他清楚地意识到，在各门学科皆成为独立学科之后，包罗万象的哲学不复存在，哲学只是不断深化的思考方式。哲学研究者应该突出问题意识，体现怀疑精神。作为学科的哲学有别于古代哲学，已不再受宗教的限制，甚至具有取而代之的趋势。他提出“以美育代宗教”的主张，实际上表达了以哲学代宗教的诉求。蔡元培关于哲学学科，有三点看法：第一，哲学是关于认识论的学问，应当诉诸理性，讲究逻辑证明，不能建立在“圣言量”上面，不能再像古代哲学那样以引证代替论证。第二，哲学是关于世界观的学问，任务在于建构一种关于世界总体的理论，有别于任何实证学科。第三，哲学是关于人生观的学问，帮助人们找到一种正确的价值理念，指导自己的人生实践。蔡元培自己虽没有写出一本中国哲学史，但他是中国哲学史学科建设的第一个推动者。

胡适对哲学学科的认识是：“凡研究人生切要的问题，从根本上着想，要寻一个根本的解决，这种学问，叫做哲学。”② 从这种哲学观出发，他写出《中国哲学史大纲》，不过论域仅限于先秦，实际上是一部断代史。尽管如此，不妨碍其

① 《蔡元培哲学论著》，河北人民出版社 1985 年版，第 305 页。

② 胡适：《中国哲学史大纲》，古籍出版社 1997 年版，第 1 页。

成为中国哲学史学科建设的第一块基石。冯友兰对哲学学科的认识是："无论科学、哲学，皆系写出或说出之道理，皆必以严刻的理智态度表出之。""故哲学乃理智之产物；哲学家欲成立道理，必以论证证明其所成立。""欲立一哲学的道理，谓不辩为是，则非大辩不可；既辩则未有不依逻辑之方法。"① 依据这种哲学观，他写出两卷本的《中国哲学史》，论域扩大到清代，成为一部比较完备的中国古代哲学史。胡著和冯著都可以称为标志性成果：标志着中国哲学史学科在中国初步建立起来了。

在中国哲学史学科初建阶段，取得历史性的成绩，也留下了一些遗憾。一是论域不够开阔，仅限于古代，还没有把近现代纳入其中。二是受到单数哲学观的限制，没有充分关注中国哲学的民族性。中国早期哲学史家都曾在西方接受哲学理论思维训练，不可避免受到西方人哲学观的影响。在西方，流行这样一种观点：只有西方人会讲哲学，别的民族都不会讲哲学。受此种偏见的影响，早期中国哲学家程度不同地存在着以西方哲学为尺度剪裁中国哲学史的倾向。哲学史家大都从哲学的共性出发，对中国哲学的个性重视不够。金岳霖读了胡适的《中国哲学史大纲》，竟觉得好像是美国人写的书。冯友兰编写《中国哲学史》，也有这种倾向。他说："哲学本一西洋名词。今欲讲中国哲学史，其主要工作之一，即就中国历史上各种学问中，将其可以西洋所谓哲学名之者，选出而叙述之。""所谓中国哲学者，即中国之某种学问或某种学问之某部分之可以西洋所谓哲学名之者也。所谓中国哲学家者，即中国某种学者可以西洋所谓哲学家名之者也。"② 冯先生为建设中国哲学史学科作出巨大贡献，这是有目共睹的。不过，我们也不必"尊者讳"。他编写的两卷本《中国哲学史》，由于过分强调共性，难以充分展现中国哲学的个性，尚没有充分呈现出中国哲学自身的发展轨迹。

在现代中国，也有些哲学家不认同单数哲学观，意识到哲学应该有多种讲法。金岳霖在冯著《中国哲学史》审查报告中说："我很赞成冯先生的话，哲学

---

① 冯友兰：《中国哲学史》，中华书局 1961 年新 1 版，第 4、6 页。

② 同上书，第 8 页。

根本是说出一种道理的道理。但我的意见似乎趋于极端，我以为哲学是说出道理来的成见。哲学一定要有所‘见’，这个道理冯先生已经说过但何以又要成见呢？哲学中的见，其理论上最根本的部分，或者是假设，或者是信仰；严格地说起来，大都是永远或者暂时不能证明与反证的思想。如果一个思想家一定要等这一部分的思想证明之后，才承认他成立，他就不能有哲学。这不是哲学的特殊情形，无论甚么学问，无论甚么思想都有，其所以如此者就是论理学不让我们丢圈子。”[①] 讲哲学就是讲道理，当然应该遵循理性主义的路径，对哲学结论作尽可能充分的理论论证。不过，要想作完全充分的论证是不可能的。由于哲学结论乃是一种整体性的论断，难以从形式逻辑的角度为其找到充分的理由，难以形成所有人的共识。任何哲学结论都不可避免地带有假设或信仰的色彩，故而金岳霖称之为“成见”。他所说的“成见”并没有贬义，就是“一家之言”的意思。既然是“成见”，不可避免出现“所见不同”的情形。这意味着，哲学不可能只有一种讲法，而可以有多种讲法。他还把哲学比作“概念的游戏”，说明哲学讲法的多样性。游戏规则可以有许多种预设，下中国象棋不必遵循国际象棋的规则。梁启超也意识到哲学讲法的多样性，不同意把中国哲学等同于西方哲学。他在《儒家哲学》中写道：“中国学问不然，与其说是知识的学问，毋宁说是行为的学问。中国先哲虽不看轻知识，但不以求知识为出发点，亦不以求知识为归宿点。直译的 Philosophy，其涵义实不适于中国，若勉强借用，只能在上头加个形容词，称为人生哲学。中国哲学以研究人类为出发点，最主要的是人之所以为人之道：怎样才算一个人？人与人相互有什么关系。”[②] 令人遗憾的是，他们的复数哲学观未能引起中国哲学界的注意，未能动摇单数哲学观的主导地位。

---

① 冯友兰：《中国哲学史》，中华书局 1961 年新 1 版，第 4、6 页。

② 《梁启超哲学思想论文选》，北京大学出版社 1984 年版，第 488 页。

二

在第二阶段，也就是1949年新中国成立后，讲哲学的语境发生了巨大变化。一方面，学者们在中国哲学史学科初建阶段取得的成果，被贴上“资产阶级学术”的标签，变得一钱不值，被无情地抛弃了；另一方面，来自苏联的哲学教科书，在哲学界掌控了主流话语。讲中国哲学史也必须按照哲学教科书的口径讲，不容许出现任何不同的声音。单数哲学观的控制力非但没有减弱，反倒愈演愈烈。“两军对战”模式使中国哲学史学科建设偏离了正轨，跌入了低谷。

“两军对战”模式来自苏联。1947年，苏共中央书记日丹诺夫在讨论亚历山大洛夫《西欧哲学史》的会上发言说：“科学的哲学史，是科学的唯物主义世界观及其规律底胚胎、发生、发展的历史。唯物主义既然是从与唯心主义派别斗争中发生和发展起来的，那么，哲学史也就是唯物主义与唯心主义斗争的历史。”“各种哲学派别在这本书中是先后排列或比肩并列的，而不是相互斗争的。”他的发言1948年就在解放区用中文发行，到1954年止，出11版，总印数8万册左右。据《新建设》报道，从1949年5月到1950年3月，北京哲学界多次组织学习他的发言，灌输“两军对战”的观念。在这种情势下，哲学理论工作者不得不表示接受。1949年6月19日，冯友兰在《哲学家当前的任务》写道：“中国哲学发展底历史，也如欧洲哲学史一样，是唯物论与唯心论底斗争史。这样的斗争史就是中国历史中各时代底阶级斗争在思想上的反映。”

“两军对战”模式之所以使人难以拒斥，是因为打着恩格斯的旗号，以所谓“哲学基本问题”为依据。我觉得，所谓“哲学基本问题”，实则是对恩格斯的论断，作了教条主义的误读。恩格斯确实说过，思维与存在的关系问题是“全部哲学的基本问题”，但那是在评述德国古典哲学时讲的，并非涵盖一切哲学。恩格斯没有系统地研究过中国哲学，也没有系统地研究过埃及哲学、印度哲学等，绝不会那么武断地下结论。从形式上看，恩格斯似乎作了全称判断，实则是特称判断，特指德国古典哲学，充其量也超不出西方哲学的范围。请不要忘记，恩格斯的这一论断出现在《德国古典哲学与费尔巴哈的终结》一书，并非泛论各种哲学形态。他仅以西方哲学史为例说明他的论断，并没有论及其他民族哲学史。在西方中世纪，基督教神学长期占统治地位，“创世说”的思想影响很大。正是针对这种情况，哲学家们才把精神和自然界何者为本原的问题提出来，当做哲学基本问题思考。在中国古代社会，根本就没有这样的语境，中国哲学家怎么可能像西方近代哲学家那样关注“何者为本原”的问题呢？

在“两军对战”模式的误导下，中国哲学史工作者能做的最主要事情，就是给哲学家戴帽子、划成分，区分谁是唯物论者，谁是唯心论者。可是，中国哲学史根本就没有这么一回事儿，所以操作起来相当困难。大家常常遇到这样的困惑：某位哲学家的上句话可能很唯物，可是下句话却很唯心，如何给他戴上帽子？真是令人伤透了脑筋！例如，有人觉得老子是唯心论者，有人觉得老子是唯物论者，双方争论不休，使人莫衷一是。其实，这原本就是一个假问题，怎么会有正确答案呢？

教条主义学风给中国哲学史学科建设造成灾难性影响，具体表现为三个不到位。一是“不够中国”。由于采用外来的方法、外来的问题裁剪中国哲学史，势必脱离中国哲学实际。打个比方，就像用解剖学讲中医学，根本无法讲出中医学的精髓。无论多么高明的解剖师，都无法在人体上找到经络和穴位。二是“不够哲学”。由于缺少中国哲学自身的问题意识，只介绍古人的言论，却不会作哲学分析、哲学诠释。讲者往往只讲知识，不讲思想，不得不靠大量引文充斥篇幅。三是“不够历史”。由于没找到中国哲学自身的问题意识和逻辑脉络，只能按朝代顺序罗列人名。“中国哲学”并没有真正成为中国哲学史的主语。

三

在第三阶段，也就是 1979 年十一届三中全会以后，中国哲学史工作者才开始思考如何回到中国哲学史自身的问题，要求摆脱“两军对战”模式的束缚。长期以来，这种模式就像魔咒一样套在中国哲学史工作者的头上，使我们不敢思，不敢想，不敢去摸索、探讨中国哲学自身的基本问题，使我们久久找不到真正进入中国哲学史之门的钥匙。在新时期思想解放潮流的推动下，中国哲学史工作者终于鼓起勇气，试图打破这个魔咒，逐步树立起学术自信心，寻找自己认准的路径。冯友兰在《中国哲学史新编》中颇有感触地说："路是要自己走的；道理是要自己认识的。学术上的结论是要靠自己的研究得来的。一个学术工作者所写的应该就是他所想的。不是从什么地方抄来的，不是依傍什么样本摹画来的。"① 这句话道出广大中国哲学史工作者的心声。

1979年，在太原召开中国哲学史学会成立暨第一届年会，提出"中国哲学史研究科学化"的倡议，委婉地发出解放思想、解除魔咒的呼声。1981年，在杭州召开第二届中国哲学史学会年会，继续探讨开创新局面的办法。会上有人发言，批评"两军对战"模式，但遇到了很大阻力，迫使他不得已收回自己的发言。1985年，在广州召开第三届中国哲学史学会年会，又有人发言批评"两军对战"模式，居然不再有人出来反对。

在新的历史时期，中国哲学史工作者试图突破教科书上的哲学观念，对哲学学科做出中国式的定位。冯契认为哲学研究有两大任务，一是化理论为方法，二是化理论为德性。他把"德性"这一中国传统哲学范畴，运用于现代中国哲学研究。冯友兰把哲学定位为精神现象学，而不再定位为自然现象学。他说："哲学是人类精神的反思。所谓反思就是人类精神反过来以自己为对象而思之。人类的精神生活主要部分是认识，所以也可以说，哲学是对认识的认识。对于认识的认识，就是认识反过来以自己为对象而认识之，这就是认识的反思。"② 按照这种说法，哲学不应该被视为解释世界的"物学"，而应当视为人类自我反思的"人学"。如果把哲学视为"物学"，尚可归结为"一"，因为人类住在同一个地球之上；而把哲学视为"人学"，由于反思的主体各不相同，就只能归结为"多"了。哲学的主题是人，而不是物。至于哲学的功用，冯友兰认为应当有两

① 冯友兰：《中国哲学史新编》第1册，人民出版社1982年版，第2页。

② 冯友兰：《中国哲学史》，中华书局1961年新1版，第4、6页，审查报告二。

个：“一是锻炼、发展人的理论思维能力，一是丰富、提高人的精神境界。”[①]中国哲学的贡献，不在前者，而在后者。“用中国的一句老话说，哲学可以给人一个‘安身立命之地’。就是说，哲学可以给人一种精神境界，人可以在其中‘心安理得’地生活下去。”[②]

在中国式哲学观的指导下，冯友兰写出多卷本的《中国哲学史新编》，冯契写出三卷本的《中国哲学的逻辑发展》和《中国近代哲学的革命进程》。他们的著作称得上新的历史时期的标志性成果。

四

目前中国哲学史学科建设的状况，取得了可喜的成绩，在郭齐勇主编、问永宁副主编的《当代中国哲学研究》一书中，有系统的梳理，我不必赘谈。我想说的是，仍旧存在一些不尽如人意的地方，尚有待于纠正。

第一，最突出的问题是“枝繁叶茂，根干不壮”。在量化考核指挥棒的引导下，中国哲学史工作者大都喜欢从事个案研究或专题研究。为了多出成果、快出成果，必须把题目弄得小一些、专一些、偏一些，很少有人愿意从事费力不讨好的综合研究。许多博士论文的选题，常常瞄准那些不知名的二三流的学者来研究，并不考虑这种研究对学科建设有多大意义，只求顺利毕业，拿到学位。教师和科研人员功利化写作倾向也相当严重，往往也是为晋升职称而写作，并非出于促进学科建设的目的。在综合性研究方面，除了两部冯著之外，至今鲜有佳作问世。

第二，即便从事综合性研究，仍旧沿用集体编写教材的老办法，无法开创新局面。多人合作集体编写教材的做法，是我们从苏联人那里学来的。事实证明，这种“学术合作社”生产出来的东西，不会有生命力。这种东西除了可以应付考试之外，难以发挥启迪心智的作用。哲学史的书写，应当有研究者的心

---

① 冯友兰：《中国哲学史新编》第1册，人民出版社1982年版，第27页。

② 同上。

得，体现研究者的个性，在这一点上，跟写小说有些相似。多人写的小说不堪卒读，多人合写的哲学史同样不堪卒读。黑格尔、罗素、文德尔班、梯利、冯友兰、冯契、劳思光等人的哲学史著作都是独自完成的，至今仍然拥有广大的读者群。这就说明：有个性、有见识的哲学史著作，才会受到欢迎。

第三，陷入“方法论焦虑”，质疑“中国哲学合法性”，人为设置思想障碍。近年来有些人提出所谓“中国哲学合法性问题”，这是十足的糊涂观念。“合法性”同“哲学”，毫不相干。哲学原本是无法无天的学问，根本不存在合法不合法的问题。合法性可以用于政治，用于法律，但不能用于哲学。有如我们可以讨论鸟的飞翔性，但不能讨论狗的飞翔性。

至于研究方法，并不是抽象的，而是具体的。方法同研究内容、研究过程相统一，没有脱离研究内容和研究过程的、屡试不爽的、现成的研究方法。每个研究者都有自己的研究方法，甚至每个研究课题都有独特的研究方法。可操作的研究方法是研究者在研究过程中自己摸索出来的。当然，他可以学习和借鉴别人的方法，但是学习和借鉴不能代替自己独立探索。想从别人那里找到现成的方法是不可能的。抱有这种念头的人，恐怕已陷入方法论的误区，只能被“方法论的焦虑”折磨得焦头烂额，不会有什么收获。鲁迅先生说得好，作家未必先要把《写作方法》《创造大全》之类的书都读透了之后才动笔，而是在创造过程中体味自己适用的写作方法。研究中国哲学史恐怕也得如是观。“绣出鸳鸯与君看，不把金针度于人。”我觉得这并不是嘲笑绣花师傅太保守、太小气，而是嘲笑徒弟的期望值太高。因为“金针”确实难为不知者道。徒弟要想掌握刺绣的方法，只能在刺绣的实践中去摸索，用心揣摩师傅的绣出的“鸳鸯”，不能指望师傅告诉你绣出鸳鸯的现成方法。方法主要不是学来的，而是靠自己悟出来的，“如人饮水，冷暖自知”。指望从别人那里得到现成的方法，恐怕只会落得邯郸学步者的结局。

五

我认为，推进中国哲学史学科建设，应当从纠正上述三种倾向入手。理想的中国哲学史学科应当“枝繁叶茂”，更应当“根干茁壮”。我们不能只关注专题研究、个案研究，更应当关注综合性研究，因为这才是学科建设的基础工程。至于如何从事综合性研究，没有现成的“范式”可以遵循，需要我们自己去摸索。首先应当排除“质疑中国哲学合法性”的干扰：你还没有迈入综合研究领域，就疑虑重重，怎么能指望有所成就？

近年来学术界关于中国哲学史研究方法议论颇多，流行着一种说法，就是反对“以西范中”（或称“中话胡说”）范式，回归“以中释中”（或称“中话中说”）范式。对此我不敢苟同。先说“以西范中”。西方哲学史家写的哲学史，都有鲜明的个性，并不存在所谓“范式”。“西学范式”其实是我们自己的想象。既然“西学范式”子虚乌有，何言“以西范中”？在中国哲学史学科初建时期，学者固然借鉴西方某些哲学家的方法，但也努力捕捉中国哲学的个性特征，把他们的方法完全归结为“以西范中”范式，实属以偏概全，并不公平。长期以来在哲学史界流行的方法，并不是什么“以西范中”，而是“以苏联哲学教科书范中”。再说“以中释中”。前文已述，哲学史是哲学学科的分支，只有从自觉哲学学科意识出发，才能梳理出来。不以自觉的哲学学科意识为前提，可以写学术史，但写不出哲学史。在中国，学科自觉意识的自觉出现在现代，前现代的“中”，怎么可能还成为现代“中”的话语方式？在所谓“以中释中”的诉求中，隐含着以学术史取代哲学史的倾向。

我认为“以西范中”和“以中释中”皆没有可行性，唯一可行的选择是“不中不西，亦中亦西，综合创新，学贵自得”。我们不能照搬西方人的方法，但不能拒绝西方人的智慧；我们不能照搬古人的方法，也不能拒绝古人的智慧。我们要从两种智慧中获取启迪，融会贯通，推陈出新，创造自己觉得可行的办法。如何研究中国哲学史？这本是一个无尽的话题，谁也给不出终极答案，没有现成的范式可以遵循。走自己的路，才是明智的选择。我们尊重前人，但不迷信前人。借用亚里士多德的话说："吾爱吾师，吾犹爱真理。"

为了推进中国哲学史学科建设，我认为应当遵循"百花齐放，大胆创新，言之成理，持之有故"的方针，鼓励个人从事中国哲学史综合研究。本着这种想法，我在多年教学和研究的基础上，以一己之力完成了中国哲学通史的书写。不过，我没有采用"中国哲学史"作为书名。我把中国哲学史划分为古代、近代、现代，分别采用不同的表述方式。我认为古代哲学史是比较完整的断代史，以天人关系为基本问题，经历百家争鸣的奠基期、三教并立的发展期和理学行世的高峰期。我在写中国古代哲学史的时候，采用广义哲学史的表述方式，形成两本专著。一本题为《薪尽火传：宋志明中国古代哲学讲稿》，采用口语的表达方式，40 万字，2010 年已由北京师范大学出版社出版。另一本题为《中国古代哲学发微》，采用书面语言的表达方式，30.6 万字，2012 年已由中国人民大学出版社出版。这两本书基本观点是一致的，相当于中国哲学史上册。我认为中国近代哲学史处于过渡阶段，表现为历史观、本体论、知行观、人学观四个转向。中国现代哲学史以中国马克思主义哲学、中国实证哲学、现代新儒学三大思潮为基本内容。在这一阶段，哲学已成为独立学科，我采用狭义哲学史的表述方式。我把近现代合在一起，写成《中国近现代哲学四论》一书，47.5 万字，得到国家社科基金后期资助，2012 年已由中国社会科学出版社出版。这本书相当于中国哲学史下册。

我还写了一部关于中国哲学的通论，书名为《中国传统哲学通论》，2012 年由中国人民大学出版社推出第 3 版，篇幅增加到 33.2 万字。2011 年，我以《薪火传承·中国传统哲学通论》为课程名称，主讲中国大学视频公开课，第一批在中国网络电视台、网易、爱课程网同时上线播出。我从事中国哲学史综合研究，吸收了他人的成果，但主要是自己的研究心得。作为我见，当然避免不了"解释学的偏差"：也许是对的，也许是错的；也许是成功的，也许是失败的。是功是罪，任由时贤和后人评说。

20世纪三四十年代中国哲学史研究的基本方向与多重形式

田文军*

在现代中国哲学史学科的创建过程中，自从1934年冯友兰的两卷本《中国哲学史》问世以后，中国学术界终于出现了最具现代学术特质的中国哲学史研究成果。可以说，冯友兰两卷本中国哲学史的出版，既意示着中国哲学史已经成为一个独立的现代学术门类，也标志着中国哲学史由古典形态向现代形态的转换。此后，中国哲学史研究，开始在现代学科的范围内深化与拓展。这种深化与拓展，使得20世纪三四十年代的中国哲学史研究，方向更加明晰，形式不断出新。具体考察20世纪三四十年代中国哲学史研究的基本方向与具体形式，对我们全面考察中国哲学史学科的历史发展，乃至于思考中国哲学史学科的现代化建设，是十分有益的。

一、从哲学发展史的角度研究中国哲学史

从历史的角度来看，多视角、多途径地研究中国哲学史，并非始于20世纪的三四十年代。实际上，自“五四”以来，人们在中国哲学史研究的具体实践中，不论视角还是方法，即已经开始呈现多样化的格局与趋势。这使得在中国哲学史学科创设的早期阶段，梁启超、王国维一类学者所主张或采用的中国哲学史研究方法，不同于刘师培、陈黻宸、谢无量一类学者所主张或采用的中国

---

* 田文军，武汉大学哲学院教授。

哲学史研究方法；而钟泰对中国哲学史研究方法的理解，与胡适、梁启超一类学者对中国哲学史研究方法的理解实际上呈现出对立的倾向。同时，钟泰理解并实际采用的中国哲学史研究方法也不同于冯友兰理解和采用的中国哲学史研究方法。在实际的中国哲学史研究中，之所以出现多种研究方法，其原因在于中国哲学史研究自身所面临的问题很多，人们对中国哲学史研究的对象、范围的理解均在思考与探索之中。因此，人们对中国哲学史研究途径、形式、方法的选择不能不有所区别。因此，可以说人们对中国哲学史研究途径、形式、选择的差异，实缘于人们对中国哲学史研究方法理解的不同。到20世纪三四十年代，作为现代学术门类的中国哲学史研究形式更趋多样，研究成果也更臻成熟。这种多途径的中国哲学史研究，标志着中国哲学史研究的拓展与深化。

在20世纪三四十年代多重形式的中国哲学史研究中，就其基本的研究方向与主要形式而言，当是从哲学发展史的角度研究中国哲学史。采取这种形式与方法的中国哲学史研究，特点首先在其立足于对哲学学科的理解，来确立中国哲学史研究的对象、范围、价值目标及其研究方法，坚持中国哲学史学科独立的个性与特质。其次是这种类型的中国哲学史研究，一般都十分注意对中国哲学发展历史过程的整体性考察与论析，力图通过这样的考察论析，再现中国哲学发展的历史过程与原始情状，既关注中国哲学发展的历史线索，也关注中国哲学发展的内在逻辑，将厘清中国哲学发展的一般原则与内部机制作为最基本的学术追求。这种中国哲学史研究的形式与方法，实际上代表着现代中国哲学史研究的基本方向与主流方法。胡适、冯友兰[①]的中国哲学史研究在方法的层面即属于这样的类型。其后，范寿康[②]的《中国哲学史通论》，虽然在体例方面与胡适、冯友兰的中国哲学史有所不同，但在研究方法方面大体上也可以归属于这样的类型。另外，在这一历史时期，与冯友兰的中国哲学史大体上同时问世的李石岑的《中国哲学十讲》、蒋维乔的《中国哲学史纲要》，以及在冯友兰的中国哲学史问世之后出现的张岱年的《中国哲学大纲》等有关中国哲学史的著作，

① 胡适、冯友兰与中国哲学史笔者有专文论述。

② 范寿康与中国哲学史笔者有专文论述。

在体例、方法方面与冯著中国哲学史又有所不同，但就其基本的研究方法与理论追求而言，仍在于从哲学发展史的角度系统地考察中国哲学的发展，也可以纳入中国哲学史研究的主流成果范围。应当肯定，从哲学发展史的角度系统地考察中国哲学的历史发展，不论是其研究成果，还是其研究方法，都为现代中国哲学史研究确立了最基本的研究范式，提供了最基本的方法学原则。当然，从哲学发展史的角度系统研究中国哲学史，并没有影响或说妨碍现代中国哲学史研究形式、研究途径与研究方法的多样化。实际上，在20世纪三四十年代，中国哲学史研究形式、研究途径与研究方法的多样化，对人们从哲学发展史的角度系统深化对中国哲学历史发展的考察是极其有益的。因为，多种形式与多种途径的中国哲学史研究，不仅从不同的层面上深化了人们对中国哲学发展历史的认识，也加快了中国哲学史研究方法建设的步伐；反之，中国哲学史研究方法的日臻成熟，又为20世纪三四十年代多种中国哲学史研究成果的形成，提供了思想原则和方法学的支持。在现代中国哲学史学科建设中出现的这种学术文化现象，值得我们在考察现代中国哲学史与现代中国哲学史学的过程中特别关注。就具体的研究形式而言，20世纪三四十年代的中国哲学史研究，除了从哲学发展史的角度研究中国哲学史这种基本形式之外，还曾经出现过“从思想史的角度研究中国哲学史”、“以史论批判的形式研究中国哲学史”、“以问题史的形式研究中国哲学史”以及“从文献史料的角度研究中国哲学史”等多种研究形式与研究方法，这几种形式的中国哲学史研究及其具体的研究成果，同样值得我们关注，需要我们具体总结。

二、从思想史的角度研究中国哲学史

在20世纪三四十年代中国哲学史研究的多种成果与多重形式中，从思想史的角度研究中国哲学史是值得关注的一种重要的研究形式与研究方法。这一历史时期，以思想史的形式研究中国学术文化的学术成果十分丰富。在这些学术成果中，当以侯外庐为代表的一批学者所取得的中国思想史研究成果最具影响力与学术价值。

侯外庐写作《中国思想通史》，始于 20 世纪四十年代，到全书编写完稿，曾耗费二十多年的心血。1961 年人民出版社出版的五卷本《中国思想通史》，已成为一部二百六十万字的皇皇巨著。从侯外庐为五卷本《中国思想通史》所写的《序》中我们可以看到，《中国思想通史》全书的写作除第四卷外，第一、二、三卷以及第五卷基本上都成书于 20 世纪的四十年代。这部《中国思想通史》除纳入了侯外庐个人长期从事思想史研究的多种认识成果，也吸纳了其他学者在思想史研究方面的重要成果。因此，五卷本《中国思想通史》出版的时候，署名并非侯外庐一人，而是由多位作者联合署名出版，且各卷作者有所不同。由于《中国思想通史》第一卷、第二卷、第三卷、第五卷的主要内容实际上都形成于 20 世纪的四十年代，作为侯外庐个人著作的《中国古代思想学说史》、《中国近世思想学说史》也都完成于 20 世纪四十年代。因此，将先后参与《中国思想通史》写作的多数学者作为 20 世纪三四十年代从思想史的角度研究哲学史的代表人物，以侯外庐主持编写的《中国思想通史》作为这一历史时期从思想史的角度研究哲学史的代表性学术成果，是符合历史实际的。我们通过对这一研究成果的考察，大体上可以发现这种哲学史研究形式的方法学特点及其学术价值。

从研究方法来看，以侯外庐为代表的这派学者从事中国思想史研究，都十分看重马克思主义的思想原则与学术方法。侯外庐后来在为五卷本《中国思想通史》出版时所写的《序言》中曾论及此书的写作："这部中国思想通史是综合了哲学思想、逻辑思想和社会思想在一起编著的，所涉及的范围比较广泛；它论述的内容，由于着重了基础、上层建筑和意意识形态的说明，又比较复杂。"[①] 以论释中国历史上的社会经济基础、上层建筑与意识形态作为《中国思想通史》的主要内容与学术追求，集中地体现了侯外庐一派学者写作《中国思想通史》时自觉的马克思主义方法意识。

① 侯外庐：《中国思想通史·序》，人民出版社 1995 年版。

由于采用马克思主义的思想方法原则，侯外庐等人在编撰《中国思想通史》的过程中，特别注重对中国社会历史的考释。在这种考释中，侯外庐依据马克思认定的“亚细亚生产方式”来具体论析中国奴隶制社会的特点：“如果我们用‘家族、私有、国家’三项来做文明路径的指标，那末，古典的古代‘是由家族到私产再到国家，国家代替了家族；‘亚细亚的古代’是由家族到国家，国家混合在家族里面，叫做‘社稷’。因此，前者是新陈代谢，新的冲破了旧的，这是革命的路线；后者却是新旧纠葛，旧的拖住了新的。这是维新的路线。前者是人惟求新，器亦求新；后者是‘人惟求旧，器惟求新’。前者是市民的世界，后者是君子的世界。”[①] 侯外庐通过不同文明发展途径的比较，将中国的奴隶制社会谓之“早熟的”文明“小孩”，以“维新”作中国古代文明的传统。同时，侯外庐认为中国哲学的发展也与西方有所不同。这种不同的显著表现在于与西方相比较，中国哲学发展滞后，少“智者气象”，多“贤人作风”。应当肯定，侯外庐对中国社会历史的考论及其对中国早期哲学演生发展特色的论析，至今仍然是中国哲学史研究中最具理论深度的认识成果之一，也是在中国哲学史研究中，以其他视角或形式的研究很难逾越或忽略的认识成果。

在《中国思想通史》中，侯外庐等学者也关注对作为社会意识形态的思想理论考察的全面性。因此，相比较于其他形式的中国哲学史研究，《中国思想通史》的考察对象既涉及中国历史上的哲学思想，同时，也将在中国历史上出现的宗教思想、经济思想、科学思想、社会理论、史学思想等作为自己的考察对象。如前所述，这部《中国思想通史》综合哲学思想、逻辑思想和社会思想一起编著，所涉及的范围确实较为广泛。这种从思想史的角度研究中国哲学史的形式，在某种意义上可以说实为一种泛化的中国哲学史研究。

但是，侯外庐等人的中国思想通史研究，在其具体研究中又特别注意对中国历史上形成的哲学思想的考察，这种研究在问题意识方面与一般的哲学史研究实际上并没有什么不同。《中国思想通史》第一卷中考察荀子的思想，其体例

---

① 侯外庐、赵纪彬、杜国庠：《中国思想通史》第1卷，人民出版社1995年版，第11—12页。

及其所论述的内容，基本上就是通行的哲学史著作所采用的体例与论述的内容。

侯外庐等人的中国思想史研究，也注意依据马克思主义的哲学观念论析历史上形成的中国哲学的理论价值，在论析中国哲学历史发展的过程中，突出对唯物论的褒扬与对唯心论的批判。《中国思想通史》中考察道家与论及庄子时，标题即为“庄子的主观唯心主义”。书中在具体论析庄子思想时，则认为庄周的哲学以“止辩”的方法，否定了“形”、“心”之间的渗透与联结，以人生为“假借”，将主观唯心主义与宗教信仰主义连成了一体。对庄子思想的这种批判即较为典型地体现了侯外庐这派学者从哲学的角度判断中国哲学家思想理论价值的方法。这样的思想方法使得《中国思想通史》中考察先秦诸子的学说，大都在标题中即表明作者对考查对象思想理论的价值判断。依据马克思主义的哲学观念与方法论原则研究中国思想史，在二十世纪四十年代的中国学术界已经较为流行。在以侯外庐为代表的这个学术集体以外从事中国思想史研究的学者中，也有不少人公开地采用马克思主义的思想方法。但相比较而言，应当说以侯外庐为代表的这个学术集体的思想史研究方法，最为集中地反映了当时中国思想史研究中的这种方法学特色。

侯外庐的中国思想史研究，不仅在内容方面突出对哲学思想的研究，而且十分看重作为社会意识形态的哲学在社会历史发展中的作用。这样的方法意识与学术追求，使得侯外庐本人在 20 世纪三四十年代的思想史研究中，除了重视对中国古代社会与古代思想的研究之外，也十分重视对十七世纪以来中国启蒙思想的研究。这种研究，使他论释了自己对明清时期社会制度特征的理解，展望了中国社会与中国思想的发展趋向。侯外庐对如何清理明清之际启蒙思想的价值的理解，实际上表明了他对中国社会历史发展趋向的理解。这种在思想史研究中，将对社会历史发展的考释与对于思想发展历史的考释紧密结合，并相互论证其考释结论的方法，相较于 20 世纪三四十年代的其他形式的中国哲学史研究，也是很有特色的。这样的研究方法，使得以侯外庐为代表的这派从思想史的角度研究哲学史的学者，对中国社会历史发展的理解以及中国思想发展历史的认识都达到了很高的理论层次。

总之，以侯外庐为代表的这派学者，从思想史的角度研究哲学史，在20世纪三四十年代的中国学术界，不论其研究方法还是其研究成果，都显示出了自身的特色与价值。从现代中国哲学史学科发展的历史来看，这种研究方法与研究成果，对现代中国哲学史学科的建设与发展均产生过积极的影响和作用。但是，这派学者的思想史研究，在其后来的发展中并没有完全演变为纯粹的哲学史研究。这种现象为我们今天考察现代中国哲学史学科的建设与发展，留下了一些需要继续思考的问题。一般而言，哲学史研究仅为思想史研究的内容之一，思想史研究的范围应大于哲学史研究的范围，思想史研究的内容可以涵括哲学史研究的内容，而哲学史研究则不可能完全替代思想史研究。但是，如果一部思想史著作中明确地含括哲学史研究的内容，这样的著作，在我们考察中国哲学史学科发展史的时候，也可视其为一种中国哲学史研究的具体形式。因为，这样的思想史研究，不排斥而且突出对中国哲学思想的研究。需要注意的是，以思想史的形式进行中国哲学史研究，只是将中国哲学思想作为中国思想史研究的一个组成部分，而不是将中国哲学史作为一个独立的学术门类。这样的思想观念和研究方法，使得中国思想史既难以在严格的现代学科观念的基础上与中国哲学史融合为一个学科，其自身似乎也很难定义为一个严格意义上的现代学术门类，而是始终只能作为大史学学科中的一个具体门类存在于现代学术领域。因此，如何定义中国思想史研究与哲学史研究，怎么样进行中国思想史研究与中国哲学史研究，都值得我们继续深入地思考与探讨。

三、以史论批判的形式研究中国哲学史

在20世纪三四十年代的中国学术界，有一些学者以史评的方式研究先秦诸子的思想或儒家思想，在研究中或突出对先秦诸子思想的理论批判，或突出对儒家思想的理论批判。这种类型的思想史研究也可以视为中国哲学史研究的一种形式。郭沫若的《十批判书》、蔡尚思的《中国传统思想总批判》等论著，即属于以史论批判的形式研究中国哲学史的具有代表性的学术成果。郭沫若的

《十批判书》内容主要是对先秦诸子思想的批判，蔡尚思的《中国传统思想总批判》更多的是对儒家学说及其传统的批判。这种批判的对象，不限于先秦儒家，也涵括对宋明儒学以及清代末年和民国年间儒学的批判。这里我们仅以郭沫若的《十批判书》为具体解析对象，考察这种以史论批判的形式对中国哲学史的研究。

郭沫若的《十批判书》成书于 1945 年。郭沫若从学术的角度涉猎中国传统的学术思想，始于 20 世纪的三十年代。自 1928 年始，郭沫若曾在日本度过将近十年的流亡生活。流亡日本期间，郭沫若在对中国古代社会的研究方面取得过丰硕的学术成果。而对中国古代社会的研究，正是他开始研究中国传统学术思想的前提与基础。

郭沫若《十批判书》所收入的十篇论文写成于 1943 年至 1945 年之间。其目的是要对先秦学术思想进行系统批判。由于郭沫若写作《十批判书》，具有十分明确的学术目标与追求，使得《十批判书》的内容实际上较为全面地涉及先秦时期的哲学思想。因此，郭沫若对先秦学术思想的批判，也可视为一种研探中国哲学史的具体形式，纳入中国哲学史学史的范围来进行考察与解读。

《十批判书》作为在 20 世纪四十年代出现的一种哲学史研究形式，其学术价值有两点值得注意，一是其对先秦学术思想的批判方法，一是其对孔子思想的历史定位与学术评价。就方法而言，郭沫若对先秦学术思想的批判是以其对马克思主义思想方法的认同为前提的。以马克思主义的方法原则开展对先秦学术思想的批判，使得郭沫若也十分注意社会史研究与思想史研究相结合。郭沫若在社会史研究方面以其对中国古代社会的研究见长；他对先秦学术思想的研究，即是以他对中国古代社会历史的了解与理解为基础的。照他自己的说法，他研究中国古代学术思想史的兴趣，产生于其对中国古代社会的考察之后。他基于社会发展史研究展开思想发展史研究，目的在于更全面地考察论析中国的古代社会。这样的研究方法，使得郭沫若在《十批判书》中十分注意论析先秦时期各种思想理论产生的社会历史背景。郭沫若认为，春秋末年，由于社会制度的变革，“士”开始成为一种职业。而春秋、战国时期学术的繁荣，与“士”

阶层的出现是紧密联系的。因为，“士”成为一种职业后，人们争相学习，以便成“士”。这种社会风气，既促进了人们对读书学习的兴趣，也使一些人依靠教书而具有了广泛的社会影响。郭沫若将儒学与墨学、孔子与墨子都看作这种社会风气中的产物。并强调不了解春秋时期的这种社会现象，即不可能真正理解先秦时期学术思想的演生与发展。注重周、秦之际的社会变革与周、秦诸子思想形成之间的联系，当是他以马克思主义的方法原则考察中国哲学历史的具体体现。这种方法意识代表了当时中国哲学史学建设的一种重要的趣向与取向。

郭沫若在《十批判书》中对儒家的具体批判也有自己的特点。这种特点的具体表现是郭沫若一反中国学术界自“五四”以来形成的否定儒家学说的思想传统，对儒家学说，特别是对孔子的思想理论，作出了全面的肯定性的评价。郭沫若全面地肯定孔子的思想理论，一个基本的前提是他认定孔子生活的时代，是中国社会由奴隶制变为封建制的时代。在有关中国社会发展史问题上，郭沫若主张中国奴隶制的下限在春秋战国之交。这种观点是他在《奴隶制时代》一文中具体论述的。《奴隶制时代》成文于20世纪五十年代初，时间上要晚于《十批判书》中所收入的文章。但郭沫若的这种社会史观念在20世纪的四十年代实际上已经大体成形。因此，他由肯定孔子“是由奴隶社会变为封建社会的那个上行阶段中的前驱者”，引申出了对于孔子的思想理论的全面的肯定性评价。

依据郭沫若的理解，孔子作为新型社会的代表人物，构建自己的思想理论，其目的即在于维系或说支持新的社会制度。但郭沫若对孔子及其思想理论的评判，没有停留在一般性的肯定孔子的学术活动及其思想顺应社会变革的历史潮流这种结论上，而是对孔子的社会地位与思想理论都进行了具体深入的解析。首先，郭沫若认为，孔子生前真实的社会地位与其后来在人们心目中的地位并不一致。孔子“至圣先师”的地位，那是汉武帝推崇儒术以后逐步确立起来的。其中既有道家、墨家攻击儒家的原因，也有儒家后学有意无意之间对孔子思想的宣传与对孔子生前生活的美化与粉饰。实际上孔子生前作为新兴社会势力的代表人物，经受过各种社会势力的打击，生活环境十分艰难。正是由于孔子艰苦的生活环境及其顺乎时代潮流的学术立场，才使得他有可能建构起自己反映社会历史要求的思想理论。

关于孔子的思想，郭沫若将其理解为一个以“仁”概念为核心而建构起来的理论系统。郭沫若认为，孔子所主张的“仁”包含两个方面的意涵，其一是“克己”，其二是“为人”。孔子主张的以“克己”与“为人”为基本内容的“仁道”，主旨在于“利他”。郭沫若在集中引用《论语》中有关“仁”的论述以后曾认为：“从这些辞句里面可以看出仁的含义是克己而为人的一种利他的行为……他的‘仁道’实在是为大众的行为。”[①] 郭沫若对孔子仁学的这种分析，其方法基础显然源于他所理解的马克思主义。但就其具体分析而言，不论对文献的诠释，还是对孔子仁学实质的理解，确都具有他自己的致思特色。

在郭沫若看来，孔子所主张的“仁”，也是一种人生的理想。实现这样的人生理想，不能指靠他人的帮助，只能依靠践“仁”者自身的自觉与主观的努力。但是，作为理想的“仁”，又并不遥远，实践“仁”在求“仁”者自身，只要求“仁”者能够不放弃这种理想，不断地为这种理想去奋斗，即可以实现这样的理想，或者说求“仁”者即可以得“仁”。实现以“仁”为基本内容的人生理想，需要实践者的自觉与奋斗，同时也要求实践者善于学习。郭沫若认为，孔子本人即十分重视学习。在学习的问题上，孔子注意到了主观与客观两个方面的条件，主张在学习与接受教育的过程中，采取实事求是的态度，才可以获得良好的学习效果。在郭沫若看来，孔子注重学与思的结合，通过主观与客观的交互印证来了解、论释“为人为己的道理”，也应当是他能够建立起自己的思想系统的重要原因。

除此之外，郭沫若认为孔子之所以能够建构自己的“仁”学思想系统，更为重要的原因是他有关“仁”的学说顺应了历史的潮流，以及他本来即具备通过学习把握事物理则的素质与能力。郭沫若在论及孔子学说得以形成的这种原因时曾经认为：孔子“这种所谓仁德，很显然的是顺应着奴隶解放的潮流的。这也就是人的发现。每一个人要把自己当成人，也要把别人当成人，事实是先

---

① 郭沫若：《十批判书》，东方出版社 1996 年版，第 88—89 页。

要把别人当成人，然后自己才能成为人。”[①] 郭沫若对孔子的“仁”说的这种解析评断，在二十世纪四十年代的中国学术界，也可说是特立独行，别具一格，少有认同者。但他将人在生活中“立人立己，达人达己”的根据，理解为人具有“能学的本质”，强调实现“立人立己，达人达己”的途径在人自身的努力学习，又确实为人们了解儒学、评价孔子提供了一种视角，值得人们思考。

郭沫若为了全面肯定孔子的学说，除了对孔子的思想在总体上作出肯定性的评断，对与孔子思想相关的一些具体文献，也作出了自己的解释。《论语·泰伯篇》中有“子曰：民可使由之，不可使知之”的记述。人们多从“愚民”的角度理解孔子的这一论述。郭沫若则完全相反。他认为孔子一生提倡学习，注重教育。学习与教育的内容皆为他所主张的“仁道”。学习是为成己，教育则为成人，成己成人都在于向善。因此，对孔子所谓“民可使由之，不可使知之”之说也只能置于这样的思想系统中去诠释。在郭沫若看来，如果认定孔子的“‘民可使由之，不可使知之’为愚民政策，不仅和他‘教民’的基本原则不符，而在文字本身的解释上也是有问题的。‘可’和‘不可’本有两重意义，一是应该不应该；二是能够不能够。假如原意是应该不应该，那便是愚民政策。假如仅仅是能够不能够，那只是一个事实问题。人民在奴隶制时代没有受教育的机会，故对于普通的事都只能照样做而不能明其所以然，高级的事理自不用说了。原语的涵义，无疑是指后者”。[②] 郭沫若对孔子“民可使由之，不可使知之”说别出心裁的解释，与20世纪四十年代的人们对孔子这一思想的理解也可谓大相径庭。

郭沫若对孔子的思想方法也持肯定的态度。在他看来，孔子为人为学，既注意对事物的观察，重视经验，同时，也不否定理性的作用。郭沫若认为，正是这样的思想方法，使得孔子既尊重历史，又注重事实。孔子之所以不语“怪力、乱神”，其思想理论中，可以归属于迷信的思想观念甚少，也得益于这样的思想方法。孔子“与命与仁”。依照郭沫若的理解，对孔子所“说的命不能解释

① 郭沫若：《十批判书》，东方出版社1996年版，第91页。

② 郭沫若：《十批判书》，东方出版社1996年版，第99—100页。

为神所预定的宿命，而应该是自然界中的一种必然性”。[①] 因此，孔子的天命观，只是一种必然论。这种必然论意义上的天命观，与在迷信范围之内的宿命论是不可同日而语的。孔子在客观方面“与命”，承认必然，在主观方面求“仁”，追求人生的最高价值；求“仁”时强调人自身的主体性，“与命”时主张对世运的顺应。而当“与命”与求“仁”，顺应与奋斗无法调适的时候，孔子的主张是“守死善道”，“杀身成仁”，强调的仍是人自身的主体性。郭沫若认为，这种“与命”与求“仁”的思想刚好构成了孔子思想中最具价值的两极，支撑起了孔子的思想理论大厦。因此，郭沫若在引述孔子有关人的主体性作用的论述之后，从整体上对孔子的天命观也作出了一种积极的评价。从郭沫若对孔子天命观的评价中，我们不仅可以进一步看到他对孔子思想全方位的肯定，也可以发现他对孔子思想的欣赏与喜爱之情。在 20 世纪四十年代，不论是郭沫若对孔子思想的态度，还是他对孔子思想的评价，在依据马克思主义的思想方法考察中国哲学史的学者中，确实是极具特色的。

郭沫若对孔子思想理论的解读与评断，特立独行，自为一家之言，也曾遭到一些学者的批评。杜国庠即曾认为郭沫若在批判先秦学术思想的过程中“袒护儒家”。但郭沫若认为，自己对孔子思想的解析，是以正确地认识中国古代社会历史的发展为基础的。他曾明确表示：“社会机构得到明确的清算，从这里建立起来的意识形态然后才能清算得更明确。我的对于孔子和墨子的见解，虽然遭受了相当普遍的非难，但我却得到了更加坚定的一层自信。”[②] 同时，郭沫若也坚信自己对文献的发掘与解读，足以支撑自己对孔子思想的评断，并认为非难自己的学者，实惑于后世学者对孔子思想的解读。郭沫若强调以文献的发掘与考释来证成自己的学术观念，从方法的角度来看，也是值得我们借鉴的。

在中国现代学术史上，郭沫若的学术成就，以其对中国古代社会史的研究最具影响力，以史论批判的形式研究先秦诸子之学的认识成果，实为郭沫若古代社会史研究的重要组成部分。但是，不论是郭沫若的中国古代社会史研究，

---

① 郭沫若：《十批判书》，东方出版社 1996 年版，第 105—106 页。

② 同上书，第 501—502 页。

还是郭沫若的先秦诸子学研究，在学术界都曾受到人们的诘难与非议。其中，尤以海外华裔学者对郭沫若学术成就的非议最为尖刻、严厉。郭沫若有关中国古代社会发展历史的结论是否合于中国古代社会发展历史的实际，郭沫若对先秦诸子的批判，特别是他对孔子思想的评断是否反映了孔子思想的真实面貌，在学术的范围，完全可以更深入地探讨。但是，如果我们将对郭沫若学术成就的考察，限定在其对孔子思想的解析的范围之内的话，他在二十世纪的四十年代，以马克思主义的思想方法对孔子思想的全面肯定，确实值得我们去认真地总结与思考。今天中国的学术界，在经历近百年激烈的儒学批判、孔子批判之后，已经回归到正面评价儒学和孔子思想的时代。因此，郭沫若当年解析孔子思想的方法以及他有关孔子思想价值的观念，仍可为我们继续解析孔子学说的现代性价值提供借鉴。同时，他从史论批判的角度研究先秦诸子之学，作为一种中国哲史研究形式，其在中国哲学史学科发展史上的地位也应得到肯定。因为这种研究形式的出现，从一个侧面体现了当时中国哲学史研究的深化与发展。

四、以哲学问题史的形式研究中国哲学史

以哲学问题为线索研究中国哲学史，也是20世纪三四十年代中国哲学史研究的一种重要形式。以这种研究形式形成的学术成果，有学者直接称之为“中国哲学问题史”。张岱年在20世纪三十年代写成的《中国哲学大纲》，另一名称即是《中国哲学问题史》。张岱年的《中国哲学大纲》，是20世纪三四十年代以问题史的形式研究中国哲学史最具代表性的研究成果。此外，蒋维乔与杨大膺的《中国哲学史纲要》、李石岑的《中国哲学史十讲》大体上也可以归属于以哲学问题史的形式研究中国哲学史这种类型的研究成果。所不同的是，蒋维乔、杨大膺是以区划哲学派别的方式概括中国哲学的问题，通过对各种哲学派别的具体考察来清理中国哲学的发展历史；李石岑的《中国哲学十讲》则以讲纲的形式提炼中国哲学问题，考察中国哲学的历史发展，二者在方法方面与张岱年的《中国哲学大纲》均有所不同。张岱年的中国哲学问题史研究，笔者拟以专

文考察论释。这里我们仅通过对蒋维乔、杨大膺的《中国哲学史纲要》和李石岑的《中国哲学史十讲》的考察，对20世纪三四十年代以哲学问题史的形式研究中国哲学史的学术成果作一些回顾与解析。

在中国哲学研究方面，蒋维乔曾形成多种认识成果。其中除《中国哲学史纲要》、《宋明理学纲要》为与杨大膺合作完成之外，尚有《中国近三百年哲学史》、《道教概说》等著作。蒋维乔、杨大膺的《中国哲学史纲要》虽由蒋维乔与杨大膺合作撰写，但其写作方法实际上主要是由蒋维乔确立的。蒋维乔不仅有过个人宏大的中国哲学史写作计划，而且对中国哲学史研究方法也有过系统深入的思考。《中国哲学史纲要》成书的缘由之一即是蒋维乔不满意于20世纪二三十年代中国哲学史研究的现状。在蒋维乔看来，其时已经成形的中国哲学史著作，大都不尽如人意。因此，蒋维乔早有个人写作中国哲学史的工作计划。蒋维乔与杨大膺合作编写中国哲学史，原因即在其计划编写的中国哲学史“造端宏大”，而他自己却“精神日力，都有限制”。但蒋维乔与杨大膺原计划合作编写的中国哲学史并未成书。

蒋维乔与杨大膺合作编写的《中国哲学史纲要》，实为应中华书局之约而写成的一部简要的普及性质的中国哲学史著作。此书与蒋维乔原来计划写作的中国哲学史，不论内容还是篇幅都存在距离。但是，由于蒋维乔本来即有宏大的中国哲学史写作计划，且对中国哲学史的写作方法有过系统思考，这又使得《中国哲学史纲要》一书，仍较为集中地体现了蒋维乔对中国哲学史写作方法的理解，从而使得这部著作也具备我们从中国哲学史学史的角度来进行考察的意义与价值。

从方法的角度来看，蒋维乔的《中国哲学史纲要》确有自己的特色。这种特色体现了蒋维乔对中国哲学与中国哲学史学科建设的思考。在这种思考中，蒋维乔既主张哲学在中国的学术文化中成为独立的学科门类，也主张哲学史在中国的学术文化中成为独立的学科门类。在蒋维乔看来，中国人使用的哲学概念源自日本，日本的哲学概念则译自西方。但是，在中国传统的学术文化中，哲字本来即含有智识的意思，其意涵与西方的哲学概念颇多契合之处，而且，在中国传统的学术文化中，实际上也涵括哲学的内容。因此，蒋维乔对当时学术界参照西方的观念与方法，从哲学的角度考察中国学术文化的发展，使哲学在中国的学术园地独立成“学”，持肯定态度，他将这样的工作视作“一种有功绩的事业”。

同时，蒋维乔也主张将中国哲学史建设成为独立的学术门类。在蒋维乔看来，哲学在中国之所以成为独立之“学”，与人们从事中国哲学史研究是密切相关的。人们清理中国哲学发展的历史过程，实际上即是使中国哲学独立成“学”的过程。但是，在中国的学术界，人们的哲学史观念尚不是十分清晰，人们对哲学史这门学问的了解也远未到位。哲学史的观念本来也源于西方。依照西方的学术观念，哲学史并不能等同于哲学，其本身也应当是一门独立的学问。蒋维乔曾结合自己理解的哲学史，对20世纪二三十年代所形成的中国哲学史研究成果提出过尖锐的批评：“现在所流行的《中国哲学史》，无论是编的是译的，都不是真正的中国哲学自身的史；而是中国哲学家——或称为中国学者——的史或传。他们既然要做《中国哲学史》，似乎应该拿中国哲学为经，叙述这种学问本身的演变，及其前因后果，和它的系统派别，方算名副其实。”[1]蒋维乔肯定哲学史是一门独立的学问。肯定这门学问的基本任务在于将哲学视为一个整体的系统，描写哲学的“诞生、发育、长大、成熟”，清理哲学发展的历史。正是基于这样的观念，蒋维乔才对当时中国学术界已经形成的一些哲学史著作有所批评。依照蒋维乔的观点，这些哲学史著作，除了少数为我国学者“自出心裁”的著述，其他多为移译的日本学者的著作。而且这些中国哲学史著作，实际上并非真正的中国哲学史，而只是中国哲学家的“史”或“传”。在蒋维乔看来，中国哲学史研究不能真正担负起自己的工作任务，中国哲学在中国的学术园地即没有完全独立成“学”的希望。蒋维乔对中国哲学与中国哲学史研究状况的这种理解，既为他的中国哲学史研究奠定了思想前提，也使他选择与确立自己的中国哲学史研究方法寻找到了现实根据。

---

① 蒋维乔、杨大膺：《中国哲学史纲要》，岳麓书社2011年版，第4页。

蒋维乔肯定的中国哲学史研究方法，最基本的原则是“以哲学为经，以哲学家为纬”来建构中国哲学史的框架和系统，在这样的框架和系统中再现中国哲学的历史发展。这种研究方法又被表述为“拿思想做经，哲学材料做纬”，并以此来“说明各种哲学思想的进展和演变”。两种表述中，当以前一种表述更为准确。蒋维乔与杨大膺编写的《中国哲学史纲要》的体例即是依照“以哲学为经，以哲学家为纬”的原则确立的。《中国哲学史纲要》中曾述及这种方法原则：“我国现在各书坊所出版的《中国哲学史》，都是以哲学家为经，而以哲学问题为纬。本书则反之，以哲学问题为经，哲学家为纬；所以只将我国所有哲学思想划分为六派；而以派为分类的唯一标目，不再罗列某某人的哲学。然后将某派的中心思想，先叙述出来；再依时代的变迁，和后来学者思想的改换，说明各派思想变化和演进的情形。”[①] 依照这种方法，《中国哲学史纲要》中将中国哲学区划为自然主义、人为主义、享乐主义、苦行主义、神秘主义、理性主义等派别，通过对这些哲学派别的具体解析，来论释中国哲学的历史发展。运用这样的方法，目的在于叙述“各个特殊的哲学上的事实”，使读者从了解中国哲学的“个体”与“特殊”来推知中国哲学的普遍与系统。

蒋维乔主张的“以哲学为经，以哲学家为纬”的哲学史研究方法，实际上也可视为一种提炼哲学问题的原则和方法。这样的方法，与依照哲学本身的内容来归纳问题，再以问题的形式论述哲学史的方法有所不同。因为，蒋维乔所厘定的这些哲学派别，实际上并不能完全归属于哲学问题的范围。蒋维乔曾在《中国哲学史纲要》中记述自己区划中国哲学派别的根据：“第一派所以名自然主义者，因为这派是主张清静无为效法自然的。第二派所以名人为主义者，因为这派主张用刚柔之术，专恃人力以治不可为的天下的。第三派所以名享乐主义者，因为他们是主张享乐求自我为表现的。第四派所以名苦行主义者，因为他们是主张舍己救人刻苦自砺的。第五派所以名神秘主义者，因为他们主张服食修炼，以求长生不死的。第六派所以名理性主义者，因为他们主张理性是天

① 蒋维乔、杨大膺：《中国哲学史纲要》，岳麓书社 2011 年版，第 5 页。

赋，而宇宙万有，不能出乎理性以外的。”[①] 从这种论述中我们可以看到，蒋维乔归纳的这些哲学派别，基本上是以哲学家的理论趣向或致思方向作为标准来区划的。这使得自然主义、人为主义、享乐主义、苦行主义以及神秘主义与理性主义，虽然被作为篇目出现在《中国哲学史纲要》中，但是，《中国哲学史纲要》中着力论释的哲学问题，实际上又并非其所谓的自然主义、人为主义、享乐主义、苦行主义以及神秘主义与理性主义，而仍是从宇宙观、动静观、生死观、人性论、知识论等不同的角度或层面去论释自己所理解、区划的各派哲学。因此，作为一部中国哲学问题史类型的哲学史著作，蒋维乔归纳、提炼哲学问题的方法，似不如张岱年在《中国哲学大纲》中归纳中国哲学史问题的方法允当与适用。但是，《中国哲学史纲要》的问题意识与论述方法也体现出一些自己的优势。因为，这样的方法使得《中国哲学史纲要》上、中、下三册中，每册均只论述两个哲学派别，而且论述的形式完全统一，即论述一个哲学派别时，均以“引论”、“正论”、“余论”三节的形式进行具体论述。这种论述方式及其论述内容，确实有利于初涉中国哲学史的读者，对中国哲学及其历史的发展形成一种总体性的印象。

《中国哲学史纲要》在以六派哲学分论中国哲学的历史发展的同时，对中国哲学的发展也作出了一些总体性的评断。在这种评断中，蒋维乔肯定中国哲学、印度哲学以及西方哲学的发展都遵循同一规律，并将哲学发展的规律理解为一个自外向内，或说由客体逐步进入主体的演进的趋势与过程。在蒋维乔看来，中国六派哲学的发展顺序所体现的正是这种哲学发展规律：“中国哲学思想的发展，和西洋、印度的哲学思想的发展，是同一种规律的。这种规律是什么？就是哲学最初诞生，都是讨论人身以外的宇宙问题，例如本体观，宇宙观，这些问题离人身非常的远。后来近了一层，就来讨论社会问题，例如政治、教育等。这些问题，仍旧是离开人身的，不过比较切近一些。再进一层，到了神秘派出世以后，于是中国哲学思潮的趋势，差不多完全转到讨论人生的问题上来

① 蒋维乔、杨大膺：《中国哲学史纲要》，岳麓书社 2011 年版，第 9 页。

了；所以他们研究人怎样能够长生不死，怎样去服食修炼。由神秘派到理性派，那更是以人生问题为研究的中心。”[①] 蒋维乔肯定中国哲学的发展有其自身的客观进程与历史趋向，这种思想不无合理的认识成分。但是，由于他将中国哲学的内容划归于自己认定的几大哲学派别之中，肯定各派哲学与历史的具体联系，将复杂的哲学理论的发展单线化，这又使得他对中国哲发展进程的理解并不完全符合历史的实际。因为，在中国哲学的历史发展中，他所归之于自然主义的哲学理论，实际上也探讨过人自身的问题，而他认定着力论释人自身问题的哲学派别中，也不是不曾论及外在的自然与天道方面的问题。在中国哲学中，天、地、人三者统一，人们重视“三极大中之矩”，对天道与人道的探讨是联系在一起的。人们的探讨，侧重点有所不同，认识层次也存有差异。但是，人们对自然、社会与人生的探讨与思考并不是决然分离的。因此，蒋维乔以自己理解的六派哲学“出世的先后而定其顺序，以暗示我国思想发展的路径”，实际上并未真实地揭示中国哲学演生发展的历史进程。

蒋维乔也肯定中国哲学的辩证发展。他说：“中国这六派哲学，我们可以把他们合为三组：自然主义派和人为主义派为一组。享乐主义和苦行主义派为一组。神秘主义派和理性主义派为一组。在这三组中间，可以知道一件事，就是每组都由两种不同调的，或一正一反的思想组成功的。从这种情形来说，又可以知道中国哲学的进展，似乎是依照对演法（辩证法）发展的。”[②] 从蒋维乔对中国哲学辩证发展的这种具体理解中，我们可以发现他的理解缺乏论证，也带有推测的色彩。因为，断言中国的“三组”哲学“依照对演法”发展，那么理性主义哲学诞生之后的中国哲学如何发展呢？他没有明确地论释这样的问题，实际上他也没有办法论释这样的问题。肯定哲学的实在性趋向，当也是蒋维乔对中国哲学发展的一种较具价值的理解：“中国的哲学思想，虽二千余年来，全凭着哲学家的一个头脑，冥想开发出来，没有其他学问做帮助，更没有科学来证实或指正。然而它的进展，还是趋向实在，同时走到后来，还有和科学接近的

① 蒋维乔、杨大膺：《中国哲学史纲要》，岳麓书社 2011 年版，第 376 页。

② 同上书，第 377 页。

所在，不会愈走愈玄远，和科学站在极端相反的地位。这可以证明中国哲学，也和西洋哲学一般，是向科学的方面进展的。”[①] 肯定哲学与科学的“团结”或说“分工合作”，这种观念不无合理之处，但将哲学的进展理解为“趋向实在”，若从方法的角度来看则并不完全妥当。哲学的方法在理性与思辨的范围。实证的方法并不能直接地去帮助人们建构形上学理论，也很难帮助人们去理解人生的意义与价值。

另外，蒋维乔也意识到了分析的方法对哲学发展的重要，但是，他将中国哲学中的这种方法主要归之于佛教，并认定宋明儒学的形成完全得益于佛教的方法：“如果看明白了宋、明理性思想的话，我们可以知道理性派哲学的根本思想，还是站在儒家的立场；至于所用研究的方法，却是佛家的分析方法。用佛家的分析方法，来整理儒家思想，所以表面上看起来，好像充满了佛家的色彩，其实他们的思想，何尝是阳儒阴佛呢？”[②] 宋明儒学的形成，确曾受到过佛教的影响。宋儒不仅借鉴过佛教的思想方法，而且吸纳过佛教的思想理论。但将宋明儒学的形成仅仅归之于对佛教方法的运用，似乎也未能全面地揭示宋明儒学的成因。蒋维乔在《中国哲学史纲要》中对中国哲学的总体性评断中，还曾论及中国各派哲学的形成，并通过对中国哲学与印度哲学、西方哲学的比较，认为中国哲学实际上是以政治与伦理为其中心，以实用为其特征，或说中国哲学非纯理论的哲学，而是一种实用哲学；西方哲学以科学为中心，故富有科学精神；印度哲学重信仰，所以印度的宗教哲学特别发达等。这些论述中同样存在不少合理的认识成分，既有助于人们对中国哲学的整体性了解，也为人们留下了许多需要继续思考的问题。

蒋维乔在其《中国哲学史纲要》出版之后，还曾与杨大膺合作写成过一部《宋明理学纲要》。蒋维乔认为，《宋明理学纲要》的编写方法与《中国哲学史纲要》的编写方法又有所不同：“《中国哲学史纲要》是拿哲学史的体例编制的，所以偏重问题的发生及其变化的说明。本书是拿一种概论的体例编制的，所以

---

① 蒋维乔、杨大膺：《中国哲学史纲要》，岳麓书社 2011 年版，第 377 页。

② 同上书，第 378 页。

偏重问题的各端的叙述。因此前者有时叙述较简，但较有系统有线索。本书却较详细较明显。”[①] 但是，从编撰方法来看，《宋明理学纲要》实际上仍然可以视为一部哲学问题史类型的著作。在《宋明理学纲要》中，除了“绪论”与“结论”部分之外，共分四章，分别为“论道体”、“论为学”、“论存养”、“论政治”。各章又分别以“目”来分述宋明理学所涉及的各种具体问题。这种体例基本上是仿照朱熹与吕祖谦编辑的《近思录》的体例确立的。《宋明理学纲要》在体例方面之所以仿照《近思录》，是因为蒋维乔认为朱熹与张栻对理学内容的分类已十分详尽，不宜再有增减，同时，《宋明理学纲要》在体例上仿照《近思录》，也是为了叙述的方便。从方法意识的角度来看，蒋维乔的《中国哲学史纲要》“以哲学史的体例”论述中国哲学问题，尚有学术创新的意识与追求，《宋明理学纲要》仿照《近思录》的体例，实际上已失去这样的方法意识与学术追求。因此，在中国哲学史学科史上，蒋维乔的《宋明理学纲要》，不论是其对宋明理学的论析，还是其论述的途径与方法，相较于他的《中国哲学史纲要》，其价值都要逊色得多。但是，蒋维乔的《中国哲学史纲要》与《宋明理学纲要》，不论其内容还是其思想方法，又都可以归属 20 世纪三十年代中国哲学问题史研究；这两种研究成果，各以自己的形式和内容丰富了当时的中国哲学问题史研究，在现代中国哲学史学科发展史上均有其历史的地位与学术的价值。

李石岑的《中国哲学十讲》，是 20 世纪三十年代又一部可以归属于哲学问题史类型的中国哲学史著作。这部著作实为李石岑 1932 年在福建讲授中国哲学的讲稿。《中国哲学十讲》，由讲稿整理成书，以讲座的形式提出问题。用李石岑自己的语言表达即是：“单选择中国哲学重要的部分，作一种概括的说明。”[②] 这种问题的提炼方式与蒋维乔的《中国哲学史纲要》不同。在《中国哲学十讲》中，每一讲实际上都集中于一个问题。譬如，第一讲“中国哲学与西洋哲学的比较研究”，即是对中西哲学历史发展的总体性论述。从第二讲至第六讲，讲

① 蒋维乔、杨大膺：《宋明理学纲要》，岳麓书社 2010 年版，第 3 页。

② 邱志华编：《李石岑学术论著》，浙江人民出版社 1998 年版，第 4 页。

题分别为“儒家的伦理观”、“墨家的尚同说及其实践精神”、“道家的宇宙观”、“名家之观念论的辩证法与形式论理”、“《中庸》的哲理”。这五讲内容则皆限于先秦哲学的范围。第七讲“禅家的哲理”，从一个侧面论释佛教哲学。第八讲“什么是理学”，集中论析朱熹的哲学思想。第九讲“体用一源论”，集中考察王夫之哲学。第十讲“生的哲学”，内容涉及王夫之、颜习斋、戴东原等人的哲学思想，但论述中实以戴东原哲学为主。李石岑在论析朱熹哲学、王夫之哲学以及戴东原哲学时，都非常注意并曾专门论及宋代哲学背景与清代哲学背景。因此《中国哲学十讲》，虽然篇幅不大，所涉及的哲学人物十分有限，但大体上也能自成系统。在这个系统中，既顾及中国哲学发展的历史顺序，也兼顾中国历史上各种哲学的形成与发展。这使得《中国哲学十讲》，不论是其编写方法还是其全书内容，也能自立格局，成一家之言。

李石岑的《中国哲学十讲》对中西哲学的总体性比较是一个重要的特色。李石岑在《中国哲学十讲》中比较中西哲学时，在哲学方面已经接受辩证唯物论。因此，李石岑比较中西哲学，十分强调历史条件对哲学思想的决定作用。他曾说：“由于历史条件所决定的哲学思想，在同一个时期内，我们可以从形式上，从各家思想的总汇上，找到它们的一致的倾向，这样，我们拿来作一回比较研究，绝不是一件没有意义的事。”[①] 这样的方法意识，使他比较中西哲学的视角首先指向了中西哲学发展的历史过程。李石岑认为，不论中国哲学还是西方哲学，都经历过成长期、嬗变期、发展期等历史发展阶段。中国哲学的成长期为公元前三世纪以前，西方哲学的成长期为公元前四世纪以前；中国哲学的嬗变期为公元前三世纪至十七世纪中叶，西方哲学的嬗变期为公元前四世纪至十七世纪初叶；从十七世纪中叶以后中国哲学进入发展期，西方哲学的发展期则始于十七世纪初叶。在李石岑看来，中国哲学形成早于西方哲学的形成，而中国哲学的嬗变及其发展，在时间上却要晚于西方哲学。但就中西哲学的内容而言，却不无相似之处，其理论指向与学术追求也有其相近的地方。

① 邱志华编：《李石岑学术论著》，浙江人民出版社 1998 年版，第 4 页。

为了证成自己的这种观念，李石岑首先对成长期内的中西哲学进行了比较。在李石岑看来，中西哲学成长的社会背景有所不同，但不无相同的理论趣向与追求。譬如儒家代表人物孔子主张“正名”，希腊哲学家苏格拉底倡导概念，两者理论追求即是同一的。孔子主张“正名”，目的是使这种理论，在孔子生活的时代“成为一切政治、道德的基础”。苏格拉底倡导概念，目的也在于维护奴隶社会的秩序。因为，苏格拉底“以为事物的本质可以用概念表明”，“概念是具有普遍性的，是具有永久不变性的”。李石岑曾这样表述苏格拉底倡导概念的目的：“苏格拉底所以提出概念，主要的在应用到道德上，因此倡言：知识即道德。意思是说知识是普遍的，是永久不变的，所以道德也是普遍的，是永久不变的。在当时希腊征服波斯以后，忽然间增加无量数的奴隶，非有一种普遍的概念以范围人心，维系社会，势必陷于溃散不可收拾之地。苏格拉底的思想本是倾向贵族政治的，故极力倡导概念的正确和知识的尊严。”① 在这样的比较中，李石岑既肯定孔子哲学与苏格拉底哲学在形式方面有同一之处，也肯定孔子哲学与苏格拉底哲学具有相同的理论追求与社会功能。在论及孟子哲学与柏拉图哲学时，李石岑认为，孟子哲学的核心范畴是“我”与“心”，柏拉图哲学中核心范畴是观念或理念，两者皆为观念论的典型代表。因此，孟子哲学和柏拉图哲学的社会功能也是相同的。李石岑对中西哲学成长期的比较，内容还涉及“荀子和亚里士多德”、“墨家名家和主不变派”、“道家和主变派”、“杨子和勃洛大哥拉斯”等中西哲学派别，在对这些哲学派别的具体比较中，李石岑都力图“从形式上，从各家思想的总汇上，找到它们的一致的倾向”，以揭示中西哲学形成时期所显现的共通的思想形式和理论追求。

李石岑对中西哲学嬗变期的比较，特色在其切入点。因为李石岑在这种比较中，除了对朱熹、王守仁和安葵奈斯、司苛特斯思想的具体比较，特别强调中国哲学中的“儒佛混合”与西方哲学中的“二希混合”对中西哲学嬗变作用的相似之处。在李石岑看来，中国哲学的嬗变实开始于“儒佛混合”。“儒佛混

① 邱志华编：《李石岑学术论著》，浙江人民出版社 1998 年版，第 7 页。

合”导致了中国哲学的嬗变，也改变了中国哲学的颜色。西方哲学的嬗变则始于“二希混合”。李石岑所谓“二希”，一指希腊主义，一指希伯来主义。在他看来，正是希腊主义与希伯来主义的混合导致了西方哲学的嬗变。在西方哲学的嬗变中，柏拉图哲学与亚里士多德哲学在基督教中的地位，正如孔、孟哲学在禅学中的地位。因此，李石岑的结论是：“佛教闯入了中国，成为中国哲学嬗变期，基督教闯入西洋，成为西洋哲学嬗变期”。[①] 李石岑对中西哲学嬗变根由的这种理解，确实反映了这一历史时期中西哲学发展的某些实际。

李石岑将清代以来中国哲学的演进与拓展视为中国哲学的发展期，而自十七世纪开始则是他认定的西方哲学的发展期。在他看来，中西哲学的发展期在时间方面略有不同，但就发展途径而言则都表现为一种“解放运动”，这种“解放运动”都具有复古的形式。中国哲学家主张复古，从表面上是主张学术回到先秦，但目的在于“托古改制”，这样的复古实为发展。西方哲学家主张复古，是要回到希腊。回到希腊并非单一的复兴古典，而是通过回复古典的形式强调对现实生活的追求，尊重个性，尊重自由。因此，西方哲学家主张的回到希腊，实际上也表明了西方哲学的发展。同时，在这一历史时期，中西哲学的发展还表现为怀疑的精神与实证的方法，重视理欲之辨。中国哲学的怀疑精神与实证方法同西方哲学的怀疑精神与实证方法表现虽有所不同，但基本趣向是一致的。譬如，在理欲问题方面，中国哲学家大都主张理欲一元，强调“欲即是理”；西方哲学家同样偏重于理依附于欲。这样的思想理论都标志着近代中西哲学在理论方面的一种转向。李石岑对发展期中国哲学的辨析，在一定层面上吸纳了梁启超有关清代学术研究的认识成果。但是，他从发展期的角度对中西哲学的比较，仍可自为一家之言。

李石岑还从“思想实质”的角度对中西哲学进行过比较。这种比较从辩证法、唯物论、辩证法的唯物论三个方面具体考察中西哲学。李石岑认为，中国的传统哲学中，辩证法思想的因素十分丰富。但是中国哲学在辩证法思想方面

---

① 邱志华编：《李石岑学术论著》，浙江人民出版社 1998 年版，第 20 页。

也存在自身的局限。西方哲学家对辩证法的理解与运用，相比较于中国哲学则要深刻得多，进步得多。中国哲学中也存有唯物论倾向，但缺乏真正的唯物论思想系统；西方哲学则不仅具有深厚的唯物论传统，且自希腊哲学开始，到十六七世纪英国的唯物论、十八世纪法国的唯物论以及十九世纪德国的唯物论形成，西方的唯物论哲学已获得惊人的进步。西方哲学中的这种状况，中国哲学很难望其项背，与其媲美。但是，李石岑并没有否定辩证法的唯物论作为一种新哲学在中国出现的可能。因为，在他看来，一种新哲学的诞生，既决定于传统的哲学基础，也决定于社会发展的需要以及哲学工作者的主观努力。李石岑有关中西哲学比较的具体结论，尚存在需要深入思考的地方。但就他对中西哲学的发展及其思想同异的考察与理解而言，在 20 世纪三十年代的中国哲学史研究中，仍不失为最具理论价值的认识成果之一。李石岑在《中国哲学十讲》中，对先秦诸子、禅宗、宋明理学以及清代哲学的考察，也有其独到的视角与见解。其中，他对《中庸》哲学、禅宗哲学、王夫之哲学以及戴东原哲学的解析均达到了很高的认识层次。这些内容，不仅极大地丰富了李石岑中国哲学史的研究成果，也从不同的侧面体现了他以哲学问题史的形式研究中国哲学史的理论价值，并为人们研究中国哲学的历史发展，带来了许多方法学层面的启示，值得我们重视与总结。

总之，在 20 世纪的三四十年代，学者们或从哲学发展史的角度研究中国哲学史，或从思想史的角度研究中国哲学史，或以史论批判的形式研究中国哲学史，或以哲学问题史的形式研究中国哲学史，出现了多重研究形式，形成了多种学术研究成果。此外，还有一些学者专注于文献整理，着力从文献考释的角度研究中国哲学史。这种研究实际上也可构成中国哲学史研究的一种具体形式。譬如，容肇祖的《魏晋的自然主义》一书，按照他自己的说法即只是“排出一些魏晋的自然主义的材料”，而刊行这样的材料，原因则在于他认为这些材料“可以供给研究中国思想史者一部分参考”。又如，谭戒甫从文献的角度考释《庄子》、《墨子》、《公孙龙子》的部分学术成果，高亨的《周易古经今注》等著作也大体上形成于这一历史时期。这些学术成果对后来的中国哲学史研究的深化与拓展，同样发挥过重要作用。总之，20世纪三四十年代多重形式的中国哲学史研究，成果丰硕，方法多样。这不仅体现了这一历史时期中国哲学史学科建设的全面发展，也为后来的中国哲学史学科建设进行了准备与铺垫。

实践过程的理性化：以中国哲学为视域

杨国荣 *

实践过程展开于多重现实关系，同时又面临理性化或合理性的问题。理性化或合理性包含不同内涵，它既可以从价值层面或工具（手段）的意义上加以理解，也可以从实践过程所涉及的不同关系加以考察。就更实质的方面而言，理性化不仅指向狭义上的“合理”，而且关乎广义上的“合情”。

从知与行互动的视域看，实践活动的理性化首先与广义的认识过程相涉。理性的认识既指向认知，也关乎评价。认知以真实地认识世界与认识人自身为目标，评价则首先表现为对价值关系的把握：以人的合理需要为关注之点，评价意味着基于利与害、善与恶的判定，以确认、选择广义的价值形态（“好”或“善”——the good）。尽管利与害、善与恶的内涵有其历史性和相对性，但在接受和肯定一定评判原则的前提下，唯有择善而去恶，才可视为理性的行为；反之，知其有害或不善而依然执意加以选择，则具有非理性的性质。不难看到，认知意义上对事（物）与理的把握以及评价意义上对价值的判断和确认，构成了理性的两个方面，实践过程的合理性或理性化意味着以此为行动的根据。

以上两个方面的统一，在实践层面进一步指向目的与手段（包括方式、程序等）的关系。作为实践过程的基本环节，目的与手段都存在合理与否的问题，当然，二者所涉及的合理性又有不同的内涵。目的的形成，以人的需要、欲求以及现实所提供的可能为根据，是否把握、体现人的合理需要和欲求，直接制约着目的之正当与否。从实质的层面看，唯有合乎人走向自由的存在形态这一

① 杨国荣，华东师范大学哲学系教授。

历史趋向，需要和欲求才具有合理的性质，后者同时为目的的正当性提供了担保。在此，目的的合理性取得了正当性的形式。相对于此，手段的意义主要体现在如何实现目的，其合理性则相应地表现为如何以有效的方式，保证目的之实现。质言之，手段的合理性首先在于其有效性。这里，可以对实践意义上的有效性（practical effectiveness）与逻辑意义上的有效性（logical validity）作一区分。逻辑意义上的有效性一方面表现为命题的可讨论性和可批评性，另一方面又体现于前提与结论、论据与论点等关系，并以论证过程之合乎逻辑的规范和法则为其依据。实践意义上的有效性（effectiveness）则以实践过程所取得的实际效果来确证，并主要通过是否有效、成功地达到实践目的加以判断。当然，前文已论及，实践意义上的这种有效性，本身又基于认知层面的得其真与评价层面的明其善。这样，以实践目的的正当性与实践手段的有效性为指向，实践的理性化具体地展现为真与善的统一。

实践意义上的有效性与逻辑意义上的有效性，从不同的方面体现了广义的理性化。然而，在当代哲学中，与突出语言活动相联系，一些哲学家每每将逻辑意义上的有效性放在至上的地位，以此为进路，实践有效性意义上的理性化往往难以获得适当的定位。在这方面，哈贝马斯同样具有一定的代表性。哈贝马斯以交往行动为关注的重心，而交往行动的理性化，又与有效性要求（validity claim）相涉，后者表现为提出可以批评的观点，通过对话、讨论、论辩，以达到相互理解和共识。这一层面的有效性—合理性，更多地呈现逻辑的意义，与之相辅相成，哈贝马斯将涉及实践有效性的所谓目的性行动置于理性化的视野之外，使之难以获得合理定位。对理性化的如上理解，似乎未能充分把握理性化的内涵。

与实践活动所涉及的不同关系相应，实践过程的理性化也呈现不同的形式。以主客体关系为视域，实践过程的合理性具体关乎广义之“理”。从现实的存在形态看，“理”不仅与认知或评价层面的理性相涉，而且与对象世界相关。就后一方面而言，“理”包含两重涵义，即必然与当然。[①]前者（必然）涉及存在法则，后者（当然）关乎社会规范。与“理”的以上涵义相应，实践过程中的合乎理既意味着与存在法则一致，也意味着循乎社会规范。以旨在变革对象的实践活动而言，其展开不仅需要依乎存在的法则（必然），而且应当遵循社会的规范，包括实践过程本身的行动规则。前者使实践具有合乎事（物）与理意义上的正确性，后者则赋予实践以合乎社会准则意义上的正当性。同样，以社会体制的建构和运作为指向的实践活动，也既应合乎社会规范（当然），又应与存在本身的内在法则一致，以此保证行动的正当与正确。可以看到，在合乎必然与当然的层面，实践的合理性或理性化以正确性与正当性为其具体内涵。

相对于必然，当然与价值的规定具有更内在的关联；较之形式或程序的方面，价值的内容本身则更多地呈现实质的意义。与以上方面相联系，实践过程的合理性或理性化同时涉及形式与实质的方面。事实上，价值层面的正当性，往往同时体现了实质意义上的合理性；程序之维的合理性，则主要展现形式的意义。哈贝马斯在谈到生活世界的交往行动时，曾对金钱、权力对生活世界的渗入提出了批评：“金钱、权力这类中介依附于经验关系，它们体现了对待可计算的价值的目的－理性态度，它们使给予参与者的决定以一般的、策略性的影响成为可能，而使以共识为指向的交往边缘化。”以金钱、权力为生活世界中交往的媒介，必然引向“生活世界的技术化”（technicizing of lifeworld）[②]在哈贝马斯看来，生活世界中交往的理性化在于以语言为媒介，金钱、权力向生活世界的渗入，不仅导致了生活世界的非理性化，而且使生活世界中的交往行动具有非理性的特点。可以看到，上述意义上的理性化与非理性化，既涉及价值内涵，也关乎实质的意义。就此而言，哈贝马斯对交往行动的考察，无疑也关涉实质的方面。

---

① 朱熹曾把“理”视为所以然与所当然的统一：“至于天下之物，则必各有所以然之故，与其所当然之则，所谓理也。”这里的“天下之物”是就广义而言，包括自然对象与社会实在，在引申的意义上，“所当然”与当然之则相关，“所以然”则可理解为必然。（朱熹：《大学或问上》）

② J. Habermas, *The Theory of Communicative Action*, Vol.2, Polity Press, 1989, p.183.

不过，如果作进一步的分析，便不难注意到，在哈贝马斯那里，实质层面的非理性（不合理）与形式层面的理性化（合理性）似乎构成了彼此相对的两个方面：金钱（money）和权力（power）作为价值规定具有实质的意义，行动的合理性在哈贝马斯看来本来在于以语言为媒介，然而，当实质层面的金钱和权力作为媒介渗入生活世界中的交往行动时，交往行动便开始偏离基于语言活动的理性化方向。要而言之，实质意义上价值规定（金钱和权力）的引入，导致的是交往行动的非理性化；通过语言的沟通而实现的理性化，则更多地呈现形式的意义。事实上，哈贝马斯将交往行动的合理性主要与真实性、正当性、真诚性等联系起来，而所有这些方面又主要作为一种程序性的要求：它们首先涉及的是言说的方式（“如何说”）而非言说的实质内容（“说什么”），而言说方式则以形式层面的程序性规定为其内涵。这样，尽管克服金钱、权力对生活世界的渗入体现了积极的价值取向，但就实践活动的理性化而言，哈贝马斯显然更多地关注于形式的层面。

与哈贝马斯考察交往理性的以上进路有所不同，罗尔斯区分了理性（the rational）与合理（the reasonable）。根据他的看法，理性主要关涉“单个的、统一（united）的行动者（或者是个体，或者是合作中的个人），这些行动者具有追寻其自身独特目的和利益的判断与慎思能力。这些目的和利益的认可、确认，以及其优先性的获得，都基于理性的运用。理性也用于手段的选择，这种选择受到以下那些耳熟能详的原则的引导：采用对达到目的最为有效的手段，或者在同样的条件下，选择更可能的那一项（the more probable alternative）”。“理性主体（rational agents）所缺乏的是某种特定的道德感（moral sensibility），这种道德感构成了从事公正合作的意欲之基础”。与之相对，合理的（reasonable）尽管并不一定是道德感的全部内容，但“它包含与公正的社会合作观念相关的道德感”。[①]具有合理意识的主体总是“考虑其行动对他人的利益产生的后果”。[②]可以看到，罗尔斯所说的“理性”与“合理”既涉及个体性与群体性的

① J.Rawls, *Political Liberalism*, Columbia University Press，1996，pp.50-51.

② Ibid. p.49.

分野，也关乎功利的关切与道德的意识之间的区别，后者在某种意义上与工具理性和价值理性之分相关。罗尔斯将涉及道德内涵与价值关切的“合理”（the reasonable）与利益考虑与效率计较意义上的“理性”（the rational）区分开来，无疑体现了扬弃工具层面理性化的趋向。同时，在罗尔斯那里，“合理”与“理性”首先与行动主体的能力相联系，从而，二者既涉及实践过程的合理化或理性化，也关乎实践主体自身的合理化或理性化，这一看法注意到了实践主体自身的合理化或理性化对实践过程的合理化或理性化的内在制约。

以上论域中的合理与理性本身应如何定位？一方面，罗尔斯肯定理性与合理虽不同而独立（distinct and independent），但二者同时相互依存：仅仅具有合理性，则行动者便无从获得它们希望通过公正合作以达到的自身目的；单纯合乎理性，则行动者将缺乏正义感，[①] 另一方面，罗尔斯又给予合理（reasonable）以更多道德上的优先性，后一趋向在“合理”与“理性”的以下区分中也得到了某种体现：“以‘合理’与‘理性’作为方便的术语来表示康德对纯粹的（pure）与经验的（empirical）这两种实践理性形式（two forms of practical reason）所作的区分是很有用的。前者可表达为绝对命令中的命令（an imperative in the categorical imperative），后者则是假言命令中的命令（an imperative in the hypothetical imperative）。”[②] 众所周知，在康德哲学中，理性的纯粹形式相对于经验而言具有主导性，道德的命令按康德的理解本质上则是绝对的，而非假言的。罗尔斯将合理和理性分别同康德道德哲学中的纯粹形式与经验形态、绝对命令与假言命令对应起来，显然赋予他所说的合理以更为主导、优先的性质。尽管罗尔斯将合理与道德感、正义感联系起来，从而使之区别于工具层面的理性而涉及价值之域，但作为纯粹形式、绝对命令的对应者——“合理”本身的形式之维也得到了更多的侧重。在这方面，罗尔斯似乎又表现出与哈贝马斯相近的取向。

---

① J. Rawls, *Political Liberalism*, Columbia University Press，1996，pp.51-52.

② J. Rawls, “Themes in Kant’s Moral Philosophy,” in E. Förster (ed.)：*Kant’s Transcendental Deductions*，Stanford University Press，1989，p.88.

实践过程的理性化无疑包含形式和程序的方面，但同样无法忽视实质的内涵。从实质的层面看，实践过程的理性化既涉及“合理”，也关乎“合情”。这里所说的“情”首先具有实在性的涵义，所谓“实情”、“情境”等等，便体现了这一点。事实上，在中国哲学中，“情”的原始涵义便与实在性相关。孟子在谈到“物”时，曾将“物”与“情”联系起来，认为：“夫物之不齐，物之情也。”[①] 这里的“情”，主要指事物的实际状况：“不齐”即差异，在孟子看来，事物之间存在各种差异，这是事物的真实形态。《墨子》一书也从实际区分的意义上理解“情”：“天地也，则曰上下；四时也，则曰阴阳；人情也，则曰男女；禽兽也，则曰牝牡、雄雌也。真天壤之情，虽有先王不能更也。”[②] 天地之有上下，四时之有阴阳，禽兽之有牝牡，等等，都属不同对象固有的区分，“情”在此亦表示以上区分的实在性。荀子进一步从天人之辩的角度，谈到了“情”：“故错人而思天，则失万物之情。”[③] 万物之情即万物的真实形态，在荀子看来，如果悬置了人的能动作用，便无法把握万物的真实形态，将“情”与“万物”联系起来，则既突出了“情”作为真实、实在的含义，又强调了其与多样性的关联。与之相近，《易传》肯定“吉凶以情迁”，[④]“吉凶”是指行动结果所呈现的不同价值意义，在《易传》作者看来，这种不同的价值意义又根源于具体情境的差异（“以情迁”）。以上视域中的“情”，不仅涉及对象世界，而且与社会领域相关，从孟子的如下看法中，便不难注意到这一点：“故声闻过情，君子耻之。”[⑤] 这里的“情”，便是指社会领域的具体事实（包括特定主体实际的所作所为），按孟子之见，真正的君子应当避免其实际的状况与外在的名声不相符合。作为与特定主体相关的事实，这里的“情”也涉及具体性、特殊性。综合起来看，在本体论的层面，“情”所表示的首先是事物多样规定的真实性，其中既涉及实在性，也关乎特殊性、差异性，在此意义上，“情”更多地与存在的真实

① 《孟子·滕文公上》。
② 《墨子·辞过》。
③ 《荀子·天论》。
④ 《周易·系辞下》。
⑤ 《孟子·离娄下》。

情境相联系。相对于“情”的以上涵义，“理”所展示的，首先是普遍的法则、原则或规范。与“情”和“理”的以上涵义相应，实践过程中的合“情”与合“理”，意味着既合乎普遍的法则和规范，又适合于特定的实践情境，二者的统一，构成了实践过程中理性化的具体形态之一。

从某些方面看，哈贝马斯也曾涉及情境的问题，不过，在他那里，情境更多地与规范、原则的提出背景相关，从其如下论述中，便可注意到这一点："命题与规范的有效性要求超越空间与时间，但在每一种现实的情况下，这种要求又是在此时此地、在一种特殊的情境之中提出的，其接受和拒绝对社会互动具有真正的意义（real implications）。"① 不难看到，这里的关注之点主要不是普遍原则、结构在其作用过程中如何与特定的情境分析相结合，而是命题、规范本身在不同背景下的呈现方式。前文已一再提及，哈贝马斯以交往行动为关注之点，这种交往过程又以语言为中介，与之相联系，语言的规范与结构对他而言具有特殊的意义，而他在总体上所强调的，便是在语言基础上形成的理解结构所具有的普遍性、确定性："对于任何在语言所构成的生活形式之中宣称有效的东西，在语言中达到的可能的相互理解的结构（the structure of possible mutual understanding in language），都构成了某种不可改变的东西。"② 在此，结构—形式层面的普遍性，依然被视为主导的方面。这种看法，显然有别于普遍之“理”与“实情”的交融。

“情”的另一基本涵义，涉及人的内在情感。③ 情感具有实质的价值意义：如果说，普遍的规范、原则主要从形式的层面体现了一定的价值取向，那么，情感则从实质的方面展现了具体的价值意识。孟子曾指出："君子之于物也，爱之而弗仁；于民也，仁之而弗亲。亲亲而仁民，仁民而爱物。"④ 这里的“仁”、“亲”、“爱”，分别与不同的对象相关，并体现了不同的情感内容："仁"作为人

① J. Habermas, *Postmetaphysical Thinking: Philosophical Essays*, Polity press, 1992, p.139.

② J. Habermas, *Postmetaphysical Thinking: Philosophical Essays*, Polity press, 1992, pp.139-140.

③ 就词义的历史演变而言，“情”的情感义较之“情”的实情义可能相对后起。这里所关注的主要不是“情”在词义上的前后衍化。

④ 《孟子·尽心上》。

道之域的广义情感，首先体现于人与人（广义之“民”）的相互作用过程；“亲”作为基于家庭伦理关系的情感（亲情），主要展现于亲子之间；“爱”作为宽泛意义上的珍惜、爱护之情，则更多地基于人与物的关系（表现为人对物的珍惜之情）。在此，无论是人我之间的“亲亲”、“仁民”，抑或物我关系中的“爱物”，其“亲”、其“仁”、其“爱”作为实践意向都不同于单纯的理性谋划、计较，而是内在地渗入了情感的关切。同时，这里所展现的情感的多样性（“亲”、“仁”、“爱”分别体现于不同的实践关系，并相应地具有不同的情感内容）、真切性，与物“情”（实际的存在形态）的特殊性、真实性，也呈现某种关联。情感的这种真切性和具体性，从一个方面体现了实质的价值内容。相应于此，“合情”意味着在实质的层面合乎一定的价值取向，与之相对的“合理”，则表现为从形式的层面循乎价值原则，二者从不同的方面赋予相关实践活动以正当性，这种正当性本身同时体现了价值意义上的合理性或理性化。

就主体间的交往而言，除了通过对话、讨论、相互批评等语言活动而达到的彼此理解之外，还涉及主体之间基于情感的沟通。言说者对于聆听者不仅应当晓之以“理”，而且需要动之以“情”；不仅应当通过理性、逻辑的力量论而使聆听者不能不接受其所说的内容，而且需要通过“情”的感化，使之心悦诚服。从肯定或积极的方面看，“情”往往与“悦”相联系，所谓“凡人情为可悦也”。[①] 情的这一特点同时为人与人之间的沟通提供了内在根据。对主体间沟通产生内在影响的这种情，在广义上包括追求真与善的真诚之情和热忱之意、愿意接受批评的恳切之心，等等。仅仅凭借理性和逻辑的力量，往往容易使言说成为冷峻的强制，难以使人乐于接受。唯有同时渗入真情实意，才能使人既“信”又“服”，达到“信—服”之境。另一方面，从听者对说者的态度看，则应当有同情理解的意向。此处所说的同情理解，既包括相信他人追求真理的诚意，也意味着从他人的视域考虑问题，包括设身处地加以思考，以把握他人的真切之意。事实上，主体间的沟通和理解，常常发端于情：“始者近情，终者近

① 郭店楚简《性自命出篇》。

义。”[①]这里的“情”在宽泛的层面表现为直接、原初的内在意识，“义”则关乎理性层面的当然，在此意义上，始于“情”终于“义”同时意味着由“情”入“理”。

广而言之，这里同时涉及人我之间的相“感”。在中国哲学中，“感”既指事物（对象）之间的相互作用，所谓“天地感而万物化生”，[②]又指人对世界、他人由“感”而“通”，所谓“感而遂通天下之故”[③]。这里的天下兼及他人，与之相联系的“感”既不同于对物的静观，也有别于逻辑的思辨，“通”则不仅指理性层面的“达理”，而且也包括情感层面的“通情”，具体而言，由“感”而“通”也就是在“赞天地之化育”、成己与成物的具体过程中，达到对世界和他人之情理交融的领悟与把握，这种“感”-“通”既非囿于言语之域的交往，也不限于理性的论辩，其中不仅包含知与行的实质内容，而且表现为通“情”与达“理”的统一。与单纯的程序合理性不同，通“情”而达“理”以人我相感、情理交融的方式，体现了主体间交往过程的合理性。

主体间同情理解与彼此相感的进一步引申，便是推己及人。孔子在谈到如何贯彻仁道原则时，曾指出：“仁者已欲立而立人，己欲达而达人，能近取譬，可谓仁之方也。”[④]所谓“能近取譬”，也就是推己及人，其中包含二重前提：一方面，行动主体具有理性的推论能力，另一方面，主体应当对他人予以情感的关切，二者的结合，具体表现为一种情感的外推。孟子对此作了进一步发挥，并提出如下主张：“老吾老以及人之老，幼吾幼以及人之幼。”[⑤]这里同样既涉及由己及人的理性推论，又渗入了主体间的情感沟通。单纯的理性推论主要表现为逻辑层面的活动，其中并不涉及实质的内容，它固然具有理性的性质，但其中的合理性主要呈现形式的意义；基于情感沟通的外推（情感的外推）则既体现了理性的形式（推论），又包含价值的内容（仁爱），由此展现的理性化，同

① 郭店楚简《性自命出篇》。

② 《周易·咸·彖传》。

③ 《周易·系辞上》。

④ 《论语·雍也》。

⑤ 《孟子·梁惠王上》。

时呈现实质的意义。对儒家而言，更广视域中的道德实践便建立在这一类的推论之上："孩提之童，无不知爱其亲也，及其长也，无不知敬其兄。亲亲，仁也；敬长，义也。无他，达之天下也。"[①] 亲亲、敬长是一种包含伦理内容（仁义）并具有本原性的道德情感，"达于天下"，也就是将这种包含仁义内涵的本原性情感普遍地推行于外。作为贯彻仁道等价值原则的方式，这种情感外推所体现的合理性，内在地制约着由此展开的实践活动，并赋予后者以实质意义上的理性化形态。

具体而言，以上论域中的"情"与"理"不仅统一于广义的理性化过程，而且其本身也具有彼此互融的特点。一方面，合乎必然与合乎当然意义上的合"理"既涉及"实情"之"情"，也关乎"情感"之"情"：合乎必然与合乎当然都基于对实情的认识和把握，这种把握又与追求真和善的内在之情相联系；另一方面，不仅对实情的认识受到"理"的制约，而且情感也需要"理"的引导。就情感的性质而言，往往有健全与否的区分，以人我关系而言，对他人的不幸有同情之感，这是健全的情感反应；相反，对他人的不幸遭遇感到幸灾乐祸，这种情感体验则缺乏健全的性质。形成健全的情感，便需要包括价值规范的理性原则的引导。同时，情感表达的过程还涉及适度性。《中庸》曾提出："喜怒哀乐未发，谓之中；发而皆中节，谓之和。""未发"是就情感尚未呈现于外而言；"发而皆中节"，则指在情感流露于外时，既合乎一定的价值原则（具有健全性），又保持适当的"度"，避免"过"与"不及"。情感的这种"中节"，同样需要"理"的内在引导。在以上方面，"理"与"情"无疑呈现相互渗入的关系。

从实践的具体过程看，"情"与"理"的互动涉及多重方面。以社会领域的实践活动而言，如果既合乎情，又依乎理，便能使这种活动趋向于合理："夫能通天下之情，不违其理，守大中之节，不失其时，以此而行，则合圣人中正之道。"[②] 这里涉及的首先是政治活动。"天下"包括天下之人，"天下之情"涉

① 《孟子·尽心上》。

② 胡瑗：《周易口义》，卷十。此书由胡瑗口授，其弟子倪天隐录述。

及天下之人心所向（包括情感趋向），“理”则是一定时代的价值原则、存在法则，“行”唯有顺乎天下之人心（包括情感趋向）、依循当然之则与必然法则，才能达到“中正”（合理）的形态。这种看法可以视为“仁民”观念的具体展开：“仁民”在实践的层面兼涉政治活动。社会领域的政治实践往往关乎变迁损益，这种活动如果不悖乎常理，则往往呈现既合于情，也合于道的特点：“政有常，则其因革损益，莫不合于人情，与夫先王之道。”① 上述意义中的合“情”合“理”，已不限于主体之间的情感沟通，而是体现并渗入于现实的践行过程之中。二者统一的形上前提，则是“道”与“情”的关联性：“大道者，所以变化而凝成万物者也；情性也者，所以理然不然、取舍者也。”② “然不然”（“然否”）属实践判断，“取舍”则是与行相关的选择，“道”所体现的存在法则与“情”所展示的实践意向，在现实的世界以及人的践行过程中彼此相关。

康德曾对规则（rules）与原则（principles）作了区分，在他看来，前者主要与知性相关，后者则涉及理性：“知性也许可以视为借助于规则（rules）使各种现象统一的能力，而理性则是使知性规则（rules）统一于原则（principles）之下的能力。”③ 知性虽然通过概念或范畴（纯粹知性概念）赋予感性杂多以统一性，但仍有其界限，理性则进一步通过理念将指向不同的对象、彼此限于一定界域的知性统一起来。如果悬置康德关于知性与理性的特定界说而在引申的意义上运用规则（rules）与原则（principles）这两个概念，那么，便可以将规则与狭义的理性联系起来，而赋予原则以更广的涵义，使之同时涵盖“理”与“情”。在此意义上，仅仅与理性规则一致，还只是在“不违其理”的层面上呈现理性品格，合乎广义的原则，则进一步表现为“通天下之情”与“不违其理”的统一，从而真正达到了“中正之道”。

上述意义上与规则相对的原则，近于“心同此理”中的“理”。这里的“理”

① 林之奇：《尚书全解》，卷三十八。

② 《大戴礼记·哀公问五义》。又，据相关考订，此句所含“然不然”中后一“然”字疑为衍，“不”读为“否”，“然否”与“取舍”相对应。（参见黄怀信：《大戴礼记汇校集注》，卷一，三秦出版社，2005，第 67 页。）

③ Kant, *Critique of Pure Reason*, Bedford/St. Martin’s, Boston/New York,1965, p.303.

既不同于特定的理性规定，也有别于超验的原理，而是与人的内在意识或观念相联系，所谓人同此心、心同此理。从实质的方面看，“心同此理”既关乎普遍之则，又表现为一种共通感（common sense），这种共通感不限于康德哲学中的审美意识，而是以共同的价值趋向为其内涵。[①] 孟子曾说：“心之所同然者何也？谓理也，义也。”[②] 以理和义为内容的这种内在的相通意识（心之所同然），便可视为以共通感形式出现的普遍价值取向。与包含“理”与“义”相联系，这一层面的“心之所同然”，同时又以普遍之则为题中之义。以上两个方面相互融合，构成了“心同此理”中“理”的具体内涵。不难看到，后者以相通意识与普遍之则互融的形式，体现了“情”与“理”的统一，而区别于狭义规则的广义原则，则可以理解为以上视域中的“理”。

实践过程的合理性不仅涉及主体间的交往以及更广意义上的实践过程，而且关联着实践主体。作为具体的存在，实践主体包含多重规定。从精神形态看，这里关乎狭义的理性与情、意之间的关系。传统的理学曾区分人心与道心，作为与心性关系中的“性”相一致的内在规定，道心更多地体现了理性的品格，与之相对的人心则表现为与人的感性存在相关的情、意以及感性的意欲。在人心与道心二者之中，理学的关注之点更多地放在道心：“须是一心只在道心上，少间那人心自降伏得不见了。人心与道心为一，恰似无了那人心相似，只是要得道心纯一。”[③]“无人心”与“道心纯一”相联系，不仅意味着以道心为主导，而且趋向于排斥人心，其中蕴含着理性与情意等精神规定之间的内在紧张。在实践主体的内在人格或精神层面，广义的合理性或理性化以健全的精神形态为其表现形式：当理性与情意彼此冲突时，实践主体的内在人格便难以呈现健全、

---

① 在康德那里，共通感（common sense）首先与审美活动相联系，其特点在于关涉情感（feeling）。对康德而言，情感的普遍可沟通性便以共通感的存在为前提，康德以此区别于共通的知性（common understanding），认为后者不是由情感，而总是通过概念作出判断（参见 Kant，*Critique of Judgment*，Hafner Publishing Co. New York, 1951, pp.75-77）。这里所说的“共通感”具有引申的意义，其中不仅涉及审美趣味，而且包含普遍的价值意识。

② 《孟子·告子上》。

③ 《朱子语类》卷七十八。

合理的形态。在其现实性上，人格的健全以理性（道心）与情意（人心）的统一为其题中之义，这种统一同时赋予实践主体的内在人格以广义的理性化或合理性的形态。从实践过程看，这里的人格包含二重意义：一方面，它构成了实践活动展开的内在条件，并相应地呈现功能性品格；另一方面，它又表现为实践过程的目的：从实质的层面看，实践活动以成己与成物为指向，成物主要是成就世界，成己则意味着成就实践主体自身。实践过程的合理展开既需要在程序、方式等方面合乎当然与循乎必然，也应当使实践主体自身达到健全、合理的形态，后者同样涉及“合情”与“合理”的问题。

以上主要从实践过程中的主体间关系及主体性之维，考察实践过程理性化的不同内涵。从引申的意义看，上述过程所内含的“合情”与“合理”，也关乎主客体关系以及与之相关的实践活动。前文提及的“仁民爱物”，便包含对事物的珍惜、爱护之情：如果说，“仁民”是从人我关系或群己关系方面体现了如何对待他人或群体的实践原则，那么，“爱物”则从物我关系或天人关系上，展现了对待自然、他物的实践原则。张载的民胞物与之说，对此作了更具体的阐述：“乾称父，坤称母；予兹藐焉，乃混然中处。故天地之塞，吾其体；天地之帅，吾其性。民吾同胞，物吾与也。”[①] 在此，张载将整个世界视为一个大家庭，其中既包含对他人的关爱之情，也体现了对他物的珍爱之意，尽管与孟子所说的“仁民爱物”一致，以上看法所涉及的情感具有不同的内涵，但这里又确实肯定了在“赞天地之化育”的践行过程中应当既合乎理（天道），又合乎情（人道）。后来理学所一再确认的“仁者与天地万物为一体”，可以视为民胞物与说的引申，它所体现的观念，也与之前后相承。当代的一些伦理学说提出环境伦理或生态伦理的思想，其中所渗入的珍爱环境、保护自然、关心生态等意识，也涉及情境（物之情）与情感（人之情）。从上述观念出发，则变革对象的实践过程所涉及的合理性便不仅仅表现为合乎理性的谋划、计算（合理），而且在于它同时既关注具体的实践情境，也体现了基于“民胞物与”的“爱物”之情（合情）。

---

① 《张载集》，中华书局 1978 年版，第 62 页。

可以看到，实践过程的合理性或理性化既涉及形式之维，也关乎实质的方面。从实质的层面看，理性化不仅与“理”相关，而且也与“情”相涉。在积极的意义上，实践活动的理性化表现为合“情”合“理”，这一论域中的“合”既意味着普遍之理（存在法则与社会规范）与具体情境的交融，也展现为形式层面的理性程序与实质层面的情感沟通、情感关切的统一。理性化的以上内涵与前文所论的实践理性原则具有内在的一致性：如果说，实践理性的正当原则（the principle of rightness）主要表现为与“理”（作为当然之则的规范）相合、向善原则（the principle of goodness）内在地蕴含合乎“情”（体现价值取向的人之情）的要求，那么，有效原则（the principle of effectiveness）则既意味着合“理”（作为必然的普遍法则），也趋向于合“情”（体现实然的物之情）。在相近的意义上，实践过程的合理性或理性化与实践智慧也呈现实质层面的相通性。当然，实践智慧侧重于从内在的观念之维体现“情”与“理”的交融与统一，相对而言，实践过程中的理性化则更多地在外在的实际活动中展现了上述统一。与积极意义上的理性化相对，消极意义上的“非理性化”或“不合理性”，表现为实践过程中的悖“情”违“理”。

综合而论，正如对认识过程的理解应当超越单纯的认知而赋予其广义的内涵一样，实践过程中的理性化，也需要在广义层面加以把握，后者意味着赋予理性化以合“情”与合“理”双重内容。然而，理性化的以上意蕴，往往未能进入哲学的视野。在这方面，哈贝马斯的交往行动理论无疑具有一定的代表性。交往行动理论以如何达到交往过程的理性化为关注之点，但其主要趋向则是将交往行动与言语行动联系起来，并由此把与之相关的理性化首先归之为合乎规范等程序层面的合理性，这种看法延续了康德的进路，基本上忽视了合“情”与合“理”的统一。对理性化的如上理解无疑具有狭隘性。从现实的层面把握实践过程的合理性，需要从广义的视域出发，对“情”与“理”予以双重关注。

中国哲学史研究的民族自觉意识及其前景探索

郑淑媛*

中国哲学史研究从其产生的那一天起就充满了民族自觉意识。鸦片战争以来，伴随着西方文明的入侵，中华民族的民族自觉意识逐渐觉醒并发展起来。从“师夷长技以制夷”、辛亥革命到新文化运动，无不是为了中华民族的存亡，在物质层面、制度层面、精神层面能够追赶西方而进行的变革。但是在这些自觉向西方学习的运动中，始终激荡着民族自觉意识，使中国人摇摆于“中体西用”还是“西体中用”的争论中，在西方文化与民族文化之间做着艰难的选择。马克思主义传入中国之后，中华民族接受了马克思主义，以其作为革命和建设的指导思想。在这一过程中，也出现了马克思主义中国化的问题，实际上也反映了中华民族的民族自觉意识。中国哲学史研究在这样的历史背景下，民族自觉意识一直或隐或现地出现在研究过程中。

随着全球化浪潮的涌起，民族文化认同问题日益成为时代课题。在这样的背景下，目前的中国哲学史研究中的民族自觉意识进一步显现出来，成为目前中国哲学史研究的显著特征。

一、中国哲学史研究的民族自觉意识在中国哲学与西方哲学的关系中显现出来

自从西方哲学传入中国以来，就出现了中国哲学与西方哲学的关系问题。尽管“哲学”的确是西方文化的产物。但是，从事中国哲学史研究的学者们依

---

* 郑淑媛，渤海大学政治与历史学院教授。

然试图彰显中国哲学的民族特色，表现出强烈的民族自觉意识。

1. 提出了中国哲学的特色问题

20世纪20、30年代，胡适、冯友兰等前辈按照西方哲学的框架在中国的学问中挑选出来的有关内容写成中国哲学史。这便引发了关于西方哲学与中国哲学的争论。冯友兰认为："其主要工作之一，即就中国历史上各种学问中，将其可以西洋所谓哲学名之者，选出而叙述之。"① 强调哲学的普遍性并以西方哲学为哲学的普遍形式，而对中国哲学自身的理论特质即特殊性没有给予应有的关照。金岳霖式对此提出疑问："所谓中国哲学史是中国哲学的史呢？还是在中国的哲学史？"② 实践证明，在这个模式下所写的中国哲学史，只能是"在中国的哲学史"。

张岱年则提出"类称"和"特例"的概念，把西方哲学和中国哲学都作为哲学这一类称的特例。如此，西方哲学就不再是标准，只是哲学的一种。"求中国哲学系统，又最忌以西洋哲学的模式来套，而应常细心考察中国哲学之固有脉络。"③ 因为中国哲学"许多问题的提法与排列的次序，都与西方哲学不尽相同"④，彰显了中国哲学的民族特色。

20世纪90年代，中国哲学史研究区分了西方哲学与中国哲学。汤一介认为"中国哲学所注意的是追求一种真善美的境界，而西方哲学则注重建立一种真善美的价值的思想体系。前者可以说是追求一种'觉悟'，而后者则是对'知识'的探讨"。⑤

2. 中国哲学的合法性问题凸显中国哲学史研究的民族自觉意识

21世纪以来的中国哲学史研究在面对西方哲学时，同样产生了同样的困惑。

① 冯友兰：《中国哲学史》上卷，中华书局1984年版，第1页。
② 金岳霖：《审查报告二》，载冯友兰《中国哲学史》下卷，第5页。
③ 张岱年：《自序》，载《中国哲学大纲》，中国社会科学出版社1982年版，第19页。
④ 张岱年：《新序——对于过去中国哲学研究的自我批判》，载《中国哲学大纲》，第6页。
⑤ 汤一介：《在非有非无之间》，台北，中正书局1995年版，第72—142页。

这主要体现在有关中国哲学的合法性问题的探讨上。关于中国哲学的合法性问题主要包含了两个方面的内容。一是中国哲学学科的合法性问题，这主要集中于哲学的定义是什么以及中国古代有无哲学的问题。这与20世纪20—30年代的讨论相比较而言，认为西方哲学与中国哲学不单单是哲学的普遍性与特殊性的区别，而是在更为广阔的事业中提出了现代性与民族性问题，认为现代性不仅仅是西方一种类型，中国的现代性也是其中的一种。在“中国的现代性”的前提下，中国哲学史成为民族性与现代性的统一，把西方哲学与中国哲学的问题转化为现代性与民族性的问题，从而在更为广阔的视域中承认了中国哲学的合法性。

中国哲学学科的合法性问题第二方面内容是以何种模式来研究中国哲学史的问题。其中，有关西方哲学与中国哲学的问题主要是关于西方哲学的理论来剪裁和叙述中国哲学史。有人认为从胡适、冯友兰开始的直至今天的这种“汉话胡说”模式导致了中国哲学史不过是以西方哲学为标本的比较哲学而已。也有人认为，中国哲学完全拒绝西方哲学的参照，只是“自己讲”、“讲自己”，则会回到中国古代的“子学史”、“经学史”，而不再是“哲学史”。

总之，中国哲学史的研究者注意到了中国哲学与西方哲学的关系问题，自觉到了中国自身的哲学与西方哲学的差异问题。无论结论如何，对这一问题本身的关注就很好地体现了民族自觉意识。

二、中国哲学史研究的民族自觉意识在中国哲学与马克思主义哲学的关系中显现出来

马克思主义哲学与中国哲学的关系经历了从隔离与批判到最终成为指导思想的历程。但是，中国哲学始终并没有放弃自己的民族特色。中国哲学史研究的学者们一直保持着民族自觉意识。

1. 指出限于唯物、唯心的中国哲学史的局限，提出中国哲学的民族特色

马克思主义传入中国之后，中国哲学史研究也面临了与马克思主义哲学的关系问题。20 世纪 20—30 年代，李石、范寿康以唯物史观、辩证法为基础初步阐述了中国哲学史。新中国建立之后，中国哲学史研究主要为以马克思主义为指导思想，以马克思哲学的唯物主义和唯心主义、形而上学与辩证法两对对子来研究。同时，把中国哲学史看做是人类的认识发展史，遵循着螺旋式上升的发展规律。列宁曾经说过，哲学史“简略地说，就是整个认识的历史”。[①]“一个非常深刻而确切的比喻！！每一种思想＝整个人类思想发展的大圆圈（螺旋）上的一个圆圈。”[②]“人的认识不是直线（也就是说，不是沿着直线进行的），而是无限地近似于一串圆圈、近似于螺旋的曲线。”[③]80 年代的中国哲学史研究基本上是遵从这一指导思想进行研究的。但是，也有人提出了不同的看法，指出了中国哲学的特色问题，凸显出中国哲学史研究的民族自觉意识。冯友兰提出了“抽象继承法”，即传统哲学的具体意义与当时的政治、阶级不能继承，而其抽象意义则是可以继承的。任继愈也指出，中国哲学史限于唯物、唯心的斗争，偏重自然观、认识论，在社会历史观方面留下空白，让中国哲学史失去了许多有价值的内容；同时未给唯心主义流派以应有的历史地位，不能反映哲学史的全貌。

20 世纪 90 年代，中国哲学史研究提出了中国哲学的民族特色问题。冯契指出：单纯讲知识，是无所谓民族特色的，而“智慧学说，即关于性与天道的认识，是最富于民族特色的，是民族哲学传统中最根深蒂固的东西”。[④]

① 列宁：《哲学笔记》，人民出版社 1974 年版，第 371 页。

② 同上书，第 411 页。

③ 同上书，第 411 页。

④ 冯契：《认识世界和认识自己》，见《冯契文集》第 1 卷，华东师范大学出版社 1996 年版，第 23 页。

2. 马克思主义中国化视域下的中国哲学史研究的民族自觉意识

20世纪90年代以来，中国哲学史研究的民族自觉意识不断高涨。这表现为在马克思主义中国化背景下对马克思主义哲学与中国哲学关系的进一步思考。

（1）马克思主义哲学中国化的民族自觉意识

马克思主义哲学的中国化问题集中体现中国哲学史研究的民族自觉意识。马克思主义中国化包括两个方面：马克思主义与中国具体实践相结合，马克思主义与中国传统文化相结合。而马克思主义与中国哲学的关系在当今时代主要是马克思主义哲学与中国文化的关系，甚至是马克思主义哲学与中国儒学的关系。“如果说对马克思主义的三个组成部分的规定仍具有合理性的话，当科学社会主义的基础——阶级在社会实践中不复凸现，其理论无可避免地遇到困境；当政治经济学的根基——生产力与生产关系的关系在市场经济的无主题变奏(即市场经济的社会主义与资本主义性质问题的不争论原则)下被悬置起来后，马克思主义实实在在的硬核就只有哲学了。因此，马克思主义与儒学的关系实际上就变成马克思主义哲学与儒学的关系。”“并且提出了‘对立说’、‘结合说’、‘互补说’、‘改造说’等等说法。”[①] 中国哲学史研究伴随着马克思主义中国化的提出，也出现了马克思主义哲学中国化和中国哲学的马克思主义化的问题。马克思哲学中国化与中国哲学研究主要以中国传统文化与马克思主义中国化的关系表现出来。研究主要集中于中国传统文化与马克思主义的契合点、马克思主义的“中源说”、马克思主义与儒学、马克思主义被接受的传统文化基础等方面。同时，研究也涉及中国现代哲学史的有关人物的思想研究，如李大钊、陈独秀、瞿秋白、毛泽东等的哲学思想。这些研究表明中国哲学研究学者意识到了马克思主义哲学在中国的发展带有了中国民族文化的特征，显现出民族特色。

（2）中国哲学的马克思主义化的民族自觉意识

与马克思主义哲学中国化比较而言，问题的另一个方面主要是中国哲学的马克思主义化的问题。这一问题并没有作为一个问题明显地提出来，而是以中

① 贾红莲：《求是学刊》2003年第4期。

国哲学的现代化问题以及中国哲学史的写作等问题隐晦地传达出来，更为深刻地表明了中国哲学史研究的民族意识。

中国哲学史研究的民族意识在中国哲学的马克思主义化中首先体现为中国哲学的现代化问题。“中国哲学存在着古代传统与现代传统。马克思主义哲学与中国哲学传统的结合，应当并且必须包括两方面的内容：一方面是马克思主义哲学与中国哲学古代传统建立联系，另一方面则是马克思主义哲学参与建构中国哲学现代传统。只有这样，马克思主义哲学才能进入到中国哲学传统中去，而成为中国哲学的有机组成部分。只有当马克思主义哲学与中国哲学有了共同的传统后，才能真正实现马克思主义哲学中国化。”①“马克思主义哲学的中国化，同时也就是中国哲学的现代化。”② 对于中国哲学现代化，张汝伦认为有两个可能的含义：“一是使传统哲学现代化；二是使中国哲学的研究（方法、语言等等）现代化。前者表现为到底是‘照着讲’还是‘接着讲’的问题，后者表现为强调引进西方哲学的方法和概念的重要。”③ 但是，他认为“中国哲学的现代化”的提法并不合适，而“中国哲学如何是现代的”的描述才准确。

中国哲学史研究的民族意识在中国哲学的马克思主义化中又体现为中国哲学史的写作问题。1949 年以后，出版了很多哲学史著作。这些哲学史著作基本上是以马克思主义哲学思想为指导，形成了以唯物主义和唯心主义的冲突作为中国哲学发展的基本线索，把中国哲学史分为本体论、认识论、辩证法和社会价值观等几个部分的基本格局。这些著作包括冯友兰先生的《中国哲学史新编》，任继愈先生主持的《中国哲学史》和《中国哲学发展史》，北京大学中国哲学史教研室编写的《中国哲学史》，萧萐父和李锦全先生主编的《中国哲学史》，冯契先生的《中国古代哲学的逻辑发展》和《中国近代哲学的革命进程》，石峻、杨宪邦先生主编的《中国哲学通史》等。

21 世纪以来，中国哲学史研究的学者们对于前辈们所编写的中国哲学史做

---

① 李维武：《马克思主义哲学中国化与中国哲学的两种传统》，《江汉论坛》2008 年第 11 期。

② 杨谦：《马克思主义哲学的中国化与中国哲学的现代追寻》，《天津社会科学》2008 年第 4 期。

③ 张汝伦：《论中国哲学的现代化》，《哲学研究》2006 年第 5 期。

了较大的修改，突破了唯物唯心的对立冲突，突出了中国哲学本身的特色。如郭齐勇撰写，由高等教育出版社2006年出版的《中国哲学史》；张立文主编，中国人民大学出版社2007年出版的《中国哲学史新编》和复旦大学中国哲学教研室编写的《中国古代哲学史》都体现了这一努力方向。李承贵评价郭齐勇的《中国哲学史》时说道："比如，关于孟子的'万物皆备于我矣。反身而成，乐莫大焉'，作者做了这样的解释：'这里……是说道德的根据在自己……在道德的精神的层面上，探求的对象存在于我本身之内。道德的自由是最高的自由，不受外在力量的左右，因为道德的行为总是自我命令的结果。反躬自问，切己自反，自己觉识到自己的行为无愧于天人，就是最大的快乐。'（第75页）这与那种'主观吞并客观的主观唯心主义'的解释相比，显然是更符合中国哲学特色、更贴近孟子思想实际的。这也就是作者所主张的：'中国哲学范畴、术语不缺乏抽象性，但需要放在自身的语言、文化、思想系统中加以解读'。（第7页）"。"比如，作者写董仲舒哲学思想，就写董氏的'人副天数'说、天人感应论、人性论等方面，这显然比以往将董氏哲学写成'天人感应'神学目的论、'深察名号'的唯心主义认识论、'天道不变'的形而上学更切合实际。"[①] 这些评价，说明了学者对以往唯物唯心范式下的写作的中国哲学史的反思，提出了中国哲学史写作的民族特色问题，彰显了中国哲学史研究的民族自觉意识。

三、中国哲学史研究的民族自觉意识在中国哲学与社会历史的关系中显现出来

哲学作为抽象的理论，似乎是远离了具体的社会历史。但是如果体现本民族的哲学特色，似乎从具体的社会历史入手是一个不错的选择。中国哲学史研究的民族自觉意识也在这个选择中展现出来。

---

① 李承贵：《开启〈中国哲学史〉写作的新范式——评郭齐勇教授新著〈中国哲学史〉》，《哲学研究》2007年第5期。

1. 探究中国哲学思想的周围背景，突出中国哲学的民族特色

哲学是范畴的观念发展史，但是，观念发展不能离开其周围背景。只有在周围背景的研究中，其内涵以及民族特色才能得到充分理解。李维武在《蕴含思想史维度的哲学史研究——对20世纪中国哲学研究的方法论思考》[①]一文中也指出了这个问题。论文以19—20世纪的中国哲学研究为例，提出了扩大问题域、关注中国哲学与思想界的联系、中国哲学与历史文化环境的联系等周围背景问题。20世纪90年代以来，中国哲学史研究开始关注有关儒学与社会政治制度的互动、宋明理学与书院讲学的兴衰、宗法礼俗与传统儒学的落实、传统哲学与以经学为核心的学术建构的关系、传统哲学的地域性问题等新的问题。21世纪以来，尤其是近几年的《中国哲学史》所发表的论文，很多论文内容开始注意探究某一中国哲学思想的周围背景以及某一哲学思想的发展脉络，以期进一步理解某一哲学思想。以2012年为例，就包括了《李贽与耿定向的学术人格的对比——耿李论战的原因分析》、《湖湘知识群体的船山诠释与文化建构》、《道南一脉考》、《明末道德人心问题与清初三大儒的哲学重建》、《朱子门人群体特征概述》、《明皇改经与〈孝经〉学的转折》、《谈吕祖谦浙东学术的领袖地位》、《叶时〈礼经会元〉与宋代儒学的发展》等。这些文章把中国哲学思想研究与周围背景的研究结合起来，使抽象的哲学思想带有了具体历史性。而恰恰是这样的具体历史性才表明了此哲学思想只能在此才能得到说明，从而突出了中国哲学思想的民族特色。

2. 辨析中国哲学的身份与地位，关注民族文化身份

近几年来，对中国哲学的身份与地位的研究也体现了中国哲学史研究的民族自觉意识。刘笑敢认为，中国哲学具有现代学科和民族文化的双重身份。但

① 李维武：《蕴含思想史维度的哲学史研究——对20世纪中国哲学研究的方法论思考》，《哲学研究》2007年第1期。

是，目前“最庞大和最有实力的是其现代学术的身份和一种学科领域的角色”。[①]但是，文章同时指出：“大概不会有人否认中国哲学所研究的儒、释、道具有民族文化和生命导师的身份和功能，但是这种身份与功能如何实现是有待于社会各界关注和讨论的。”[②]对于中国哲学的民族身份也给予了关注。干春松也提出：“因为中国哲学与西方哲学在对象上的差异性决定了它不仅仅是单纯的学术研究的对象，更重要的是处于价值困惑的现代社会，中国哲学应该担负起‘价值的承担者’和‘精神导师’的重任。”[③]文章明确主张中国哲学的民族身份。

四、中国哲学史研究的民族自觉意识的前景探索

在现今时代，随着生产力的不断发展，科学技术水平的不断进步，全球化的趋势进一步加强，世界文化的同质性日益明显，民族文化身份逐渐模糊。在这种情况下，中国哲学史研究的民族自觉意识的前景如何呢？我们认为，中国哲学史研究的民族自觉意识会进一步强化。这可以从以下几个方面来得到说明。

1. 中国哲学的普适性与民族情绪

任何民族文化，包括哲学的影响力都是伴随着经济实力的强大或者弱小而变化的。在未来的一段时期内，中国经济的发展必然会被世界所瞩目。因此，中国民族的文化影响力也会随之扩大。中国哲学作为中华民族文化的核心也必然会摆脱由于西方文化霸权而产生的所谓“依附地位”，在世界哲学舞台上得到应有的地位。而这应有的地位不是依靠强力夺取的，而是凭借着中国哲学的普适性而获得的。这就需要细致研究中国哲学的全人类性，以期建立一个与其他哲学不同的适合全人类的新的哲学范式与秩序。

---

① 刘笑敢：《简论中国哲学的身份、角色与功能》，《文史哲》2010年第1期。

② 刘笑敢：《简论中国哲学的身份、角色与功能》，《文史哲》2010年第1期。

③ 干春松：《“天下”与“中国”：寻求突破的中国哲学——最近十年的中国哲学转向扫描》，《学习与探索》2009年第3期。

当然，这需要克服比较褊狭的民族情绪，而还以理智、宽容的态度。自从鸦片战争以来，我们的民族对西方文明的心态始终是矛盾的：既向西方学习又反抗西方。所以有时在中国哲学史研究中也或多或少地带有较为狭隘的民族情绪。我们所说的中国哲学史研究的民族自觉意识是要排除这种狭隘的民族情绪的，而代之以理性宽容的心态来建立新的哲学范式。

2. 中国哲学的原创性与现实视域

中国哲学的“民族文化”身份使它承担着接续民族文化慧命的重任。这就说明中国哲学史研究不仅仅是学科意义上的“史”的整理与说明，而是需要理论的原创性。而理论的原创性来自于对于现实问题的关注与思考。只有经历了现实世界的洗礼，哲学理论才能获得原创性，才能成为文化慧命之一环。所以，中国哲学史研究需要关注现实问题，扩展现实视域，才能完成其“民族文化”身份的使命。

但是，中国哲学史研究的现实视域不等同于抛弃理想视域。我们要保持中国哲学史研究的批判立场，既从现实出发，又超越于现实本身，而不能成为现实问题的解释者与辩护者。

3. 中国哲学的基础性与资源性

目前我们一直强调中国哲学、西方哲学、马克思主义哲学三者之间的对话与融通。但作为中华民族文化中的一员，民族文化始终是人的安身立命之根。中国哲学应该成为中国哲学史研究者的心灵修养的源头活水。拥有了安身立命之根，才有对话和融通的基础。

这样，中国哲学才不仅仅是当代思想的外在资源，才能摆脱附属的命运，挺立其民族自觉意识。

通过以上探讨，我们可以了解到民族自觉意识始终贯穿着中国哲学史的研究过程。我们要正视这一点，努力使其发挥正面的作用，为中国哲学的复兴作出贡献。

20 世纪中国哲学史的艰难开拓及其未来展望

周海春 *

没有和西方哲学的对比就没有所谓的中国哲学和中国哲学史。从这个意义上说，我认为 20 世纪中国文化和思想史上的重大事件就是中国哲学史的艰难开拓。在这一开拓过程中，大陆以及大陆赴台知识分子作出了重要的贡献。但也存在一些不足，正确认识这些不足，有助于把握中国哲学史 21 世纪的发展走势。

一、20 世纪中国哲学史的开拓

中国哲学史的现代形态的开创者当属胡适。胡适在 1922 年写的《我的自述》中说，在哥伦比亚大学时，他已经"在中国哲学史的研究上寻着我的终身事业了，同时又被一班讨论文学问题的好朋友逼上文学革命的道路了。从此以后，哲学史成了我的职业，文学做了我的娱乐"。[①] 他在中国哲学史上的成就集中体现在 1919 年出版的《中国哲学史大纲》上卷。正如蔡元培所言，《中国哲学史大纲》在材料、形式等方面都有新的开拓。

冯友兰的中国哲学史研究被认为是用现代方法研究中国哲学史。冯友兰说："我的学术活动有两个方面，一是哲学，一是中国哲学史。我是以哲学为主，以中国哲学史为辅。"[②] 他的两卷本的《中国哲学史》、《中国哲学简史》、《中国哲学

* 周海春，武汉大学哲学博士后科研流动站博士后，湖北大学哲学学院教授，湖北大学国学研究所所长。

① 葛懋春、李兴芝编：《胡适哲学思想资料选》上，华东师范大学出版社 1981 年版，第 214—215 页。

② 冯友兰著：《三松堂全集》第 13 卷，河南人民出版社 2000 年版，第 481 页。

史新编》勾勒出了中国哲学史的宏观面貌。梁漱溟之《东西文化及其哲学》《中国文化要义》等更多的是文化的开拓。张岱年的《中国哲学大纲》被认为是第一部以问题为主题的中国哲学史。熊十力之《新唯识论》、《原儒》、《体用论》、《明心篇》、《乾坤衍》等开出了中国哲学义理的新面貌，但对中国哲学历史的系统梳理显然不是其优长。牟宗三以“一心开二门”为基本的逻辑框架整合中西，以道德理想主义的心性之学的内圣学开出知识界的外王学沟通了现象和物自身，以色心不二、分解和非分解的统一最后达一哲学的大综合、一彻底的唯心论和圆教圆善的道德的形上学哲学理论，力求把哲学义理和哲学史统一起来，提升了中国哲学史的哲学化水平。

任继愈的《中国哲学史》被认为是中华人民共和国建国后第一部用马克思主义分析的中国哲学史。萧萐父、李锦全主编《中国哲学史》试图对中国哲学史的研究对象作出新的筛选，突出了中国哲学历史中那些作为人类认识史的内容，是影响较大的一部中国哲学史教科书。冯契著的《中国古代哲学的逻辑发展》和《中国近代哲学的革命进程》通过对中国哲学历史的重新解读，来建构他的“智慧说”。此后，中国哲学史面貌发生了很大的改变。

改革开放以来，关于中国哲学史教科书的讨论持续不断，也在尝试编写新的中国哲学史，出现了各种不同的解释视域，出现了百家争鸣的发展局面和中、西、马互动的格局。经过近现代以来中国哲学现代化的努力，中国哲学史取得了长足的发展，尤其是改革开放以来，中国哲学史的发展更是迎来了一个新的发展机遇。20 世纪最后的二三十年，中国哲学史出现了新的面貌。一些学者对此进行了概括，大致包括以下共识：

其一，态度的转换。逐步克服了文化决定论思想倾向，不再认为中国的落后，都是由于文化尤其是儒家文化或者中国哲学造成的；尽量合理地处理视界和本文的关系，不把中国哲学史当做材料来注解；尽量避免简单的文化对立和否定性倾向，注意以积极的肯定的方式继承中国文化的传统；尽量避免简单求同的思想倾向。

其二，强调“中国哲学”学科的自立性或自主性、主体性。如“中国哲学合法性问题”，“中国有无哲学问题”，“中国哲学特殊性问题”，“中国哲学优缺点问题”，“中国哲学形成原因问题”，“中国哲学的发展轨迹”，“中国哲学的主干”，“中国哲学发展方向问题”，“中国哲学史教材写作”等等问题的提出。

其三，追问中国哲学的内在结构。如提出中国哲学中的范畴及其结构问题，追问中国哲学中的本体论、认识论、真理观、历史观、价值论等问题。

其四，范围拓展的动力作用。范围和研究领域的拓展，尤其是新墨学、新道学、新儒学、新佛学等成为一种强劲的发展脉络。

其五，方法的自觉与提出新的哲学学说。经过近现代以来，尤其是现代以来中国哲学现代化的努力，中国哲学取得了长足的发展，尤其是改革开放以来，中国哲学的发展更是迎来了一个新的发展机遇。提出中国哲学史研究方法、中国传统哲学遗产的继承等问题，形成了如下研究视域：马克思主义哲学视域、新儒学视域、和合学视域、场有哲学视域、比较哲学视域、解释学视域、传统与现代的研究视域。

其六，现实关怀的动力作用。如考察中国哲学中的生态智慧、管理智慧、人生智慧，中国哲学与市场经济关系，中国哲学与现实社会关系，中国哲学的现代价值等。

二、20 世纪中国哲学史建设提出的核心问题

关于 20 世纪中国哲学哲学史的总体特征，我在《“中国哲学史”的歧义与中国哲学的未来》一文中进行了一定的分析。在中国哲学史的概念中包含着很多的歧义。在以往的中国哲学史研究当中，都包含着一定的对中国哲学史这一概念的理解方式。分析这些歧义可以给未来的中国哲学史建设一个基本的定位。

1. 哲学和哲学史的关系问题

中国哲学和中国哲学史并不等同。混淆二者也是常有的思维方式。冯友兰自述自己的学术活动有两个方面，一是哲学，一是中国哲学史。他以哲学为主，

以中国哲学史为辅。这个问题在胡适那就碰到了。胡适虽是现代中国哲学和中国哲学史开山的人，但他的哲学建构却不是中国哲学，而是西方哲学，也就是实用主义的。冯友兰的新理学是中国的，但依凭的素材和基本精神却是宋明理学的。金岳霖肯定了冯友兰在处理哲学和哲学史的关系的时候采取的一般的哲学形式的意义。张岱年在《中国哲学大纲·自序》中指出自己的这本书是通过问题的研究显示中国哲学之整个的条理系统。问题史的范式具有一定的论的性质。应该说冯友兰的新理学、熊十力的新唯识论等也可以看作是中国哲学的一种导论。

每一种中国哲学史或者中国哲学的研究中都会有一定的主导的观念，挖掘出来加以系统化就成了“论”——中国哲学的一般性的论。但到目前为止，比较客观的、从中国哲学史的广泛背景出发的、自觉的中国哲学的建设工作还任重而道远。如此看来，描述中国哲学之一般的论绝非一件容易的事。在中国哲学史当中需要一定的哲学。这个哲学有两个方面，一个方面是哲学的一般的形式问题；另一个方面就是具有中国哲学特色的哲学内容问题。中国哲学的未来发展要从中国哲学史广泛的原始素材及其基本精义出发，并实现中国哲学和中国哲学史的有机统一。

2. 一般与个别问题

金岳霖提及的一种哲学主张和普遍的哲学形式的问题是研究中国哲学以及中国哲学史必须面对的问题。其中已经揭示了一个基本的逻辑关系：一般和个别。张岱年在《中国哲学大纲》中使用一般和个别来处理中西哲学的关系问题，不过他首先解决的是名称的类与特殊性问题。冯友兰把一般和个别的思维方法贯穿于哲学观、方法论、社会历史哲学、文化观、本体论等多个层面。冯友兰把一般和个别应用于对哲学本身的分析当中。牟宗三力主中西哲学会通，思考了会通的程度、限度，在哪些层面上会通，在什么问题上会通等问题。他认为哲学会通的可能性在于哲学真理既有普遍性又有特殊性，有普遍性也不失其特殊性，有特殊性也不失其普遍性，由此可言中西哲学的会通，也可言多姿多彩。

徐复观也用共性和个性的概念来解释中西文化的关系问题。他认为在共性上应该承认有世界文化，在个性上应该承认有民族文化；文化的个性是不断向文化共性的上升；其过程是个性与个性之间、共性与个性之间的接触、吸收导致个性的重新凝集从而不断扩大共性和形成新的个性。

用一般和个别的理论范式处理中国哲学和西方哲学的关系以及中国哲学和中国哲学史的现代化的问题显示了中国哲学力图通过这一范式实现中国哲学的一般化、普世化、合法化的努力，有着它特殊的意义。但如何处理个别和一般的关系本身就是一个哲学难题。冯友兰设定了一个从哲学最高的认识对象——宇宙，显示宇宙之理的多种可能的哲学是本然的哲学系统。这样一来，中西哲学这些都是能够接近本然的哲学系统的具体的哲学系统，其中都有哲学的一般。各自的一般相对于另外的具体的哲学系统来说必然就是特殊。中西哲学的融合，必然是中国哲学的一般（相对于西方哲学就是特殊）和西方哲学的一般的结合，这就是用逻辑分析的方法分析中国的天地境界，中国的极高明而道中庸。但这样一来，哲学的一般其实就脱离了具体的哲学，成为一种逻辑的设定，哲学一般的具体内容还是空的。反过来，如果把哲学一般看作是从具体哲学中抽象出来的，也要解决从中国哲学还是从西方哲学中抽象的问题。从具体哲学抽象出一般还有一个这个一般能否容纳另外一种哲学的一般的问题。如果从世界各种具体哲学中进行抽象则需要世界哲学更大范围的互动的前提。牟宗三主要依据中国哲学的资源参照西方哲学得出了一个一般的哲学架构，不同的哲学家还可以依据另外的哲学资源提出更多的一般哲学架构。一般和个别的处理方式还蕴涵一个难题，那就是以抽象出来的一般指导研究中国哲学的个别，自然就会肢解中国哲学的个别。一般要从个别中得出，中国哲学特殊性的揭示其实就是中国哲学家的一般性。中国哲学的未来发展更需要能够涵盖中国哲学诸多人物和派别的一般，而不是外在设定的一般哲学的剪裁、肢解。

一般的哲学实际上成了现代哲学家处理哲学和中西哲学关系的一个形而上学的立场，用一个形而上学立场处理中西关系在近代就已经发端。在近现代的中国哲学和中国哲学史的研究中，处理中西文化及其关系一直是这一学科发展的重要动力和目的，但以此作为研究中国哲学的基本出发点，必然要找到一定的理论范式作为融会中西的基本尺度。一般和个别范畴在使用中出现的问题从另一个侧面启发我们思考另外一个问题，那就是中国哲学的研究是否一定要在中西文化及其关系问题的引领下进行。中国哲学自近代以来的发展一直没有超出中西文化及其哲学的关系的制约，相关的哲学构建也是在中西文化及其哲学的关系的判断这一基础上进行的。中国哲学的发展昭示着、呼唤着一个新的中国哲学独立建设的时代的来临，这一新的阶段要求在中西哲学比较业已取得的成果上深入地、独立地发展中国哲学。中国哲学的未来发展需要认真思考这一问题。

3. 中国问题

中国哲学与中国哲学史中所谓的中国指的是什么？在近现代以来形成的中国哲学和中国哲学史当中有两个基本的问题是需要注意的。其一就是地理性、民族性、文化性和阶级性的不同取舍。中国是地理概念的中国，国家概念的中国，民族概念的中国，还是文化概念的中国？不同的理解会带来不同的中国哲学史面貌。如果是一个地理的概念，那么其他的哲学流传到本地以后，也应该算作是中国哲学。如果是一个国家的概念，也是如此，但会更加强调在政治上占据了统治地位的哲学，更加强调哲学的阶级性和意识形态的性质。如果中国是一个民族的概念就会认为是中国人的哲学，那就必须区分是研究普通老百姓平均水平下的思想状况，还是研究少数哲学家的思想状况这一问题。如果是中国文化的概念，就必须关注形成传统的东西。

其二就是要解决中国概念中包含的中西古今问题。一方面要看到，中国哲学和中国哲学史的成立是和中国的哲学家逐步认识到西方文化的价值以及相应的历史观、国家观的改变密切相关的。西方文化不能得到真正的承认，就不能自觉地建构中国文化和中国哲学及其历史。世界性的眼光的出现和发展同时带来了中国哲学和中国哲学史面貌的巨大革新。但这种革新同时给中国哲学史的建设带来了另一个新的问题。这就是，现代意义上的中国哲学史和古代意义上的中国哲学史之间由于巨大的历史观和世界观差异带来的材料取舍等一系列问题。这就必须承认和挖掘中国现代以前的哲学和哲学史自身的逻辑内容和自身的独特的哲学理念，并在这种独特的哲学逻辑基础上建设一个中国哲学史的崭新形态。现有的中国哲学史在这个方面做了很多的努力，但也有着重大的缺陷。这个缺陷就是古代中国哲学史所依凭的哲学理念和哲学逻辑是笼罩在西方文化的强势话语下面的。中国哲学史还缺少“中国气派”。和西方相比较的情况下的“中国”与中央之国的“中国”哲学史是不同的。和西方相比较的中国概念指导下的中国哲学史要和独立的中国概念指导下的哲学史有一个有机的结合。中国哲学史的建设需要一定的中西比较，但仅仅局限在中西比较的外在引导的学术进路则是有缺陷的。

4. 哲学问题

中国哲学史的建设还涉及对哲学的理解和定位的问题。中国哲学史当中所说的“哲学”是指什么呢？是在怎样的思维框架下来理解哲学的呢？其中涉及如下一些问题：

其一，是描述哲学家的哲学思想、民族的哲学思想，还是哲学经典的哲学思想呢？中国哲学和中国哲学史当中所说的“哲学”是指哲学家呢，还是指哲学著作呢？还是民族的哲学思想呢？在现存的一般的中国哲学史著作当中，民族的哲学思想占据了比较重要的地位，然后是哲学家的哲学思想，其次是哲学著作的哲学思想。未来的中国哲学史要突出哲学典籍在描述哲学史过程中所具有的重要地位，并且要努力实现三者的协调。

中国哲学史首先应该是现存的哲学典籍反映的哲学思想的历史，然后才是中国哲学家和中华民族哲学思想的发达史。因为哲学典籍具有社会性和一定的超时代性，而哲学家的哲学则具有一定的时代性，加上考证的困难，追问哲学家的哲学思想往往有很大的局限性。

其二，哲学、思想、文化之间如何进行适当的区分，用科学、宗教、哲学三分方法来解读人类文明的体系是否合适。文化、宗教、科学等划分方法很容易忽略佛教和道教等在中国哲学中的独特地位，忽略史学和文学典籍在中国哲学中所具有的独特的哲学和哲学史价值。

其三，在怎样的学术和学科分类体系的设定下描述中国哲学史？20世纪中国哲学史的诞生很大程度上是西学冲击的产物，中国哲学史这一名称本身就带有西学的色彩，是中国学术自我发展的一个新的阶段，它抛弃了中学过去以“六艺”为核心、以“四部”为框架的学术和图书分类体系。中国近代一些思想家，如严复等人曾经尝试用天地人三学的划分方法来整合中西学问，也有用“性理之学”和“器数之学”二分的方法来进行学术归类。中国现代的思想家们多用形而上学、人生哲学、认识论或知识论、辩证法和历史观等方法来进行哲学分类。一般的中国哲学史教材是按照自然观、辩证法、认识论、历史观等结构式的解读来安排中国哲学的。胡适则分为宇宙论、知识论、伦理学、教育哲学、政治哲学、宗教哲学等几个方面。张岱年在《中国哲学大纲》中则分为宇宙论或天道论、人生论、修养论、政治论等部分。这种分类提供了在宏观上把握中国哲学的一个范畴框架，但也要看到，由于中国古代汉语和古代哲学中的一些概念同时可以描述主客体、人和自然、社会和历史等多个方面，在上述框架下阐释中国哲学需要更为艰难的语言分析。

其四，在中国哲学的各家各派中如何进行内容来源的取舍和排序？中国哲学的内容和来源是不断拓展的，不是既定的。时代的发展产生的新的需求要求不断重新解释旧的哲学史内容，同时开辟新的研究领域。领域的拓展是中国哲学史发展的动力之一。以一种新的哲学观念和叙述方式描述旧有的内容也是中国哲学的发展必需的工作。近现代以来中国哲学的发展就经历了理学或宋学的现代化，考据学和古文经学的现代化，今文经学的现代化，“诸子学”的复兴，中国佛教革新与佛学研究的现代化，道学、易学的哲理化，西方哲学和马克思主义哲学的中国化等发展过程。这些研究给一种能够广泛涵盖中国哲学各派的哲学精神的中国哲学的一般理论的诞生创造了条件。但同时由于后现代思潮对体系这些的批判，又给这种体系化的哲学提出了很多的质疑。尽管如此，必须要看到中国哲学史的建设更多地依赖深植于中国哲学广博的基础上的中国哲学的一般理论这一基本的事实。如何平等对待并有效整合各家的思想是制约中国哲学史未来发展的一个十分重要的问题。

其五，中国哲学史在建构的路数上涉及的文化先行的引导路数，还是反过来的问题。这个问题涉及中国哲学史的哲学纯粹性的问题。中国哲学和中国哲学史的建构最初主要是在文化上来立论的。这除了当时哲学文化要把更多的精力集中到社会问题上这一原因以外，也和中国文化和中国哲学自身的学科分类系统有关系，西方的学科分类系统在没有被深入地介绍和接受之前，新形态的、独立的中国哲学和中国哲学史是不能形成的。在20世纪30—40年代才形成了中国哲学史和中国哲学并不是历史的偶然。因此中国哲学史建构过程中的一个基本的规律是先建构中国文化和中国文化史，或者有着中国文化和中国文化史的建构和理解才能有中国哲学和中国哲学史。就中国哲学和中国哲学史家个人而言，情况也大致如此，比如梁漱溟就是个典型。冯友兰把中国哲学和中国哲学史的建构达到了一个新的历史高度。文化问题在其思想体系中是一个子部分。但尽管如此，解决中西文化问题依然是其哲学研究和哲学创造的一个目的和动力之一。冯友兰真正在三个方面有贡献，他把三方面有机地结合在一起了。但要建设一个有中国气派的中国哲学史并不一定要把哲学研究的焦点放在中西文化矛盾这个问题上，而是要面对人类社会生活中的出现的新问题和一些万古常新的问题。在中国哲学自身思想的深入研究的基础上，中西文化的关系问题自然就得到了很好的解决。

5. 历史问题

中国哲学史也要面对原本的历史和当代史这一关系问题。中国哲学史的现代建设和未来发展具有当代性。中国哲学史也表现为一种当代史。由于人是人类历史的经常前提，也是人类历史的经常的产物和结果，而人只是作为自己本身的产物和结果才成为前提。中国哲学史的当代性本身就是中国哲学和中国文化传统的结。中国哲学史的当代性并不妨碍中国哲学的传统性。尽管如此，能够自觉体认时代的精神，并较好地深入中国哲学本有的精神世界之中，则是中国哲学史建设一直要追求的一个价值目标。中国哲学史建设的当代性强调中国哲学和中国哲学史家的自主性和批判性；中国哲学史建设的传统性强调中国哲学史家的对历史的接纳性和继承性。实现了二者的有机结合，中国哲学史的建设一定会形成新时代的“世界眼光”和“中国气派”。中国哲学的未来发展需要对近现代以来形成的中国哲学史建设路向进行科学的描述和反思。如此才能把握建设的大方向。

总体上看，目前的哲学史研究和中国哲学史教材依然保留了 20 世纪的惯性作用。目前的中国哲学史研究或多或少存在不同程度地落后于时代需要的情况。主要表现为：对思想家自身思想的内在逻辑分析和展现不够充分，中国哲学史研究如何趋近中国哲学的原始内核的问题依然没有得到很好的解决；中国哲学史在文化普及功能，培养对中国文化的兴趣，培养公众对中国文化的认同感方面，在引导公众学习人格修养的方法方面功效不够明显；在文化取向方面还没有有效地反映中国哲学自身的特征，主体地位突出得很不够。

三、中国哲学史的未来展望

中国哲学史建设将要形成一个研究方法和研究范式的大的创新时期。这个创新时期会有一些明显的不同于以往的特色。主要包括：中国哲学史的发展将摆脱儒家为主线的单一的格局，融入更多的佛道等内容，并且各家的内在关联构成的整体逻辑演进将是未来中国哲学史研究的基本要求；将会改变现有中国哲学研究过于忽略史学和文学著作的情况，呼应后现代的要求，中国哲学研究将具有一定的非宏大叙事的特征；随着西方哲学传播的深入和中国哲学研究者西方哲学素养的提高，在吸收西方哲学的道路上将摆脱单纯的西方哲学和西方文化外在引导的路向，突出中国哲学自身的特点的把握，同时能够反映和回答西方哲学提出的问题；将改变亦步亦趋的“接着讲”和“照着讲”的方式，独立自主的哲学创造将随着中国国际地位的提高而完成；将改变从现实入手的外在化的研究路向，深入中国哲学研究的内核是中国哲学未来发展的必然要求，以哲学原著的哲学阐发为主将取代哲学家和社会环境的外在化解读和平均化解读，而突出中国哲学家的个性色彩；建构主义和建设性的信古态度将是中国哲学史建设的必然选择；视域的融合和方法创新是中国哲学史发展开拓新局面所必需。

中国哲学史的革新方向可以概括为：平视儒释道，兼容文史哲，把握了时代的脉搏；中西互相阐释，突出中国哲学自身的特点的把握，同时能够反映和回答西方哲学提出的问题；改变了亦步亦趋的“接着讲”和“照着讲”的方式，逐步在研究中探索独立自主的哲学创造；在研究中深入中国哲学研究的内核，以哲学原著的哲学阐发为主取代哲学家和社会环境的外在化解读和平均化解读，突出中国哲学家的个性色彩；采取一定建构主义和建设性的态度进行中国哲学史的研究和教学；注重视域的融合和方法创新；在内容方面能够兼容知识性、学术性和实践性。

未来的中国哲学要有个性，要超越简单求对错的哲学，而要创造个性化的、多元的哲学。哲学思想的演化不是单线的，而是多元的。讲哲学是要讲出一种思考方式，而不是别的什么东西，每一种哲学都有自己的思考方式，思考方式不同会使同一个或者相类的概念和说法有不同的意义。哲学的变化不仅仅是研究的主题和重点的变化，更是思考方式的变化。哲学的魅力在于在同一种语言运用中让人看出不同的意义。对哲学的评判要在把握其基本的思考方式的前提下进行，对待中国古代哲学尤其要如此。当然你要寻找中国哲学的本义，总是在一定时代背景下，由具体的个人进行的，哲学的本义可以多元。哲学和中国哲学的发展和繁荣不是单线条的逻辑演进。虽然可以找到规律性，但不能硬寻找规律。哲学是多元的、多线条的。能够提出更多的问题，能够有更多的思考方向和解决问题的尝试就是哲学的发展。

从外在的问题中超脱是成就负责任的哲学家的方式：不必认为古人的哲学的对话如同现代人一样在研究所谓的学术问题，或者真的对时代或者自己的人生有沉重的责任感。最有价值的哲学创造往往并不是为了给整个社会讲的，不是为了和别人争论和争鸣，可能只是对少数学生和朋友讲，或者给自己讲的。

这样一来，就不能局限在各个派别和中西哲学的区别上来了解哲学，要看到人类有着共通的问题和共通的思考和解决问题的生存经验。

古代哲学家的哲理在典籍中展现，尽量在自己的哲学知识和哲学框架的底蕴和背景下，面对原著本身，而不是直接以一种哲学理解古代哲学。因此明白古代哲学家的思路至关重要，这才是关系中国古代哲学生死存亡的大问题。未来的中国哲学史需要对中国哲学的原意不断地追寻，奠基主义的精神是不可或缺的。

如唐君毅说："我理想的世界，我不名之为联合国的世界，而名之为以德性为中心而人文全幅开展的世界；不名之为一大同的世界，而名之为一太和的世界。我理想的世界中之人生，不只名之为人人各尽所能各取所需的人生，人人都能满足其欲望，不断的享幸福的人生，而名之为德慧双修的人生，福慧双修的人生，而一切幸福皆从德慧来。"① 未来的中国哲学应该努力使自己成为中国人的人文世界的构造因素和灵魂的支撑。

① 唐君毅：《人文精神之重建》，广西师范大学出版社 2005 年版，第 20 页。

体古今人性之常，通古今人性之变

——论中国哲学史研究的意义和目的

周可真*

一

原始人类是蒙昧无知的，当蒙昧无知的人类逐渐开化到自觉无知时，遂有一批积极探索世界与人生的好问好学之士应运而生，由于他们及其后继者们的问学求知的不断开展，就逐渐地形成了后来被中国人称作“学问”、西方人称作“爱智”的学术。古希腊语“爱智”一词即后世所谓“哲学”一词的原型，中国古语中没有与之完全对应的词，但是据实说，西方的“爱智”之说和中国的“学问”之说初意本无二致，不过是指事相同而所指重点不一罢了，即它们都是指好问好学者自觉求知之事，但“学问”是意重于自觉求知的问学活动，“爱智”是意重于自觉求知的意欲态度。我们或许可以这样来描述它们的关系：“爱智”是“学问”的心理动机，“学问”是“爱智”的行为体现。但是后来，“爱智”和“学问”都被用来称谓专门的智力活动，这个时候它们就有了较大差异：西方的“爱智”（哲学）之名是在其求知活动发展到学者的思想发生分化从而各有其不同的学术追求时用于指称只为探求真理的理论学术（尤指探求宇宙终极原

* 周可真，苏州大学哲学系教授。

因的理论学术），[①]而中国的“学问”之名则是泛称一切可成一家之言的学说和相应的学术。[②]这意味着西方的“爱智之学”比较重视智力活动中求真方法及其技术训练，中国的“学问之术”则比较重视智力活动中表意方法及其技艺训练。

然而，当我们撇开其学术形式差异，只看其智力活动的对象与内容时，我们便可以发现，无论是西方的“爱智之学”，还是中国的“学问之术”，它们都不外乎是智者或学者们对包括他们自己在内的人类与人类所生活的世界的相互关系和由这种关系所引出的种种问题的思考，而且这种思考在其古代阶段都不是立基于反复的经验观察与实验所提供的确实可靠的事实来进行的实证思维，而是以思考者在求知过程中所积累起来的相当有限的直接和间接的经验知识作为基础，主要凭借其先天固有并经过其后天的锻炼所发展起来的悟性与理性来进行的感想、联想、比附、类推、推理等等主观性鲜明而强烈的思辨活动，借用当年恩格斯站在实证科学的立场上来评论以往的自然哲学的话语来说，那种思辨活动是“用理想的、幻想的联系来代表尚未知道的现实的联系，用臆想来补充缺少的事实，用纯粹的想象来填补现实的空白。它在这样做的时候提出了一些天才的思想，预测到一些后来的发现，但是也说出了十分荒唐的见解，这在当时是不可能不这样的”。[③]

古代学术较之于现代实证科学，其知识是如此不确切，其求知方法是如此不可靠，我们为何还要去研究古代学术？是否意味着要把古代学术当做现代实证科学的反面教材来进行研究，以便吸取古人在认识道路上误入歧途的教训呢？假如是这样，难道现代实证科学竟无足够地认知教训可以自我总结和自我吸取，必欲寻访古人以求可以“训今”的前车之鉴吗？

显然，如果仅仅是为了发展现代实证科学，则古代的学术方法及知识除却

---

① 例如，亚里士多德把当时所有的学术划分为“实用学术”、“制造学术”、“理论学术”三类，并把理论学术中“研究既是独立又不动变的事物”者称作“第一哲学”。（参见亚里士多德：《形而上学》，吴寿彭译，商务印书馆 1959 年版，第 119—120 页。）

② 《史记·太史公自序》有“究天人之际，通古今之变，成一家之言”之说。

③ 恩格斯：《路德维希·费尔巴哈和德国古典哲学的终结》，《马克思恩格斯选集》第 4 卷，人民出版社 1972 年版，第 242 页。

其少量早就被这种科学吸收了的因素以外，是根本无助于这种科学发展的。这意味着至少在直接意义上，研究古代学术是与发展现代实证科学无关的。那么，究竟为什么要研究古代学术呢？著名英国哲学家、数学家、逻辑学家伯特兰·罗素 (Bertrand Russell，1872—1970) 对于哲学的有关论述为解答这个问题提供了有益的启示。

罗素在他所写的《西方哲学史》（1945）的“绪论”中，首先从哲学内容的构成上说明了哲学之所以为哲学的本质特征是在于它在某种程度上同时兼有两种因素——属于传统的宗教和伦理范畴的东西（信仰因素与思想因素）和属于广义科学范畴的东西（知识因素），[①] 进而将哲学理解为“某种介乎神学与科学之间的东西”，意思是说，哲学是依凭和运用人类理性对于那些迄今仍为确切的知识所不能肯定但却是心灵所最感兴趣的事物或问题的思考、研究[②]；在该书最后一章“逻辑分析哲学”中，罗素阐明了科学昌明时代之所以还会有哲学的原因和哲学之所以有必要继续存在的理由：该时代的学术“仍旧有一个传统上包括在哲学内的广阔领域，在那里科学方法是不够的。这个领域包括关于价值的种种根本问题；例如，单凭科学不能证明以对人残忍为乐是坏事。凡是能够知道的事，通过科学都能够知道；但是那些理当算是感情问题的事情却是在科学的范围之外”。[③] 这里罗素非常明确地表示：科学只能知道它能够知道的事，但有些事（如价值方面的事）是科学不足以完全了知的，还有些事（如感情方面的事）则是超出科学的认知能力的。这样，他实际上是直接和间接地说明了如下几个相互关联的问题：

第一，科学和其他学术（涉及或专门研究诸如价值、情感之类的问题的学术）有互相并存的充分根据和互相补充的积极关系。

第二，研究古代学术对发展实证科学也许是没有什么实际意义或至少没有直接的积极意义，但对于发展非实证性学术（哲学、人文、艺术、神学等）却

① 参见伯特兰·罗素：《西方哲学史》，何兆武、李约瑟译，商务印书馆 1963 年版，第 11 页。

② 同上书，第 11—12 页。

③ 同上书，第 395 页。

是有意义，有必要的。

第三，非实证性学术是以价值、情感等为主题的文化研究，它们对古代学术的研究本质上也是属于文化研究，即对反映在古代学术中的价值、情感等文化因素的研究。

由此我们可以领悟到研究古代学术的意义：通过对反映在古代学术中的价值、情感等文化因素的研究，把握寓于这些文化因素之中的人性，由以体古今人性之常，通古今人性之变，从而达到如苏格拉底（Socrates，前469—前399）所谓“认识你自己”的目的。

人性之为人类之本性，自然不只是同一些特定的人有关，而是与古今中外所有人乃至于未来人都有密切关系，因为凡人都有人性，只要是人，就必有人性。由于自然界长期进化而由自然界中产生出来并生活在仍处在进化着的自然界的人类，其人性当然不可避免地有其变动的一面，但它同时又有其恒常的一面，历史范畴的人性即是“常”与“变”的对立统一。人性若无其“变”的方面，则是意味着人类永远保持其绝对的自我同一而无所谓进化、无所谓发展；若无其“常”的方面，则是意味着人类在变化中不能保持其同质性而变得不再是人类而成了别的物种。正因为人性是历史的常与变的统一，所以古今中外一切人之间都既有其个性又有其共性，既有其特殊性又有其普遍性，这种辩证关系体现在世界各民族之间就是这些民族的人类共性与民族特性的统一，体现在同一民族不同群族之间就是这些群族的民族共性与群族特性的统一——这是人性的常变统一在历史空间向度上的表现形式；体现在同一民族不同时代之间就是这个民族的族类通性与时代特性的统一，体现在不同时代的人类之间就是人类的自我同质性与时代变异性的统一——这是人性的常变统一在历史时间向度上的表现形式。

非实证性学术的文化研究无非有两种向度：一种是空间向度，一种是时间向度。空间向度的文化研究又有两种维度：一是人类学维度，即通过对世界异质文化（如中、西文化）的比较研究来把握人性在不同民族之间所表现出来的常变关系；一是心理学维度，即通过对某一民族不同区域文化（大者如中国的北方文化与南方文化，中者如中国南方的吴越文化与闽南文化，小者如吴越的吴文化与越文化）的比较研究来把握其民族特性在不同群族（大如中国的北方人与南方人，中如中国南方的吴越人与闽南人，小如吴越的苏州人与绍兴人）之间所表现出来的常变关系。时间向度的文化研究也有两种维度：一是世界史维度，即通过对人类文明史的研究来把握人性在文明进化不同阶段之间所表现出来的常变关系；一是国别史维度，即通过对某个民族文化史（如中国文化史）的研究来把握其民族特性在其文化发展不同阶段之间所表现出来的常变关系。

学术史研究本质上也是属于文化研究，其有别于一般的文化研究之处在于：一般的文化研究是偏重于人的心理（意识）的情感形式和意志形式，是以"情""意"为主题和核心的"心灵文化研究"；学术史研究是偏重于人的心理的认知形式，是以"知"为主题和核心的"智慧文化研究"。

哲学史研究作为学术史研究的一种特殊形式，它也是以"知"为主题和核心的"智慧文化研究"，只是作为哲学史研究对象的"知"是"哲学之知"而非一般的"人文之知"——如"文学之知"、"历史之知"、"艺术之知"之类。这意味着，哲学史研究和其他一切形式的文化研究一样，根本目的也是为了把握人性，达到对人的自我认识。具体而言，哲学史研究的目的是为了把握反映在哲学之知中的人性，达到对人的哲学知性的自我认识。

对人的哲学知性的自我认识这一哲学史研究的一般目标，体现在中国哲学史研究中，就是要通过研究中国哲学之知，达到对中华民族所特有的哲学知性的认识，对于华人学者来说，即达到对中华哲学知性的自知之明。

二

提出"中华哲学知性"的新概念，自然会带来诸多问题。其中首要的问题便是最近一些年来成为中国哲学史界"热门话题"之一的所谓"中国哲学合法性问题"，亦即中国究竟有没有哲学的问题。笔者本无意于参与这个话题的讨论，但在本文的具体语境下无法避而不谈这个问题。

依笔者之见，所谓“中国哲学合法性问题”，其真意其实不过是某个特定的哲学概念的合法性问题，因为无论是肯定还是否定中国有哲学，其肯定者或否定者总是依据某一特定哲学概念，以其概念的内涵所蕴含着的哲学标准来做出相应判断的，其论争诸方的意见分歧，归根结蒂是由于各方所依据的哲学概念和相应的哲学标准不同所造成的。

然而，哲学概念是具有相当大的不确定性的，其情形类似文化、科学、宗教等概念，这是一些反映人类生活现象的文化科学概念或精神科学概念[①]，它们绝不似反映自然物质现象的自然科学概念（如“光”、“电”、“原子”、“分子”、“细胞”等等）那样，可用经验观察或实验的方式来确证其意义，因而可以达到形式逻辑所要求的其概念的清晰性及其使用的同一性和自然科学所要求的其概念的精确性、确定性及其使用的统一性。以文化概念来说，关于它的定义迄今有数百种之多。科学概念也并不统一，从标志科学概念的语词方面说，著名英国科学史家丹皮尔 (William Cecil Dampier，1867—1952) 曾指出 ：“拉丁语词 Scientia（Scire，学或知）就其最广泛的意义来说，是学问或知识的意思。但英语词‘science’却是 natural science（自然科学）的简称，虽然最接近的德语对应词 Wisseschaft 仍然包括一切有系统的学问，不但包括我们所谓的 science（科学），而且包括历史，语言学及哲学。”[②] 另外，从科学概念的思想基础方面说，

① 这里“科学”一词是取义于德文单词“wisseschaft”。“Wissenschaft”的含义比英文单词“science”要宽泛得多，自然科学学科和历史学、文学等人文学科都可称作“Wissenschaft”。在德语世界里，“文化科学”（kulturwisseschaft）和“精神科学”（Geisteswissenschaft）一样，都是同“自然科学”（Naturwissenschaft）相对的学科概念，它相当于英语世界中同“science”（自然科学）相对的“humanities”（人文科学）。只是德国学者中有的人比较喜欢使用“精神科学”（Geisteswissenschaft）概念，例如狄尔泰（Wilhelm Dilthey，1833—1911），他著有《精神科学引论》（einleitung in die geisteswissenschaften，1883）；有的人则比较喜欢使用“文化科学”（kulturwisseschaft），例如李凯尔特（Heinrich John Rickert，1863—1936），他著有《文化科学和自然科学》（*Kulturwissenschaft und Naturwissenschaft*，1899）。

② ［英］W.C. 丹皮尔 ：《科学史及其与哲学和宗教的关系》，李珩译，商务印书馆 1975 年版，第 9 页。

自从18世纪英国哲学家休谟（David Hume，1711—1776）提出科学理论中归纳方法的有效性问题以来，关于归纳法的合理性就一直是许多哲学家所关注和讨论的问题，像波普尔（Karl Raimund Popper，1902—1994）这样坚定的反归纳主义者，其对归纳逻辑的批判，在某种程度上其实也是对基于实证主义和归纳主义的科学概念的一种批判；而波普尔的证伪主义及由此所引发的有关“证伪”话题的讨论，也表明了近代以来一直流行于科学界并实际地支配科学界内外大多数人头脑的实证科学概念并非是什么不容置疑的确切概念。宗教概念同样是不确定的，这尤其突显在近些年来中国哲学史界关于“儒教是否宗教”的讨论中。至于哲学概念，它其实从来是不确定的，就是“哲学”一词的发源地古希腊，其哲学发展不同时期也有不同的哲学概念。例如，亚里士多德 (Aristoteles，前384—前322) 的哲学概念有广义和狭义之分：广义的哲学概念是指理论学术；狭义的哲学概念是指理论学术中的神学（又称“第一哲学”或“第一学术”）。[①] 但是古希腊哲学晚期，“斯多葛派认为哲学有三部分：物理学、伦理学与逻辑学。当我们考察宇宙同它所包含的东西时，便是物理学；从事考虑人的生活时，便是伦理学；当考虑到理性时，便是逻辑学，或者叫做辩证法”。[②] 这显然不同于亚里士多德的哲学概念（无论是广义的还是狭义的)，因为亚氏是把伦理学归入“实用学术”的，在亚氏看来，伦理学连“理论学术”都算不上。中世纪的哲学概念又有变化，例如，经院哲学家托马斯·阿奎那（Thomas Aquinas，1225—1274）说，哲学（又名“思辨科学”）有三门：物理学、数学和神学。“除了上述三门以外，并没有什么第四门的哲学”。其中神学“其所以称为神学，是因为它所研究的对象主要是上帝。它也称为形而上学，意思是超过了物理学，因为我们在物理学之后遇到这个研究对象，我们是必须从感性事物前进到非感性事物的。它又称为‘第一哲学’，因为其他的科学都从它取得自己的原则，都

---

① 参见亚里士多德：《形而上学》，吴寿彭译，商务印书馆1959年版，第5—6、33、119—120页。

② 《哲学原理发展概述》编写组：《哲学原理发展概述（上)》，福建人民出版社1981年版，第5页。

跟从它”。[①] 阿奎那的“第一哲学”概念与亚里士多德的“第一哲学”概念根本是两码事，尽管后者也被亚氏称作“神学”，但它并不是以“上帝”为对象的宗教神学。进入近代以后，就更没有一个被一切自称为从事哲学研究的学者所共同接受的哲学概念了。据笔者的初步考察，近代以来关于哲学的研究对象至少有八种观点：(1) 以实际事物为研究对象的“物理哲学观”——以英国哲学家弗兰西斯·培根（Francis Bacon，1561—1626）为代表；(2) 以人生为研究对象的“伦理哲学观”——以中国哲学家冯友兰 (1895—1990) 为代表；(3) 以人心为研究对象的“心理哲学观”——以德国哲学家费希特（Johann Gottlieb Fichte，1762—1814）为代表；(4) 以超人间、超自然的实体为研究对象的“神性哲学观”——以德国哲学家黑格尔（Georg Wilhelm Friedrich Hegel，1770—1831）为代表；(5) 以科学为研究对象的“论理哲学观”——以科学哲学（the philosophy of science）学派为代表；(6) 以知识为研究对象的“知性哲学观”——以中国哲学家毛泽东（1893—1976）为代表；(7) 以语言为研究对象的“语义哲学观”——以德国哲学家维特根斯坦（Ludwig Wittgenstein，1889—1951）为代表；(8) 以历史上的哲学（主要是“中、西、马”）为研究对象的“史义哲学观”——这是当代中国哲学界虽并无其理论形式却实际上被广泛应用着的一种哲学观。[②]

哲学观和相应的哲学概念是如此多变多样而不确定，以至于著名德国哲学家、哲学史家文德尔班 (Wilhelm Windelband，1848—1915) 在《哲学史教程》(1892) 中只能如此向学习哲学者道以实情：“鉴于‘哲学’一词的涵义在时间的进程中变化多端，从历史的比较中要想获得哲学的普遍概念似乎是不现实的。根据这种目的提出来的概念，没有一个适用于所有自称为哲学的思维活动的结构。”[③] 在这种背景下，自然也不可能形成统一的哲学方法论。正是鉴于这种情

① 北京大学哲学系外国哲学史教研室编译：《西方哲学原著选读》上卷，商务印书馆 1981 年版，第 266 页。

② 参见拙文：《中国哲学、西方哲学、马克思主义哲学在哲学观上的会通——对当代中国哲学创新的元哲学及方法论思考》，《中国社会科学（季刊）》(英文版)2009 年第 3 期。

③ ［德］文德尔班：《哲学史教程》，商务印书馆 1987 年版，第 11 页。

况，当代英国分析哲学家迈克尔·达米特（Michael Dummett）曾中肯地指出："哲学没有一致的方法论，而且也很难有任何毋庸置疑的成就，因而哲学特别容易形成派别和宗派主义。但是这些东西只能对哲学有害。"① 以笔者之见，最近一些年来中国哲学史界之所以会发生关于中国有没有哲学的所谓"中国哲学合法性问题"的争论，恐怕是与达米特所说的那种哲学宗派主义大有关系的。

对于像哲学、宗教、科学、文化等等这样的概念，我们首先应该尊重传统或习惯所赋予它们的涵义，就像文德尔班在《哲学史教程》中所做那样，尽管他感到要想提炼出一个"适用于所有自称为哲学的思维活动"的哲学概念是极困难的事，但他既没有因此而陷入哲学概念问题上的相对主义和虚无主义，也没有自说自话地或主观主义和独断主义地给哲学下一个莫明其妙的定义，而是尊重习惯的理解给哲学概念作了如是界说："所谓哲学，按照现在习惯的理解，是对宇宙观和人生观一般问题的科学论述。"② 罗素在《西方哲学史》的"绪论"中开宗明义的第一句话"我们所说的'哲学的'人生观与世界观乃是两种因素的产物……"，③ 也表明了他所说的"哲学"是就"人生观与世界观"而言，这与文德尔班按"习惯的理解"所下的哲学定义具有明显一致性，表明了罗素和文德尔班一样，也是尊重这个"习惯的理解"的。长期流行于我国哲学教科书上的哲学定义（通常被表述为"哲学是理论化、系统化的世界观"），同样是尊重了上述习惯上对哲学的理解。这个习惯的理解其实是渊源于亚里士多德在《形而上学》中关于形而上学（第一哲学）的学术特征的一段论述：

"有一门学术，它研究'实是之所以为实是'，以及'实是由于本性所应有的秉赋'。这与任何所谓专门学术不同；那些专门学术没有一门普遍地研究实是之所以为实是。它们把实是切下一段来，研究这一段的质性；例如数学就是这

① ［英］迈克尔·达米特：《分析哲学的起源·序》，王路译，上海译文出版社2005年版，第5页。

② ［德］文德尔班：《哲学史教程》，第1页。

③ ［英］伯特兰·罗素：《西方哲学史》，第11—12页。

样做。”[①]

在这段论述中，亚里士多德指出了形而上学有两个基本特点：其一，研究对象是“实是”整体或整个“实是”；其二，研究内容有两个要点：一是研究“实是”的所以然之理；一是研究“实是”的所当然之理。在理解亚里士多德这段话的意义时，不应纠缠于细节，拘泥于这里所讲的“实是”的具体涵义（按：这里“实是”概念在外延上包括一切存在），以为唯有研究这个意义的“实是”才属于形而上学，才是真正的哲学，而是应当抓住这段话的精神实质，把握其思想的基本原则，对其本义作合乎其思想基本原则的合理引申，将“实是”看作是一个泛指一定研究领域的客体存在的语词，从而把亚里士多德所指形而上学的学术特点理解为是它在研究客体存在时所表现出来的区别于其他学术的特殊思维路向，即它不是去研究而且也无意于去研究客体存在的具体属性以及这些属性之间的具体联系，而是把着意点放到客体存在的本体（按：它的各种属性都不过是其本体的现象形态）上，去探究客体存在的“所自然之体”、“所以然之故”和“所当然之理”。

所谓客体存在的“所自然之体”，就是研究它、认识它的人所欲探知的它的本来状态之究竟，这种状态相对于它显示在研究它、认识它的人面前的感性形象来说，就是它的本体，后者则是它的现象。对研究它、认识它的人来说，它的本来状态（本体）不仅隐藏在他所感知到的它的感性形象（现象）背后，而且外在于他的感觉，丝毫不受他的感觉因素的影响，因而不仅是它的本来状态，也是它的自然状态，在这种状态中，它就是它自己，一个独立而完整的自在之体。哲学对客体存在的“所自然之体”的穷究，是意味着要达到对客体存在的全面性认识或整体性把握。在这个意义上，“哲学之知”即是“全面之知”、“整体之知”。

所谓客体存在的“所以然之故”，就是对于研究它、认识它的人来说欲知它

① 亚里士多德：《形而上学》，第56页。

为何如是的原因和原理。它的原因就是对研究它、认识它的人来说尚不清楚的、促使它产生出来的他物；它的原理就是促使它产生出来的这个未知的他物的内在动力——假使这个未知的他物是人抑或被想象为似人一样有意识的东西（神），那么，这个他物的内在动力就是他（人或神）的动机或目的。哲学所关注和研究的客体存在，其原因和原理都不是在它自身之中，而是外在于它的他物及其本性，因此，对它的原因和理由的研究，就是意味着把它和在研究者看来是与它相关的他物联系到一起，考察它与他物相互影响、相互作用的关系，以发现它与他物之间的必然联系。哲学对客体存在的“所以然之故”的追究，是意味着要达到对隐藏在客体存在背后的必然联系的认识。在这个意义上，“哲学之知”即是“必然之知”。

所谓客体存在的“所当然之理”，就是在已知其背后的必然联系的人看来它在这种联系中为它的原因和原理所决定的它与它的未来之间的联系。对于研究它、认识它的人来说，它与它的未来之间的联系也是隐藏在它背后的必然联系，但是这种必然联系中的未知之物与它的关系不是它与他物之间的关系，而是它的自我关系——它与未来之它的关系。从客体存在的时空维度上说，它与他物之间的必然联系是空间上的必然联系，它与未来之它的必然联系是时间上的必然联系。对研究这两种必然联系的人来说，如果他把握了这些联系，那么，其空间上的必然联系对他来说乃是已然性的实然联系，其时间上的必然联系对他来说则是未然性的应然联系。未然而应然的必然联系即为当然联系。哲学对客体存在的“所当然之理”的研究，是意味着要达到对隐藏在客体存在背后的当然联系的认识。在这个意义上，“哲学之知”即是“当然之知”。

如果我们尊重传统或习惯所赋予哲学的涵义，我们就有理由认为，按其本性来说，哲学就是“求体”、“求故”、“求理”之学。这门学问所追求的知识是关于客体存在的属性或现象之外的知识，亦即关于客体存在的现象界背后的本体界的知识。这便是传统哲学的学术特性之所在。

三

以上所述乃是依据渊源于亚里士多德哲学的西方传统的哲学概念来对传统哲学的学术特性所作的分析与判断，但是，这种西方传统的哲学概念是否也适用于中国？换言之，中国固有的学术中是否也有一个追求“整体之知”、“必然之知”、“当然之知”的传统？

中国学术的发端如果从西周算起，那么，从西周开始，经历春秋、战国、秦朝，至西汉武帝时，已经形成了一个如司马谈（?—前110）所称的“究天人之际，通古今之变，成一家之言”[①]的学术传统。所谓“究天人之际”，[②]按西语习惯来表达，就是研究宇宙和人生及其相互关系。而“究天人之际”的所谓“究”是“穷究”之“究”[③]，意指追本穷源。“究天人之际”不是研究宇宙中的具体事物和人生的具体事务及其相互间的具体关系，而是对宇宙、人生及其相互关系作追本穷源的学术探究，如此探究所得到的知识、思想、观念，按西语习惯来表达，正是中国传统的宇宙观和人生观。自西周以来逐渐形成而至西汉初年已成传统的“究天人之际”的学问，就是中国传统学术中的哲学——中国传统哲学。

和西方传统哲学一样，中国传统哲学同样是“求体”、“求故”、“求理”之学。这里无须亦不容作长篇大论，只消考察和分析一下老子之学，即可收“窥斑见豹”之效。

先从“求体”说起，老学已开其端。老子说：“天下有始，以为天下母。既得其母，以知其子；既知其子，复守其母。”[④]老子想象宇宙有一个开端，他称开

---

① 《史记·太史公自序》。

② 与司马谈同时代的董仲舒（前179年—前104年）则称为“观天人相与之际”（董仲舒：《天人三策》，载班固《汉书·董仲舒传》），而三国魏何晏（?—249年）则有“论天人之际”（刘义庆：《世说新语·文学四》）之说。

③ 许慎（约58—约147）：《说文解字》：“究，穷也。”

④ 通行本《老子·五十二章》。

端时的宇宙为“天下母”。开端时的宇宙是怎样？这是老子首先要探究并且后来他自认为终于弄明白了的问题。就他当初探究这个问题时，开端时的宇宙或宇宙的本来状态便是他所未知而欲探究的宇宙的所自然之体。“得其母”便是指获知宇宙的所自然之体。对宇宙的认识者来说，这个被他称作“天下母”又“字之曰道”的原始宇宙与由它所派生出来的万物的关系，就是宇宙本体与这个本体的属性或现象之间的关系。所谓“既得其母，以知其子”的“母”与“子”，正是老子认识论中用以标志本体与属性或现象的一对范畴。“既得其母，以知其子”是意味着以“得母”（把握本体）为“知子”（理解现象或属性）的充要条件，这是老子认识论的根本观点。这个观点蕴含着被他称作“道纪”的认识路线与认知方法：“执古之道，以御今之有。能知古始，是谓道纪。”① 老子之所以坚持从本体（道）到现象（有、万物）的认知路线和依据对本体的认识来理解具体的现象或属性的认知方法，这显然意味着他是要达到对世界认识的全面性，避免认识的片面性。事实上，老子的确说“圣人不行而知”、“不出户，知天下；不窥牖，见天道”，他所摆出的理由就是：“其出弥远，其知弥少。”② 即认为由经验活动（“行”）得来的知识是完全不靠谱的，对于认识世界的真相毫无益处，相反，越是沉迷于经验知识的索求，就越是远离世界的真相。老子的“求体（道）”方法，在大思路上颇似弗兰西斯·培根在《新工具》（1620）中评论创自亚里士多德的传统演绎法时所指这种方法在把握宇宙本体方面的表现：“从感官和特殊的东西飞越到最普遍的原理”，③“开始时一下子就建立起某些抽象的、无用的、普遍的东西”。④ 实际上，老子所谓“既得其母，以知其子”的认知逻辑，与西方传统演绎法所蕴含的认知逻辑并无二致，在认识路线上是同一的，只是老子并没有像亚里士多德那样按照这套认知逻辑去深入钻研怎样进行演绎推理

① 《老子·十四章》。

② 《老子·四十七章》。

③ ［英］弗兰西斯·培根：《新工具》，许宝骙译，商务印书馆 1997 年版，第 12 页。

④ 参见［英］弗兰西斯·培根：《新工具》，第 12—13 页。

从而创立关于演绎推理的理则学（logic）[①]。

从另一维度看，老子不仅“求体”，他同时还“求故”，因为“道”既被他看作本体（本来状态或自然状态）、整体（混然为一的混沌状态）的宇宙，又被他看作万物由以产生的根源。“道”作为万物的根源对认识者（老子）来说，正就是他起初想要知道且后来他自认为终于获知了的造成现象世界（万物）的原因。正是从这个维度看，老子所谓“母”“子”也具有认识论上的因果意义，从而其“既得其母，以知其子”的认知逻辑，也可以被理解为是他将自己所把握到的“道”与万物之间必然的因果联系引入到认知领域，把它当做认识世界的思想规律来看待的结果。另外，从促使万物产生的“道”的内在动力来看，老子所谓“道常无为而无不为”[②]的“常无为”，恰恰就是他起初欲知其究竟而后自以为得知的万物为何能产生和存在的原理，这个原理同时也是他所理解的“道”为何能生万物的缘故。“求故”在老子之学中的具体意义，就是既求万物生存之理，又求“道”生万物之故。而“常无为”，就是老子所求得的并且自以为是千真万确的万物生存之理和“道”生万物之故。从老子思想的整体来看，“常无为”之理是他所最为看重的，因为在他看来，对治理天下的“侯王”来说，认识万物生存之理和“道”生万物之故最为重要，如果掌握了这两个方面的原因（实为同一原理的两个方面），“侯王”就能“同于道”：“道常无为而无不为。侯王若能守之，万物将自化。”[③]这意味着“常无为”对“道”来说就是“道”为其本性所决定的它的当然之理，而对治理天下的统治者来说，则是其治理天下所该遵守的应然之理。而所谓“常无为”的意义，在“道”即是“道法自然”，在“王”即是“守道”。在老子看来，“侯王”若不能“守道”而“常无为”，他就只是个徒有其“侯王”封号的蹩脚统治者，绝不能成为与“道”、“天”、“地”并称“域中四大”的“王”。“王”之所以为“王”，是因其像“天”“地”一样

① “逻辑”是1902年严复（1854—1921）翻译《穆勒名学》时对英文logic一词的音译，意译为“名学”，日语译为“论理学”，牟宗三（1909—1995）则译作“理则学”。笔者认为牟先生的译法最为得体，故而从之。

② 《老子·三十七章》。

③ 《老子·三十七章》。

“守道”，即如“法自然”的“道”那样“常无为”。“故道大、天大、地大、王亦大。域中有四大，而王居其一焉。人法地，地法天，天法道，道法自然。”① 这里“自然”② 一词含有双重意义，既是指对宇宙来说的它的本来状态，又是指对人来说的宇宙的自然状态。所谓“人法地，地法天，天法道，道法自然”也是一语双关：既是就“可以为天下母”的“道”本身而言，说“道”是永远保持着它的本来状态而不改变；又是就“域中四大”中的“天”、“地”、“王”而言，说它们都是效法“道”而与宇宙自然状态保持同一而无有偏失——这正是老子将其三者与“道”并称“域中四大”的理由。根据老子的论述，“域中四大”中的“道”有两种存在状态：一是它作为“天地之始”的“无名”状态，一是它作为“万物之母”的“有名”状态。③“道法自然”的“自然”是指“道”作为“天地之始”的“无名”状态而言，这种状态对“道生一，一生二，二生三，三生万物”④ 的演化过程来说就是“道”之“始然”或“本体”。处于这种原始状态的“道”，老子称它为“无名之朴”。⑤ 所以，直接地说是“道法自然”，间接地说其实是“道法无名”。他所谓“道常无名”，⑥ 实际上正是说“道以无名为常法”。“这里‘无名’应被理解为犹如处在黑暗中的人尚未向他人发出表明自己

---

① 《老子·二十五章》。

② 据东汉许慎《说文解字》对“自”的解说，“自”的本字为“鼻”。而“鼻”字，许慎《说文》解为“主臭者”（指鼻子），西汉扬雄（公元前53—公元18）《方言》则解为“始”。后来“自”从“鼻”字中分离出来而独立成词以后，仍留有“始”之义。先秦典籍中，“自”既有作代词用的情况，也有作名词用的情况。如《孟子·离娄》：“人必自侮，然后人侮之；家必自毁，而后人毁之；国必自伐，而后人伐之。”此处“自”为代词，指自己。作名词使用时，“自”含有“起始”、“开头”、“由来”、“起源”等意义。如《韩非子·心度》：“故法者，王之本也；刑者，爱之自也。”这里“自”与“本”被并举使用，它们是近义词，“本”是“根源”之意，“自”是“起始”之意。如《礼记·中庸》：“知风之自，知微之显，可以入德也。”这里的“自”是“由来”、“起源”之意。所以，“自然”一词既可释义为“自己如此”，又可释义为“原初的样子”。在后一种意义上，“自然”相当于张载（1020—1077）《正蒙·太和》“太虚无形，气之本体”的所谓“本体”（意指本来状态）。

③ 《老子·一章》：“无名，天地之始；有名，万物之母。”

④ 《老子·四十二章》。

⑤ 《老子·三十七章》。

⑥ 《老子·三十二章》。

存在情况的口语信号，自然之道尚处在‘寂兮寥兮’[①]的状态而没有以感性形式来表现自己。”这是表明“道”尚未有“自我表现之欲”。[②]这种“常无欲”的无名状态，便是所谓“虚极”、“静笃”[③]的原始虚静状态。“道以无名为常法”是意味着“道”永远保持着它原初的那种无欲虚静状态。在老子看来，“道”常无欲虚静就是意味着“道常无为”。正因为“道”是如此常无欲、虚静、无为，它才可以作为“域中”的最高准则而为天、地、人所取法，换言之，“道”之所以为“域中”“天下式”[④]，就是因为“道法自然”——“道”永远保持着其无欲、虚静、无为的原始状态。《庄子·天道篇》所谓“夫虚静恬淡寂寞无为者，天地之平而道德之至也”，其实也是讲的这个道理。就是根据这个原理，老子认为欲观“道”之“常无为而无不为”之要妙，须得如“道”之“常无欲”[⑤]，否则就无法“得道”，“守道”便无从谈起了。

在笔者看来，老子之学是“求体”、“求故”、“求理”之学，这是确然无疑的。如果把老学的范畴同玄学的“本”“末”范畴、佛学和理学的“体”“用”范畴联系起来，我们更可以看到，这三对范畴是有其历史的和逻辑的联系的，它们之间既是一脉相承，又互有差异，即它们都是反映“求体”、“求故”、“求理”之学所特有的认知方式的认识论范畴，都是标志作为认识对象的客体存在的本体与现象的关系范畴，只是在由它们所分别代表的三种互有同异的认知方式下，这种关系被赋予了相近而不完全相同的意义。粗略地说，在以老子为代表的上古时代的认知方式下，本体与现象的关系普遍被理解为“母”“子”关系，这个时代的认知方式可称为“母子模式”；在以王弼（226—249）为代表的中古时代的认知方式下，本体与现象的关系普遍被理解为“本”“末”关系，这个时

---

① 《老子·二十五章》。按：寂：无音声。寥：空，无形。

② 参见拙文：《“体道”的必要性、原理及方法——〈老子〉道篇首章新解》，《江南大学学报（人文社会科学版）》2011年第6期。

③ 《老子·十六章》：“致虚极，守静笃。万物并作，吾以观复。”

④ 语出《老子·二十二章》：“曲则全，枉则直，洼则盈，敝则新，少则得，多则惑。是以圣人抱一为天下式。”又见《二十八章》：“知其白，守其黑，为天下式。”

⑤ 《老子·一章》：“常无欲，以观其妙”。

代的认知方式可称为“本末模式”；在以朱熹（1130—1200）为代表的近古时代的认知方式下，本体与现象的关系普遍被理解为“体”“用”关系，这个时代的认知方式可称为“体用模式”。与之相应，这三个时代的“求体”、“求故”、“求理”之学可分别被归结为上古的“求母之学”、中古的“求本之学”和近古的“求体之学”。“求母之学”以老子之学最为典型，其特点上文已论之。较之于上古的“求母之学”，中古的“求本之学”的特点在于：它不像“求母之学”在知行问题上只讲“得母”和“守母”，而是既讲“崇本息末”又讲“统本举末”。由此可以看出这两个时代的认知方式是不一样的：“母子模式”是只关心现象背后的本体，不关心现象如何表现本体，只讲本体决定现象，不讲现象对本体的能动作用；“本末模式”则不但关心现象背后的本体，也关心现象如何表现本体，不但讲本体决定现象，也讲现象对本体的反作用。可以认为，“母子模式”是机械的本体决定论认知模式，“本末模式”是带有辩证性的本体决定论认知模式。近古的“求体之学”又与中古的“求本之学”有一定差异，这突出地表现在“求体之学”主张“体用一源，显微无间”，其如此强调本体与现象之间互相依赖、互相包含、互相转化的同一性，实有将本体与现象合为一体的思想倾向，由此可以看到近古时代的认知方式与过去的认知方式都不同：上古的“母子模式”和中古的“本末模式”尽管有一定差异，但它们都是属于决定论认知模式，而近古的“体用模式”却是一种非决定论认知模式。于此可见，从上古到中古再到近古，中国传统哲学的发展呈现出这样一个规律性现象：越往古则越是关心现象背后的本体，越往今则越是不关心现象背后的本体。或者也可以说，越往古则越是不关心现象世界，越往今则越是关心现象世界。这个规律性现象在很大程度上反映出中华传统哲学知性有一个从“理智哲学知性”到“经验哲学知性”的演变过程。

哲学知性是人类知性的一种形式，无论这种知性在人类知性系统中占有怎样的地位和发挥怎样的作用，它都是人类本性（人性）内容之一，这是确定无疑的，因而它也无疑是我们自己作为人类成员的类本质的内容之一，在此意义上，哲学史研究不过是从一个方面对自己的类本质进行历史维度的自我反省，以达到对这种自我本性之来龙去脉的自知之明。就我们作为中华民族的成员来说，中国哲学史研究也不过是对自己的民族本性进行历史维度的自我反省，以达到对这种自我本性之来龙去脉的自知之明。

论从传统到现代的创造性转化

朱晓鹏 *

一

中国是世界上少有的有着数千年延绵不绝的文明史的国度。中国数千年的文明史为我们留下了丰富悠久的思想文化传统，面对这种传统的思想文化，我们后人当然有责任要予以继承和发扬。然而，需要我们认真思考的一个重要问题是，我们究竟为什么要研究传统的思想文化？应该研究传统思想文化中的哪些东西？我认为传统思想文化的研究归根结底是为了现代人的生活和思考，是为现时代以及未来人们寻求一种更合理、更有意义的生活服务的。因此，对传统思想文化的研究要着重研究传统思想文化中所具有的那些恒久生命力和普遍性价值的成分，那些蕴含了可以成为回应现时代问题及重建当代思想文化的丰富可贵的精神资源，使之成为中国社会从传统向现代性转换过程中应予以借鉴依凭的一个特有的民族性基础。具体而言，就是既要研究传统思想文化中其固有的价值和精华，特别是其对于现代社会的思想文化和社会生活所具有的那些作用和意义，包括通过对传统经典的现代阐释和运用揭示出传统思想文化中所蕴含的现代性要素及其意义，蕴含的那些可以转化为推进我国社会发展和现代化的丰厚“软实力”，又要研究传统思想文化现代化或作用于现代社会的思想文化、社会生活的途径、方法问题，研究传统文化向现代文化转型的路径等问题。

* 朱晓鹏，杭州师范大学中国哲学与文化研究所教授、所长。

只有这样，在当今现代化和全球化的历史潮流中，民族复兴和中国文化的重建才既可以有其具有普适性的现代性坐标，也可以找到自己独特的民族性基础。

为了实现上述目标，我们今天对传统思想文化的研究、继承和发扬，就不只是要向传统回归、让传统复活，而是要实现传统的创造性转化。由华人学者林毓生教授最早提出的“创造转化”的观念，近30多年来已经在华人的文化圈、学术界里被普遍接受。创造性转化意味着从现代的维度来观察、研究传统思想文化问题。它不但要以此克服五四新文化运动以来西化派与传统派的长期对立与纠葛，也要求超越可能缺乏自信的“中国传统思想如何现代化”的命题，将一百多年来学者们有关思想变革的看法，导入至少在心态上是一种相当健全的方向。正如韦政通先生所说的，“创造转化”思想的精髓，不但对中国的思想传统在态度上应采取批判地继承，对西方文化也应做到批判地吸收，彻底解除以往“我族中心”或“西方中心”文化交流上的不平衡、不理性的状态。①

按照这一思路，从传统到现代的创造性转化，就不仅仅是涉及“古今”问题，还要涉及“中西”问题。正因此，有关中西古今之争成了中国近现代一个最重要的文化主题。一个多世纪以来中国的文化思潮与文化论争，大都是围绕古今中西关系而展开的，从中体西用论、西化论、五四新文化运动，一直到20世纪80年代以来的文化热，这一主题都不断再现。这种中西古今之争的实质是如何理顺文化的民族性与时代性、本土文化与外来文化的关系，从而解决任何后发展中国家在迈向现代化过程都必然碰到的现代文化的重建问题。

不过，从历史形态上看，这样一个复杂的“中西古今”问题，首先碰到的就是严酷的“中西”冲突问题。中国人在因遭受西方列强坚船利炮的侵略和先进科学技术及文化的强烈冲击后所产生的严重的文化危机时，首先提出了“中体西用”论，即以西方先进的科技之用补救中国固有文化之体，试图以此作为实现从传统到现代的创造性转化的主要应对之策。然而，因为中国传统社会是一个以小农为主导的农业社会，近现代社会在本质上是以大工业生产为主导的

① 韦政通：《中国思想传统的创造转化》，《韦政通自选集》自序，云南人民出版社2002年版，第1页。

工业化社会和以商业生产和交换为主导的市场化社会。显然，这两种社会的主导价值观和文化形态是存在巨大差异的。这种差异不仅仅是空间分布上的不同典型，更是时间纵向上的不同发展序列。中国传统社会文化是典型的古代社会文化形态，而西方近现代社会文化则是现代性社会文化形态，它们之间有着质的区别，中西异质文化和异质社会造成了“中西之别”在很大程度上也就是“古今之别”。所以，如果说“中体西用”论还基本上把中西方文化定位为不同的文化类型，甚至骨子里还把中国传统文化看作高于西方文化之“体”，那么，自甲午战争、戊戌变法失败之后，“中体西用”论完全破产后，随之兴起的西化论、新文化运动等则已将“中西之争”进一步演变成了“古今之争”，即将中国传统社会文化看作停留于中古阶段的社会文化，而西方近代以来的文化则被视为代表着人类新的文明方向的现代文化。[①] 因此，中国近现代“向西方学习”的过程也就并不仅仅是被当做不同文化之间模式、典范的“转型”，更是被视为社会文化在整体层面上由传统向现代的演进、变迁。正如冯友兰所说：“一般人心目中所有之中西之分，大部分都是古今之异。所以以近代文化或现代文化指一般人所谓西洋文化是通得多……我们近百年来之所以到处吃亏，并不是因为我们的文化是中国底，而是因为我们的文化是中古底，这一个觉悟是很大底。”[②]

从文化发生学上来看，上述观念演变是有其合理性的。中国近代以来的中西文化冲突实质上是在不同历史阶梯上的文化冲突：近代中国还是传统文化的世界，但它面对的已不是西方世界的传统文化，而是近现代文化！这样一种以传统文化对抗现代文化的战争，当然是难免失败的。所以我们不能简单地对中西文化做出好坏优劣甚至先进落后的价值判断。就一般而言，任何一种文化的价值及其效用都不可能是无限的，而是必有其核心与边界。根据经济学上的“边际效用”原理，一种东西的价值及其效用将会呈现从核心到边界的递减规律。因此，要对各种文化的价值及其效用进行正确的判断，必须首先对不同文化划分出其合理的“价值边界”，从而认识到不同文化既有其核心价值，也有其“价

① 参见朱晓鹏：《中国传统社会文化的近现代变革》，《河北学刊》2006 年第 2 期。

② 冯友兰：《冯友兰学术论著自选集》，北京师范大学出版社 1992 年版，第 156 页。

值边界”。在这种“价值边界”，其文化的价值及其效用很可能是十分微小甚至归零。根据这一道理，我们要对中西文化作出正确的价值判断，也必须首先对中西方不同文化划分出合理的“价值边界”。就中国传统文化来说，尽管在其“价值边界”以内，有其曾经十分辉煌、灿烂的核心价值，但是一旦超出了其“价值边界”，其效用可能就不行了，因为它已经与其相适应的特定的社会文化环境、历史条件相脱节，所以无法发挥其应有的效用。如传统伦理道德主要滋生并适应于以血缘宗族关系为基础的乡土社会、“熟人社会”，但显然已经不适用于现代高度流动性、平等化的工商社会、“陌生人社会”。因此，我们不能简单地说传统文化失效了，因为它已超出了其适应范围。而面对现代高度流动性、平等化的工商社会、“陌生人社会”，必须进行与之相适应的伦理道德的重建。

二

如上所述，从当代的视野来看，中国文化发展的现代化，首先是一个从传统到现代的创造性转化过程，实际上它就是一个“中西古今”的融合贯通过程。也就是说，它既必须打通“中西”，又必须对接“古今”，并最终实现从传统到现代的创造性转化和现代思想文化的创新。

一方面，必须在横向的空间维度上打通“中西”。要实现从传统到现代的创造性转化，对中国固有的丰富悠久、深刻博大的思想文化传统首先应该有深入准确的了解，这几乎是不必待言的。但是仅仅如此显然还不够。要知道我们生活在东西方文化交融甚至文化全球化的时代，西方文化已经作为一个重要的参照系存在于我们的面前，我们普遍地受到了西方文化的深刻影响，这是我们所无法回避和漠视的事实。更何况，一百多年来西方文化对中国文化产生了非常巨大的冲击，以致造成了中国原有的传统社会秩序和文化体系崩溃的严重社会文化危机。因此，如何看待中国传统文化和西方现代文化及其关系就成了一个十分迫切的问题，整个近现代中国的思想文化论争首先是围绕着这种“中西之争”展开的。不过，无论是“中体西用论”还是“西化论”，都是无法最终有效地解决中国传统思想文化的现代化问题的。因为一方面，实际上任何文化形态的更新发展都离不开原有文化的积累作为有效载体，离不开原有文化主体的积极参与作为内在动力。中国传统的思想文化能够延续发展几千年的顽强生命力也使它完全具备作为文化更新发展的有效载体和内在动力的主体资格。历史事实表明，一种具有丰富独特的民族性、地域性色彩的文化越是具有活力，在世界文化舞台上就越能够散发出独有的魅力，从而越容易具有世界性的地位和影响。因为所谓世界历史和世界文化也就是由这种丰富的富有活力的多样性文化组成的。而另一方面，西方文化作为一个重要的参照系不仅在从传统到现代的文化形态的更新发展上先走了一步，因之具有示范作用，而且作为对中国传统文化产生了巨大冲击，造成了中国近代社会文化空前严重危机的外来异质文化，正可以对中国思想文化从传统到现代的创造性转化形成必要的张力。思想文化的转型一般有两种模式：一种是主动的自我更新，如明清之际的思想启蒙运动，西方的现代化运动；一种是被动的诱致性变迁，如近代中国文化的变革。不过，在现代社会文化条件下，特别是全球化进程迅猛普遍的世界里，上述两种模式几乎都不可能单独发生和成功。真正成功有效的思想文化的现代转型，往往都需要有两种模式的交互作用，最后形成由被动的诱致性变迁导致主动的自我更新，从而实现从传统到现代的创造性转化。因此，我们实际上要对西方文化有很深的了解和吸收，使西方异质文化和中国固有的传统文化相互融合，才可以做重建传统的创造性工作。而且西方文化作为一种异质文化，能使人对自己原有的文化圈产生“距离化”，从而有利于对其进行更清醒、理智的审视和批判。可以说通过吸收异质的西方文化而达到对传统文化的批判是现代思想文化创造的一个重要途径。总之，现代思想文化的真正发展，绝不是在原有封闭的文化体系中的自我爬行，而必须要放眼世界，以全球化的眼光，以海纳百川的宽阔胸襟来对待一切外来文化和先进文化，以人之长，补己之短，勇敢地融入到浩浩荡荡的世界历史进程中去，创造出中西文化会通融合的现代新文化。这既是文化变革的内在要求，也是文化发展和创新的必要条件。中国近代著名思想家洪秀全、康有为、严复、谭嗣同、孙中山等都主张中西文化不同程度的会通融合。

康有为在戊戌变法时提出："泯中西之界限，化新旧之门户。"[①] 严复则指出："必将阔视远想，统新故而视其通，苞中外而计其全，而后得之。"[②] 孙中山也强调："发扬吾固有之文化，且吸收世界之文化而光大之，以期与诸民族并驱于世界。"[③]

另一方面，必须在纵向的时间维度上对接"古今"。古与今、传统与现代并非是二元对立、非此即彼的，思想文化的转型不是要通过彻底否定传统、抛弃传统来实现的。因为社会及文化的发展有一些共通性，由此即使现代社会文化的发展也需要传统的某些内容，需要从传统中吸取有用的资源；现代文化的发展还可以从传统文化的形成、发展的机制和理路上吸取有益的经验教训，所以任何文化形态的更新发展都不可能是在一个文化"废墟"或"空地"上出现，更不可能直接通过文化移植或文化替代来实现，而是必然要在原有的文化基础上进行文化重构。但是，中国传统文化毕竟又是适合于传统社会这一特定时代的精神产品，它更多地具有过去的历史时代的特征，反映着以往社会文化的需要，体现了一种历史性的维度。因此，思想文化的转型需要建立现代性的维度，从现代人的需要和眼光对传统进行分析和反思，剔除传统中消极的、不合理的成分，使它能赢得现时代更多人的心理认同、文化认同，获得更多更大的文化包容性，体现出思想文化的时代性、世界性。当然，更重要的是，要以思想文化的创新来实现传统思想文化与时代性、现代性的对接。继承的目的是为了创新，离开了创新，文化变革也就失去了其本来的意义。只有创造出符合现代社会生活特点和需要的新文化，传统思想文化的现代转型才能算是成功的，才可以说是从传统到现代的创造性转化。因此，要发扬中国的传统思想文化，至少要具备现代的基本的能力、基本的知识和思考的训练，要有明确的现代意识。在这个基础上，去消化传统的思想，去思考传统的问题，去审视传统的思路，给传统问题一个属于这个时代的解释，赋予传统以现代的生命，使它具有现代的意义。否则，以传统解释传统，会由于它已经缺乏活泼泼的生命去承载而把传

---

① 康有为：《康有为政论集》(上册)，中华书局1981年版，第294页。

② 严复：《严复集》第3册，中华书局1986年版，第560页。

③ 孙中山：《中国革命史》，《孙中山全集》第7卷，中华书局1981年版，第60页。

统变成一种腐朽了的东西。也只有如此，思想文化才具有真正的现代性。如前所说，如果说“中体西用”论还基本上把中西方文化定位为不同的文化类型，文化形态的更新发展过程被当做不同文化之间模式、典范的“转型”，那么，将“中西之争”进一步演变成了“古今之争”之后，中国现代文化形态的更新发展过程也就被视为是在社会文化的整体层面上要实现由“古”到“今”、从传统向现代的变迁。实际上，这样一个过程到现在为止仍然远未完成，中国思想文化的现代化仍然任重而道远。

从另一个角度上看，要实现传统思想文化与时代性、现代性的对接，一个十分重要的途径是要深入到社会现实层面。形而上的沉思不能疏离形而下之域，哲学思考不仅不能囿于单纯的形而上的思考，反而应该切入到现实的形而下的生活世界中去，在现实的生活世界中去关注社会生活的本质、发现现实中的根本性问题，然后利用各种思想文化资源寻求解决这些问题的思路和办法。从这个意义上说，传统思想文化的现代价值正是主要取决于它们能够在多大程度上利用这种思想文化资源发现现代社会生活的本质、解决那些根本性问题。当然，这样一个过程往往也就蕴含了真正的思想文化创新的重要基础。

三

具体来说，要通过“中西古今”的融合贯通实现从传统到现代的创造性转化，就至少还要从以下几个具体方面进行展开和努力：

一是必须对中国历史上的基本原典以及重要思想文化现象作深入的解读研究。以儒家、道家等为代表的传统思想作为中国文化史上辉煌灿烂的思想范本，是真实地体现出了民族文化的原型精神的文化符号，是中国传统文化中极为重要的基本组成部分，是以后的思想者可以反复从中汲取思想养料、获得思想启迪的重要精神资源。通过系统深入地研究这些重要思想能够帮助我们今人更好地理解本民族的传统文化的内在精神、文化类型和理论思维的特点，理解作为一个文明的整体和特有的文化传统所具有的内在特质，理解其中所蕴含的各种核心价值和基本观念及其对于本民族悠久的文明发展所起的规范和导向作用。在具体的解读研究中，应该采取历史和逻辑相统一的方法。一方面，要对各种经典原著和重要史料包括出土文献作出必要的考证、整理和诠释，因为对一些史料史实进行考证和对历史和事实尽可能提供深入确实的分析说明，切入到对文本的具体诠释的深度解读研究，正是任何一种思想史的研究都需要的最基础的研究。为此，应该尽可能地“复原”或“再现”那些基本原典以及重要思想文化现象产生时的现实“语境”，重建它们在的历史上的思想生态环境，以求与古代思想家进行超时空的交流、沟通和“对话”，从而达到较客观准确的理解和阐释。另一方面，由于任何原著和史料都不可能是一种僵死了的抽象理智的陈列，是一系列毫无生气、也毫无联系的史料的堆积，而是一些体现了前代人对自然、社会、人生、价值、理想等的理解和追求，以及表达、阐述这些思想、理论和信念的建构方式和概念系统，因而我们今人对以往思想的研究，除了应努力对那些原创性原典作全面的、富有新意的解读，甚至在微观上对一些重要的概念命题和史料史实作必要考证辨析之外，还应着重从学理上对那些原典及其思想展开多层次多角度的探析。也就是说，我们不能仅仅满足于对原著和史料包括出土文献的考证、整理和诠释，而是应对古人通过那些具体的文本所体现出的思想和认识作深刻系统的理解和阐释，并且学习研究这些思想和认识生长发展的特有方法和途径即“如何思想”，努力揭示那些基本原典以及重要思想文化的基本内涵、主要精神及其固有价值和意义。尽管它们难免还会掺杂有我们今天的阐释者“自己的理解和阐释”，但这种从考据与学理、文本结构与逻辑结构、宏观与微观、内在逻辑与历史发展相统一的多元化角度对传统思想文化的理解、把握，无疑是十分有利于从整体“原生态”上、从活生生的思想有机体来贯穿和统揽整个传统思想的理解和阐释，以此尽可能构建、复原那些真实的传统思想形象。

二是努力挖掘传统思想文化的普适价值及其意义。由于不同时代和地域的人类所面临的生存环境和生存方式有其共同性，人类对超越自然和自我、实现理想的追求也有某些相似之处，所以在思想文化上就必然会产生某些被普遍认同的文化观念。任何一种人类历史上较为重要的思想文化体系，都是反映这种人类思想文化背景的产物，即它们既是当时的时代精神和社会传统的结晶，又都或多或少包含有某些超越于时代和地域的普适价值，体现了其具有时代性和普适性的双重属性的统一。而这些具有普适价值的思想文化往往构成了人类文明发展的重要基础，体现了一些人类生活的共同准则和价值的基本取向。中国是文明古国、礼仪之邦，其悠久传统所体现的深厚的文化积淀，往往就具有极丰富的普适价值。特别是其中所蕴含的丰富的人生智慧、生态伦理观念、道德礼仪文化，可以说是中华民族传统文化贡献给人类社会的最具有普适价值的文明成果之一。这些丰富的人生智慧、生态伦理观念、道德礼仪文化，在剔除掉其中不合时宜的一些具体历史内涵后，作为观念样式，它们确实仍具有某些超时空的价值，兼有时代性和普遍性的双重属性。

然而，注重传统思想文化的普适价值并不意味着排斥传统思想文化自身往往特有的地域性、民族性、本土性的价值，相反，从世界文化发展史上来看，正是由富有活力的多样性文化组成了所谓世界历史和世界文化。每一种具有独特活力的民族性、地域性色彩的文化往往越能够在世界文化舞台上散发出其独有的魅力，从而越容易具有世界性的地位和影响。即使是一种非主流的、边缘化的思想学说，也不见得仅仅具有有限性的、地区性的意义，而是有可能蕴含了当时主流文化、正统社会还无法理解和包容的新的价值观。因此，研究具有独特的地域性、民族性、本土性价值的中国传统思想文化不但对于研究特定地域的传统思想文化与当时当地的整个思想文化及经济社会发展的关系、地域性与全球化、区域文化与普适性文化等等的关系，都是非常有意义的研究课题，而且对于探讨那些独特的区域文化传统中所蕴含的根本性“本土性问题”及其解决方案在中国思想史上的重要价值和地位，探讨在目前日益全球化背景下重新评估所谓“地方性知识”的意义和普适性价值，以及当代问题意识下思想文化的本土化途径、传统文化的现代化路径等问题都会富有启迪作用。总之，自由、宽容和多元化的思想文化生态正是一切思想文化发展的根本保障。

三是实现历史追溯与思想探索的紧密结合，即“史”与“思”的统一。例如哲学的思考不同于其他学术研究的一个重要特点就是它离不开对以往哲学史的研究，正如黑格尔所说的，哲学是哲学史的总结，哲学史是哲学的展开。从一定意义上说，哲学就是“史”与“思”的结合。哲学作为一种“思”，总是在过去“思”的积累基础上进行的，因此，哲学史作为过去“思”的积累，其本身就构成了哲学之思的一个基础，是与我们现在的“思”密切相关的一种“活”的历史。任何新哲学的重建总是以不断地反省以往哲学为自己的前提。因此，哲学史上曾出现过的那些哲学思想，特别是那些具有原创性的重要哲学思想，就成了后人需要不断返回驻足的思想原点，成了以后的思想者可以反复从中汲取思想养料、获得思想启迪的重要精神资源。正因此，我们必须以丰富全面的历史材料、经典文本作为基础进行扎实的研究。但是另一方面，我们又必须站在现时代的前沿，以对现实社会和人生重大问题的关切为基点，从“以道观之”的形而上高度作为视点来推进理论的智慧之思，以史和思的联系来展开其所思的维度，以求在融通古今中西原创的思想智慧基础上以“既济”来支撑“未济”，使任何当下的思想探索都既有充分的历史厚度，又始终能有一种面向未来、保持开放的态度。显然，这样一种态度，在今日中国思想文化长期处于丧失本位状态的情况下，应该是对于传统思想文化的一种真正意义上的批判继承态度，也是一种在“会通以超胜”的开放视域和总体取向中的思想创新之路。

四是要致力于探讨传统思想文化的多方面、多层次的重要的现代价值和现代意义。思想史研究的一个重要意义还在于它能够为当代的思想文化的研究和创新提供可以借鉴的宝贵资源。因为传统思想文化并不仅仅是一种只能供博物馆展览的“化石”，而是仍具有许多“活的精神”，仍具有多方面、多层次的重要的现代价值和现代意义，值得现代人去深入挖掘、阐发和借鉴。所以传统思想文化研究的一个重要使命是必须以现代意识和批判精神去审视那些传统思想文化，以较广阔的视野、较大的包容性和必要的前瞻性深入地分析其所具有的现代意义及其局限性，努力做到在现代人的视野中分析把握古典思想，以现代批判意识去重新评判传统精神，努力从各个不同的角度拓展研究探讨传统思想文化中含有的现代价值和现代意义。而且，任何理论探讨本来就不仅不能局限于单纯的形而上的沉思，而是应该切入到现实的形而下的生活世界中去，在其中去发现现实中的根本性问题，从而努力去解决这些问题。我们研究各种思想文化资源的一个重要目的就是要为解决这些问题寻求到一些更合理有效的思路和办法。正因此，对传统思想文化的研究就要着重研究传统思想文化中所具有的那些恒久生命力和普遍性价值的成分，那些蕴含了可以成为回应现时代问题及重建当代思想文化的丰富可贵的精神资源。而在中国传统思想文化中无疑显示了其所具有的恒久生命力和普遍的价值，蕴含了可以成为回应现时代问题及重建当代哲学的丰富可贵的思想资源，成为从传统向现代性转换过程中应予以借鉴依凭的特有的民族性基础，以便我们以开放的心态、兼容并包的气度、综合创新的精神，通过中西方多种不同文化、哲学思想的融合会通，为传统思想文化的现代性转换和重建探索出新的境域，也为在实践上构建一种人类社会的新的生活方式和更合理的文明形态而提供自己特有的精神导向作用。为此，我们要以现代性的维度为参照系来评价和探求传统思想文化的现代价值，既要发现其与现代化、现代社会的契合性，并予以现代阐释和对接会通，也要发现其与现代化、现代社会的异质冲突性，并予以梳理过滤、筛选改造等，从而最终努力挖掘和转化传统思想文化中所蕴含的普适价值及其现代意义。而显然，从传统到现代的创造性转化乃至思想文化的真正创新也就体现在了这样一个过程中。

当代中国古代哲学研究的回顾与反思

乔清举 *

本文系对 1949—1999 年五十年中国哲学史研究的回顾和反思，略分为三个部分。第一部分对学术界目前使用的“中国哲学”概念进行说明。第二部分着重回顾 1949 年至 1999 年之间的古代哲学研究。第三部分就整个中国哲学史研究这门学科的存在和发展提出一点自己的感想。文中的“中国”仅限于大陆学术界，不包括港台学术界。因为在 1949 年以后的很长时间内，大陆与台港地区、国外缺少学术联系和互动，形成了相对独立的研究方式。1978 年改革开放以后，联系逐渐增多，形成了相互影响的互动态势。

一、从“在中国的哲学”到“中国的哲学”：“中国哲学”概念的说明

“中国”和“哲学”可以是形容关系，即“中国的哲学”，指在中国形成并得到发展的哲学，此即传统哲学。“中国哲学”也可以指“在中国的哲学”，包括西方哲学、印度哲学、马克思主义哲学等。这是一个集合概念，其中的中国是个地域，在中国的哲学原本和“中国”没有联系。“中国哲学”还有一个意义，专指“马克思主义哲学”。

“中国哲学”和“中国哲学史”也有一些区别。“中国哲学史”一般指对作为客观对象的历史上的中国古代哲学的研究，而“中国哲学”则有重建中国哲学的意思。“史”似乎意味着旧的态度和方法，没有“史”的“中国哲学”则意

* 乔清举，南开大学哲学学院教授，南开大学中国哲学研究中心主任。

味着新的态度和方法。此外，“中国哲学”也在与“西方哲学”对称的意义上使用。在中国，西方哲学史学科一般是截止到马克思主义产生为止，此后叫做西方现代哲学。

目前中国哲学研究的趋势是“在中国的哲学”逐渐成为“中国的哲学”。进入现代（1919 年）以后，中国哲学主要受欧洲大陆哲学、尤其是德国哲学和英美分析哲学的影响，在中国的哲学主要指西方哲学。德国哲学和中国哲学的渊源是非常深的。往前追溯，早在 17 世纪传教士把中国哲学典籍传到西方的时候，中国哲学曾经影响了德国的莱布尼兹、沃尔夫以至于康德。1687 年法国出版了《孔子与中国哲学》①,1716 年莱布尼茨出版了《关于中国哲学的信》。现代以后，主要是德国哲学对中国哲学产生影响。1923 年春，中国学者张颐在牛津大学研究黑格尔哲学，后来又到德国爱尔兰根大学留学，写成《黑氏伦理探究》（英文版），获得牛津大学博士学位。张颐教授回国后在北京大学、厦门大学、四川大学任教。20 世纪三四十年代，中国哲学界主要是受康德、黑格尔哲学的影响。冯友兰、贺麟，包括后来的牟宗三、唐君毅等人，受康德、黑格尔哲学的影响都是十分明显的。改革开放以后，中国哲学又广泛地接受了欧洲大陆主要是德国哲学、法国哲学，还有奥地利弗洛伊德的精神分析哲学。叔本华、尼采、胡塞尔、海德格尔、萨特、加缪等人在中国掀起了一波又一波的哲学高潮。在中国哲学研究领域，出现了用现象学和海德格尔哲学研究中国传统哲学的著作。

不仅德国哲学，英美分析哲学对于中国哲学的影响也是十分显著的。冯友兰尤其是金岳霖都采用了分析哲学的方法。不过，他们只是采用了分析哲学的方法，而不是它的反形而上学的结论或观念。冯友兰、金岳霖都是新实在论者，他们都把分析的方法、逻辑的方法用来建构和论证自己的形而上学体系。他们之所以这样做，是接受西方先进文化、建立具有本体意义的中国哲学的产物。这也表明，“在中国的哲学”变成中国的哲学。

---

① 1687 年柏应理在巴黎以拉丁文出版了《中国贤哲孔子》(Confucius Sinarum Philosophus) 一书，中文书名为《西文四书直解》(实际只有三书，尚缺《孟子》)。它是十七世纪欧洲介绍孔子及其著述的最完备的书籍。此书实为四位传教士殷铎泽、恩理格、鲁日满、柏应理多年在中国传教的共同成果。

1949年以后，哲学家可以建立自己体系的可能性不存在了。除了熊十力以外，所有学者都是把中国哲学史作为客观的对象进行研究。这种态度到上一世纪九十年代以后有所改变。

二、民族理性走向成熟的历程：1949—1999年的中国古代哲学研究

可用“民族理性走向成熟”作为主线，把从1949—1999年的中国哲学史研究作为一门学科——“中国哲学史学史”来进行探索。

现当代中国承继了近代以来的文化断裂，古代哲学成为一个静态的不再发展的“对象”、“遗产”。各种外来思潮不断涌入，成为中国哲学史研究的史观、方法论、元理论或指导思想；中国哲学史研究成为这些到中国后发生不同程度变形的“元理论”审视中国哲学的过程。这样，当代中国哲学史研究或者说中国哲学史学史便有两方面的内容：一是元理论或史观的进展，一是元理论下所获得的对于中国哲学的新认识。这两个方面实质上都反映了当代中国的哲学进展和思想面貌，所以说中国哲学史学史也是以中国哲学史研究为纵轴和视角的当代中国思想史、哲学史，这是当代中国哲学史学史的本质。当代中国古代哲学研究可以分为以下几个阶段。

第一阶段（1949—1957）：中国哲学研究的范式与话语体系的改变 这一阶段的主要内容是普及日丹诺夫模式、毛泽东思想，改变1949年前冯友兰等人确立的研究范式。

1949年前后中国哲学史研究的元理论的转变无疑是1949年政权更替的逻辑结果。新政权和学界对此都有所准备。1947年6月20日，苏共中央主管意识形态的书记日丹诺夫代表苏共中央在亚历山大洛夫所著《西欧哲学史》一书的讨论会上发表讲话。这个讲话很快由李立三翻译过来并在各地出版，名为《日丹诺夫在〈西欧哲学史〉一书讨论会上的发言》，至1954年，此书印数已达8

万册。[①] 学者方面也自动地了解并尝试着运用日丹诺夫范式。从1949年5月24日起，郑昕和金岳霖召集有关学者讨论哲学和哲学史问题，其中有三次是讨论日丹诺夫的哲学史定义问题。[②]1949年6月19日，冯友兰发表《哲学家当前的任务》，文章开头即提到日丹诺夫的讲话。这可能是中国哲学史界最早提到这个讲话。[③] 从1950年起，在有关方面的要求下，中国哲学界开始系统地学习这个讲话，转换研究范式，适应新的话语体系。学习的主要材料是《联共（布）党史简明教程》、日丹诺夫《在亚历山大洛夫〈西欧哲学史〉一书讨论会上的发言》、《实践论》、《矛盾论》。思想改造运动同时也是普及毛泽东思想的过程。通过学习和改造，学术界基本上接受了日丹诺夫的范式。主要内容有以下四点：1.“斗争史观”：哲学史是唯物唯心的斗争史；2.“目的论史观”：哲学史是科学的唯物主义胚胎、发展的历史；3.“革命史观”：哲学史研究是为了现实的革命进程；4.“对应史观”：哲学上的唯物、唯心分别与政治上的进步和反动阶级相对应。这四观成为相当长时期内中国哲学史研究的金科玉律。

第二阶段（1957—1959）：新范式的初步反思及其挫折 这一阶段主要是对日丹诺夫模式进行反思，以“反右”和“反对修正主义”告终。

斗争史观的逻辑结论是唯物唯心各自发展、各自继承论，目的史观的逻辑结论是马克思主义顶峰论，革命史观的逻辑结果是狭隘的“服务史观”，对应史观造成了对哲学史人物阶级分析的错误定位。1956年5月25日，中共中央提出“百花齐放，百家争鸣”，主张“人民内部有宣传唯心主义的自由”。[④] 此后，社会逐步形成了自由鸣放的空气，学术界也形成了反对教条主义的讨论。1956

① 1949年10月以前先后由华北新华书店、山东新华书店、东北书店、冀鲁豫、晋察冀、上海时代书报社、中原新华书店等分别以《论哲学史诸问题及目前哲学战线的任务》、《苏联哲学问题》、《日丹诺夫同志关于西方哲学史的发言》、《论哲学史诸问题及目前哲学战线的任务》、《论文学艺术哲学问题》等书名印刷。1950年和1954年又分别以《苏联哲学问题》、《在关于亚历山大洛夫著〈西欧哲学史〉一书讨论会上的发言》的名称由新华书店和人民出版社各自出版。

② 《新建设》报道“中国新哲学研究会组织之座谈会自49年5月24日起，开会32次”。

③ 冯友兰：《三松堂全集》第13卷，河南人民出版社1994年版，第3页。

④ 此讲话以《百花齐放、百家争鸣——一九五六年五月二十六日在怀仁堂的讲话》为题发表于1956年6月13日《人民日报》。

年 10 月 18 日，郑昕在《人民日报》发表《开放唯心主义》，提出允许大学开设唯心主义哲学课程，允许一部分人坚持唯心主义。10 月 23 日，冯友兰在《人民日报》发表《关于中国哲学史研究的两个问题》，提出唯物主义和唯心主义之间也有相互吸收和转化；11 月 16 日，冯友兰在中国人民大学哲学系做《中国哲学史中思想的继承性问题》的讲演，提出“抽象继承”问题。1957 年 1 月 30 日，朱伯崑在《人民日报》发表《我们在中国哲学史研究中所遇到的一些问题》，系统地分析了新范式下中国哲学史研究所面临如何划分唯物唯心、如何评价唯心主义、如何妥善地运用阶级分析、有没有历史唯物主义等问题。笔者称此为中国哲学研究的“朱伯崑问题”。[①]1957 年 1 月 22—26 日，北京大学哲学系召开了“中国哲学史问题”学术研讨会，主题是反对“教条主义”。但是，由于反右运动的介入，反思很快遭到挫折，反对“教条主义”变成了反对“修正主义”。孙定国提出：“修正主义者恰恰就在攻击‘教条主义’的幌子下攻击马克思主义的最根本的东西。因此，要彻底粉碎资产阶级右派分子的进攻，在哲学战线上展开反对修正主义的斗争。”[②] 关锋说此次“中国哲学史问题座谈会”表现了为害严重的“修正主义倾向”。张岱年、张恒寿等人被打成右派；贺麟、朱伯崑的一些发言被认为是“反党反社会主义言行”。[③]

第三阶段（1960—1965）：相对平静的收获时期 这一阶段由于大跃进等带来的经济困难，大规模的政治运动相对减少，学界难得地享有了几年的相对平静，出现了一些大规模的成果。如冯友兰的《中国哲学史新编》第 1、2 册，任继愈主编的《中国哲学史》前三卷，侯外庐主编的《中国思想通史》5 卷 6 册至此全部出齐。

第四阶段（1966—1976）：“文化大革命”与评法批儒：进一步陷入歧途 “文化大革命”期间，中国哲学史研究彻底丧失了作为一门学科的独立性，

① 据朱先生回忆，这篇文章是应于光远之邀撰，由《人民日报》约写的，发表前于光远曾经看过，认为写得很好。后来反右时此文被认为是右派言论的先声，朱先生因此受到批判。

② 孙定国：《反对哲学思想中的修正主义》，《哲学研究》1958 年第 1 期，第 1 页。

③ 关锋：《反对哲学史工作中的修正主义》，《哲学研究》1958 年第 1 期。

沦为政治的附庸；批林批孔、评法批儒成了这门学科仅余的活动。中国哲学研究进一步陷入歧途也有十分严密的内在逻辑。革命史观的极致就是“服务史观”。1950年3月，艾思奇即指出，哲学史研究的任务并不是为了了解过去，而是“为着解决现有的问题”。[①]既然如此，它也当然可以为现实的儒法斗争服务。同时，儒法斗争成为学术事实也是范式转换的结果，它内在地蕴涵在新范式中。在评法批儒之前，冯友兰在《中国哲学史新编》（试稿）“孟子”章已经使用了“儒家法家两派”的尖锐斗争的说法。“文革”只是把新范式所包含的逻辑结论充分展开并推向极致。

第五阶段（1976—1989）：改革开放后的再反思与新的开始 1976年粉碎“四人帮”对于中国哲学史研究来说几乎是和1949年同等重要的标志性事件，中国哲学史研究在反思中走出“文革”，走上正轨。反思从影射史学开始逐渐深入到对日丹诺夫哲学史定义的重新认识，采用列宁的哲学史是一般认识史的定义，重新评价唯心主义、建立“科学的”中国哲学史等。由于遭受长达十年的“极左”思潮，这次反思的起点比1957年要低，深度也不及后者。进入80年代中期以后，作为认识史对斗争史的扬弃的逻辑展开，中国哲学的研究对象呈现多样化趋势，出现了对“范畴”、哲学史发展的逻辑进程、思维方式、人的价值问题的研究。80年代也是通史出版最集中的时期，出版了11种通史。

第六阶段（1990—1999）：方法的多元化、中国哲学的意义的再发现和复兴的提出 20世纪后10年，中国发生的有史以来最大的社会变动之一是建立社会主义市场经济体制的提出和改革的深入、人的存在的多样化；与之相适应，中国哲学研究领域的视角和方法论也呈现出多元化的趋势。中华民族精神与文化凝聚力、国学热、传统文化与市场经济、天人合一、“和”、现代新儒学、马克思主义和儒学的关系等问题的讨论，构成了90年代中国哲学研究的丰富背景。中国哲学研究在易学哲学、道家哲学、宋明理学等方面形成了突破。存在主义、当代西方伦理学的视角、黑格尔哲学理念演化的思想在中国哲学研究中转变为

① 《新建设》第3卷，第1期，第22页。

方法。中国哲学研究呈现出诠释的特色，中国哲学的当代意义与未来发展问题进入学者视野。中国哲学的价值在于提高人的精神境界在这个时期已经成为学界公论；冯友兰等人提出建立当代“仁学”的主张，得到不少学者的回应。

从历史事件的必然联系上看，对当代中国哲学史研究可以得出以下几个结论。首先，哲学史研究的元理论的进展和社会进程是互动与统一的；其次，知识和人的存在之间具有同构性；第三，民族理性在走向成熟。这些可以说是对中国哲学史研究的哲学反思和超越。

元理论的选择和转换与当代中国社会的发展形成协同的互动。首先，元理论的选择是由社会发展所决定的；其次，对于元理论的认识的变化也反映并受制于社会发展的进程。不过，元理论的认识的发展和深入，又不单纯表现为对社会思潮的被动反映，也表现为元理论自身逻辑的展开：即把理论所包含的各种逻辑内涵、它的合理性和不合理性充分地展示出来，进而肯定其合理的方面，否定和抛弃其不合理的方面，由此推动元理论的发展。元理论的逻辑展开过程实际上也是对中国哲学史元理论的认识的不断深入的过程。社会的变动、元理论的逻辑展开、认识的深入三者是一致的。

所谓知识和存在的同构，是说在当代中国哲学史研究的过程中，历史上的中国哲学、当代学者个人曾经创立的哲学体系、现实中的中国哲学史学科、学者对这门学科的研究四者和学者自身的存在之间存在深刻的和内在的同一性。学者作为人的存在和他的学术研究之间相互影响、相互决定；学科的意义、研究的意义、研究者的存在的意义内在地一致。知识和存在的同构是当代中国哲学史学史的重要特点；1949 年以来的中国哲学史研究不只是对历史上客观事实的陈述、说明或论证，同时也是学者对自身存在状态的表述；学术研究过程也是知识分子独立人格的形成过程。

进入 20 世纪 80 年代以后，中国哲学的价值在于提高人的精神境界，已经成为学界的公论。这就进一步摆脱了 1949 年以来用外在于中国哲学的观念来为中国哲学的价值定位的做法，真正从这门学科本身来发现它的意义。与此同时，中国哲学的再生问题也浮出水面。冯友兰肯定中国哲学为“人学”，此外，重建现代仁学、“当代新道家”的概念等等，都意味着中国哲学生命的复兴。可以说，经过50年的发展，当代中国哲学史研究终于走到了这样的地步：肯定它自身的价值，把它作为活的源泉而不是死的遗产，重新激活它、寻求它的智慧，让它再生，以帮助解决困扰当今世界和人类的难题。

如果把1949年以后的整个中国知识界放到“五四”以来甚至上溯到1840年或者更远的历史进程就会发现，1949年以后的知识界和历史有着深刻的内在关联。这种联系表现为它是中华民族“理性的成熟”或者“精神的成熟”过程的一部分。民族理性走向成熟是当代中国哲学史学史的实质，也是我们审视作为整体的当代中国哲学研究的内在尺度之一。从外在地接受一种模式作为唯一的权威到自觉反思哲学史研究的方法论，从只有一种方法到方法多元，从这一学科只有证明马克思主义正确性的工具价值到肯定它具有提高人的精神境界的意义，从把它作为“遗产”到探求它的新生命，这些演变过程表明中国哲学史学科对于中国哲学的认识愈加理性化了，民族理性经过50年的曲折发展终于回到了自身，开始走向成熟。

三、结论：“哲学”的期待：中国哲学的世界意义

在当代，“内圣外王”的理想已基本上不可能，社会已经不可能有职业道德楷模，“良知”是普通人的实践理性而不是圣人的标志，未来“中国哲学生命的复兴”更多地应采取“哲学”的形式。

采取“哲学”的形式，是近代留给我们的遗产；也是我们走向世界影响人类的切实途径。选择“哲学”来理解中国传统的学问，自然有其先天的局限性。也就是说，无论中国传统学问是什么，都必须把它作为“哲学”，“哲学地思考”它。只有这样，才能产生“中国哲学”。即使是不叫“中国哲学”，而叫道学、道术学、义理之学等，也不可能在回到纯粹与西方接触之前了。因为其西方背景会影响到这门学科的选材，甚至把经学、诸子之学中的一些部分找出来作为一个学科这个思路本身就是西方哲学的投射。这种“哲学地思考”的过程，使

得所有的中国哲学研究在某种意义上说也是一种“建构”的工作。这就是用“哲学”来整理中国传统材料的先天限制或局限。所以，迄今为止的中国哲学研究实质上只有一种模式，即“以西释中”的模式，不存在“本土化的研究”、“西化的研究”的模式，不同的只是这种模式的运用是否恰当、熟练，以及程度有多深。

整个国际范围内最早的与中国哲学有关的哲学史是1895年日本井上哲次郎的《日本的朱子学》、《日本的阳明学》，使用的是德国唯心论的方法。这宣告了以西方的知识或哲学框架整理东方史料的开始。这种态度和做法包含着这样的结论，即中国传统学问的存在方式发生根本性转折、道统灭亡，道统的连续性中断、文化的内在发展中断，中国传统学问被作为对象、客体、过去的死物，对象性的研究态度得以建立，与此对应的是实有诸己的一体性的功夫论态度的放弃。圣贤之学、义理之学转变为中国“哲学”。这是近代以来中国文化发展的线索，也是“中国哲学”形成的过程，或者说是中国哲学范式的形成。后来所有中国哲学史研究，总体上不出这一思维方式。这种转变的历史必然性在于中国和整个东方文化的近代转型。日本的第一本中国哲学史通史是松本文三郎1898出版的《中国哲学史》，此后分别有远藤隆吉1900年出版的《中国哲学史》，宇野哲人1914年出版《中国哲学史讲话》等。中国的第一本近代意义的哲学史是谢无量的《中国哲学史》(1915)，此后有胡适的《中国哲学史大纲》(1919)，真正奠定这一学科基础的是冯友兰的《中国哲学史》上下卷（1930、1934)，德国的第一本中国哲学史是阿尔佛雷德·佛尔科（Alfred Forke）1927年出版的《中国古代哲学史》(*Geschichte der alten chinesischen Philosophie*)，此后又分别于1934年和1938年出版了《中国中世纪哲学史》(*Geschichte der mittelalterlichen Chinesischen Philosophie*）和《中国近代哲学史》(*Geschichte der neueren Chinesischen Philosophie*)。后来六七十年代牟宗三又分别出版了《心体与性体》、《才性与玄理》、《佛性与般若》等著作，劳思光的《中国哲学史》，罗光的《中国哲学思想史》，1949年以后中国大陆出版了各种哲学史通史教材等等，总之，迄今为止所有中国哲学研究都是“以西释中”的“哲学范式”的产物。这是近代以来中国哲学史研究的第一个普遍命题。

由于中国没有一门一以贯之的作为独立学科的“哲学”，所以，只要一提“中国哲学”，无论是“中国的哲学”，还是“哲学在中国”，都是以公共的“哲学”前提为背景或者舞台的演出，不同的只是演出者对此是否有意识而已。这意味着，迄今为止，所有中国哲学研究模式，也都是“比较哲学研究”的模式，这是近代以来中国哲学史研究的第二个普遍命题，也是由第一个命题逻辑地推演出来的命题。这是一个采用“哲学范式”所必然产生的宿命，是中国哲学史在方法上的先天限定。只要是哲学，就得是哲学的研究方法，就得“哲学地思考”。在这种情形下，许多学者都不由自主地把西方哲学作为普遍的方法，作为建构中国哲学的方法了。由此可见，所谓“化理论为方法”，实在是对已经如此的理论处境的描述，是中国哲学研究的方法论的表述，也包含着把西方哲学普遍化的结论。在运用西方哲学研究中国哲学的时候，西方哲学就已然变成了“哲学”，变成了方法、标准和价值观；研究则成为一种“对于”（ueber）中国哲学的研究，一种自上而下的俯视，或者说以西方哲学为标准进行批判。这种做法在 1949 年后一度达到极端。“比较研究”作为一个方法，不过是对于比较更为自觉，使双方各自的特点更加清晰。

关于近代以来中国哲学研究的第三个命题是：不同的西方哲学对于“中国哲学”有不同的适合度。这也是中国哲学史学史的基本事实。就中国自己的哲学史研究来说，谢无量的哲学史也采用了宇宙论、知识论的模式。“五四”时期产生较大影响的是胡适的实用主义的中国哲学史，对于墨子等人的论述还尚可，对于公孙龙等人的论述，就差得多。中国哲学史的真正奠基之作冯友兰的哲学史采用了新实在论的观点。这一著作对于公孙龙、程朱理学的解释，至今仍为不易之论。新实在论对于中国哲学无疑更具有适用性，但是，在对于陆王之学的分析方面，则稍显欠缺。牟宗三以康德哲学来解释中国哲学史，对于陆王的理解无疑更为深入，但对于程朱则又显得武断。此外，劳思光的哲学史以道德主体性为根本理解中国哲学，加深了对孟子、陆王的理解，但把许多哲学家排除在哲学之外，尤其显得武断。罗光的哲学史在加深对于“天”、“理”的理解的同时，也把天变为“上帝”，显露了较为明显的士林哲学特点。

可见，所成即所偏是所有中国哲学史研究方法的共同特点，中国哲学史研究没有一种一劳永逸的彻底解决方案。时代在前进，哲学在发展，方法论也在更新。这就进入中国哲学史研究的第四个命题：无论意识到与否，迄今为止，“中国哲学”都是靠西方哲学挺立的。西方哲学是中国哲学背后的支撑。先有一个时代的西方哲学，然后才有这个时代对于中国哲学的“最先进”的理解。纵览中国哲学史学史可以发现，我们基本上把西方哲学作为方法论用了一遍，王国维的康德、叔本华、尼采哲学，胡适的实验主义，冯友兰的新实在论，牟宗三的康德哲学，贺麟等人的康德、黑格尔哲学，劳思光的主体性哲学，罗光的新士林哲学，近几年的胡塞尔的现象学，英美的分析哲学，海德格尔、萨特等人的存在主义，加达默尔的诠释学等等。每一种新的解释都加深了对于中国哲学的理解，挺立了中国哲学的价值。但同时也促使我们反思，中国哲学究竟等同于哪一种西方哲学？什么是中国哲学？我们丧失了对什么是自在的、不为西方所“动”的中国哲学的感觉，其实也是陷入了一种失语症。也就是说，中国的哲学史研究陷入了一种“殖民化”的地步。哲学史研究的“殖民化”是关于当代中国哲学研究现状的第五个命题。这里的“殖民地”一词是借用，是比喻，不纯是否定意义。当然，现在的研究是以肯定中国哲学的价值为主流的，而过去则是以否定为主流的。这是根本态度的差异。相同之处都是用西方哲学来证明中国哲学的是或非、正确或错误、有价值或无价值。学术的殖民化一方面是采用“哲学”范式的宿命，也就是说，只要采用了“哲学”，就不可避免地选择了殖民化，把他者作为霸权话语。所以在某种意义上说，“殖民化”是不可避免的。但是，这种殖民化也有其积极意义。首先是它确立了并有助于人们理解什么是中国哲学。其次，现在的殖民化是肯定中国哲学的价值，态度与过去根本不同。如果从这个角度看，只能说殖民化只是表现在研究方法上，而在结论上，反而是西方哲学被殖民化了。如，牟宗三认为，康德没有人具有智的知觉的思想，他从中国圣贤之学的角度肯定智的知觉，并反过来批评康德哲学。所以说殖民化只表现在方法上，不表现在结论上；是形式的而不是实质的。第三，某种程度的殖民化也是不可避免的。全部近代以来社会发展为殖民化提供了外部环境的合法性；学术理论自身发展则提供了内在合法性。所以，第四，对于殖民化，一方面要有客观的认识；另一方面，我们也必须认识到，毕竟要确立从中国哲学自身的内在性出发论证其价值。这就要求我们摆脱对象性的方法，不能把中国哲学作为已死的过去之物，仅仅用几个新方法研究一番而已。这是一种中断后而重新连接和续起的态度，是一体化的建设性的态度，或者说是诠释学的态度。

采取建设性的立场，在理解中建设和发展中国哲学，是本文希望提出的结论，也是我们关于中国哲学史研究方法论的建议之一，也可视为关于中国哲学研究的第六个命题。我们所说的建设性的立场首先是要打破对象性态度，即那种把中国哲学作为已死的客观对象，认为自己可以和这种哲学保持一定的距离，“客观地”观察、审视、批判的态度，相反，我们需要建立一种和这种哲学的“对话”关系，从现实的视域出发不断地和这种哲学进行视域融合的对话，通过对话扩展自己的视域，加深对“中国哲学”的理解，这种理解同时也是对中国哲学的建构。诠释学在这里具有方法论的意义。

建构也就是重新赋予这一传统以活力，把中国哲学作为活着的、生长着的传统对待，也就是说，在精神上重新接续近代以来的断裂。使中国哲学死而复生，这是诠释学立场的基本要求，也是我们希望提出的关于中国哲学史研究的第七个命题，也就是说，通过诠释学所建立的不是中国的“诠释学”，而是中国哲学。

由此我们可以提出当代中国哲学研究的第八个命题或希望：“确立中国文化的主体性。”这种主体性是以“哲学”形式出现的，但不是“西方哲学”；它是以“中国哲学史”以前的中国学术为基本精神的，但不是原教旨主义地回到从前。这种主体性是在广泛吸收西方哲学的基础上，沿着中国哲学发展的延长线，提出新的世界文化理念，建立新的哲学以影响世界。这种哲学，既是接着西方讲，也是接着中国讲。主体性其实是一种创造性，更具体地说原创性，而不是回到自身。

全球性现代化视域的中国少数民族哲学研究探析[①]

萧洪恩 *

"可以从哲学史，从外在历史特有的形态里去揭示哲学的起源和发展。"[②] 这是黑格尔对哲学史研究价值的深刻阐明。但是，如何研究哲学史却始终存在着一个方法论问题。近年来，随着全球化、现代化研究理论成果的方法论意义日益凸显，全球性现代化理论已日益成为哲学史研究的方法论，并引起了一些学者的关注，如张世宝《全球化审视下的中国少数民族哲学》[③]、袁东升《全球化审视下土家族哲学研究的思考》[④] 等，虽然没有直接指认"全球性现代化"，而用的是"全球化"，但笔者认为，用"全球性现代化"更能凸显其哲学史方法论意义。因为全球性现代化并不是全球化与现代化的简单综合，而是表明二者一体两面的内在关系。一方面，全球化作为现代化的必然趋势与现实舞台，从一开始就成了现代化的宿命——从新大陆的开辟直到全球性的殖民掠夺，无不显示出现代化的全球性扩张本性[⑤]。另一方面，现代化作为全球化的内生机制与现实

---

* 萧洪恩，华中农业大学教授，武汉大学哲学博士，现主要研究方向为农村社会学、中国少数民族哲学、汉代易学。

① 本文为 2006—2010 年国家重点图书出版规划项目（新出图 [2006]358 号）《中国少数民族哲学思想史》子课题的阶段性成果之一；2009 年度湖北省社科基金项目《20 世纪土家族哲学社会思想史研究》（206022）阶段性成果之一。

② [德] 黑格尔 ：《小逻辑》，贺麟译，商务印书馆 2003 年版，第 54 页。

③ 张世宝 ：《全球化审视下的中国少数民族哲学》，《西部发展的理论与实践》，云南教育出版社 2005 年版。

④ 袁东升 ：《全球化审视下土家族哲学研究的思考》，《湖北民族学院学报（哲学社会科学版）》 2010 年第 3 期，第 13—17 页。

⑤ 马克思、恩格斯 ：《马克思恩格斯选集》第 1 卷，人民出版社 1995 年版，第 273—276 页。

内容，从一开始就同时成了全球化的根据——从文艺复兴、启蒙运动到近现代的思想扩张，从工业革命、资产阶级革命到民族独立运动等政治、经济、文化变革，无一不显示出现代化的强大张力。[①] 正是由于二者的内在关系，我们以全球性现代化来表明这样的三方面内涵：全球性现代化进程、全球性现代化思维方式、全球性现代化运动。强调其进程是为了凸显其历时性的过程特征；强调其思维方式特征是为了凸显其对人们的思想、观念等方面的深刻影响；强调其运动特性则可以凸显其影响的广泛性和深刻程度。[②] 在全球性现代化视域下，中国少数民族作为后发现代化族群，因在全球性现代化运动中表现出自身的独特性，从而在哲学思想的发展上也显示出了自己的内在特色。因此，研究中国少数民族哲学，应有全球性现代化视野。

一、全球性现代化理论的哲学史方法论意义

“历史理论的认识论视野就具体化为方法论，确切地说是历史研究的方法学。”[③] 全球性现代化理论的哲学史方法论意义，也就是彰显其在哲学史研究中的认识论视野，而其中最直接地表现在于全球性现代化运动对哲学发展产生的多方面影响，其首要影响即在于使哲学发生了形态转变，即哲学转型。所谓哲学的形态，简言之即哲学在历史发展中所呈现的一定的思维方式，一定时期哲学的致思趋向、话语系统和哲学文化风貌都受制于这种思维方式，并因此使哲学呈现出明显代差。也正是在这种意义上，人们强调哲学的真正使命在于捕捉自己时代的迫切问题并以之作为哲学思考的聚焦点：“问题是时代的格言，是表现时代自己内心状态的最实际的呼声。”[④] 哲学只有准确地捕捉和深刻地回答自己时

① [意] 艾伯特·马蒂内利：《全球现代化——重思现代性事业》，李国武译，商务印书馆 2010 年版。

② 萧洪恩等：《全球性现代化视野下的湖北民族地区村落文化建设研究》，《湖北社会科学》2007 年第 10 期，第 72—75 页。

③ [德] 约恩·吕森：《历史思考的新途径》，来炯等译，上海人民出版社 2005 年版，第 3 页。

④ 马克思、恩格斯：《马克思恩格斯全集》第 1 卷，人民出版社 1995 年版，第 203 页。

代的迫切问题才能够成为“自己时代的精神上的精华”。[①] 由于人类历史发展表现为三大历史形态，即“人的依赖关系”、“以物的依赖性为基础的人的独立性”和“建立在个人全面发展和他们共同的，社会生产能力成为从属于他们的社会财富这一基础上的自由个性”，[②] 与此相应，哲学也就可以划分为相应的历史形态。

哲学形态能够在一个相当长的时间内保持基本不变，显示出较大的稳定性，从而彰显其时代特征，如黑格尔曾在《小逻辑》中多次论述到近代哲学的形态特征，强调“近代哲学的主要兴趣”和特殊诉求在于对“思维的效果或效用，加以辩护，所以考察思维的本性，维护思维的权能”；[③] 强调“思想与事情的对立是近代哲学兴趣的转折点”，是“到了近代才有人首先对于此点提出疑问，而坚持思维的产物和事物本身间的区别”；[④] 认识矛盾并且认识对象的矛盾特性是近代哲学界一个最重要的和最深刻的一种进步；[⑤] 但另一方面，近代哲学又被称为同一哲学，即强调“要认识一切特定存在着的事物之间的内在统一性”。[⑥] 这种哲学的形态特征，无论在西方哲学发展中，还是在中国哲学发展中，都可找到明显的证据，如中国哲学自商周之际至明清之际都长期处于古代哲学形态中，形成了中国哲学的传统形态。随着全球性现代化运动引发的中国社会历史的大变迁及相应的中西文化及其哲学的碰撞、交流与融会，中国哲学出现了哲学的近代形态，并于 19 世纪末 20 世纪初开始向现代形态转变。[⑦] 因此，哲学形态也具有可变性。正是由于有哲学形态的转变，所以造成了哲学发展的大的阶段性划分。从世界哲学发展的视域看，不同民族的哲学都有自己的转型。但这种转型，在西方哲学的发展中尤为鲜明和典型，呈现出由古代形态到近代形态到现

---

① 马克思、恩格斯：《马克思恩格斯全集》第 1 卷，人民出版社 1995 年版，第 220 页。

② 同上书，第 107—108 页。

③ [德] 黑格尔：《小逻辑》，贺麟译，商务印书馆 2003 年版，第 68 页。

④ 同上书，第 77 页。

⑤ 同上书，第 131—132 页。

⑥ 同上书，第 254 页。

⑦ 李维武：《中国哲学的现代转型》，中华书局 2008 年版。

代形态的相当分明的发展阶段。[①] 对此，冯友兰曾针对中国哲学的发展强调 19 世纪末以来在中国进入近代社会的过程中，中国哲学即产生了脱离古代形态的近代化的哲学，并且是指“近代化的”哲学，而不是哲学“在近代”。[②]

全球性现代化运动对哲学的另一深刻影响是使哲学的民族性得以彰显，即文德尔班强调的“因为有了近现代哲学，各特殊民族的特性才开始表现出决定性的影响”。[③] 如果再向前延伸，我们看到，关注哲学形态的黑格尔也曾特别强调哲学的这一特性，认为“某一特定哲学之出现，是出现于某一特定的民族里面的。而这种哲学思想或观点所有的特性，亦即是那贯穿在民族精神一切其他历史方面的同一特性，这种特性与其他方面有很紧密的联系并构成它们的基础。因此，一定的哲学形态与它所基以出现的一定的民族形态是同时并存的；它与这个民族的法制和政体、伦理生活、社会生活、社会生活中的技术、风俗习惯和物质享受是同时并存的；而且哲学的形态与它所隶属的民族在艺术和科学方面的努力与创作，与这个民族的宗教、战争胜败和外在境遇——一般讲来，与受这一特定原则支配之旧国家的没落和新国家的兴起也是同时并存的”。[④] 哲学的这种民族性，一方面给我们提供了研究少数民族哲学的明确方向和丰富的材料，这就是具有民族特色的文化现象，包括黑格尔列举的艺术、科学、风俗习惯、社会生活、伦理生活等都可成为民族哲学研究的材料。另一方面也应看到，由于这种民族特性，也会为我们研究少数民族哲学带来某些不方便的地方，比如中国不少少数民族哲学的分期研究，就是一个“剪不断，理还乱”的问题。如果把上述两个方面的影响结合，假如要研究近现代哲学，那就必须注意的是，研究的“不仅是‘近代化的’，而且是‘民族化的’”，是“现代化与民族化融合为一”的哲学。[⑤]

全球性现代化运动对哲学的影响，还表现在对哲学史的书写诉求上，这就

---

① 李维武：《长江流域文化与近代中国哲学》，湖北教育出版社 2005 年版。

② 冯友兰：《中国现代哲学史》，(香港) 中华书局 1992 年版，第 180 页。

③ [德] 文德尔班：《哲学史教程（上册）》，罗达仁译，商务印书馆 1997 年版，第 16 页。

④ [德] 黑格尔：《哲学史讲演录》第 1 卷，贺麟等译，三联书店 1956 年版，第 55 页。

⑤ 冯友兰：《中国现代哲学史》，(香港) 中华书局 1992 年版，第 204 页。

是“哲学通史要包括所有民族的哲学”，但是，也由此带来了非西方民族，其中包括中国哲学及中国少数民族哲学的合法性问题，因为在一些人看来，“不是所有的民族都已产生真正的思想体系，只有少数几个民族的思辨可以说具有历史”，“许多民族没有超过神话阶段”。① 中国少数民族哲学的合法性问题首先来自中国哲学史学界，但随着“中国哲学的合法性”问题再次凸显，历史上对中国哲学的否定也再次成了确认中国少数民族哲学合法性的心病，如康德曾说孔子是“中国的苏格拉底”但却不是哲学家，甚至整个东方都根本没有哲学；黑格尔在《哲学史讲演录》中虽然讲了中国哲学、东方哲学，但却在总体上强调能称为“哲学”的只有希腊哲学和日耳曼哲学；② 文德尔班不仅否认东方哲学，甚至对“东方精神”都作出的是否定性评价；③ 海德格尔则明确说哲学是西方专利，“常听到的‘西方—欧洲哲学’的说法事实上是同义反复。为何？因为‘哲学’本质上就是希腊的；‘希腊的’在此意味：哲学在其本质的起源中就首先占用了希腊人，而且仅仅占用了希腊人，从而才得以展开自己。……哲学本质上是希腊的，这话无非是说：西方和欧洲，而且只有西方和欧洲，在其最内在的历史过程中原始地是‘哲学的’”。④ 所以，虽然都诉求写出所有民族的哲学通史，却不得不面对着两个方面的参照系：中国传统哲学与现当代西方哲学范式，据此而产生了全面否定论和部分否定论两个层次的中国少数民族哲学否定论。中国少数民族哲学研究者自身，则先后就中国少数民族哲学存在性问题提出过接受汉族哲学说、中国哲学融合说或代表说、中国哲学多元一体说等，并根据思考中国少数民族哲学存在性问题的形式，提出了范式说、阶段说、层次说、广狭义说等四类解决方案，而在确认中国少数民族哲学存在性的根据问题上，则先后提出了实践论证说、文化核心论证说、哲学事实论证说、哲学产生条件论证说、发展水平说、存在形式说、社会贡献说、文明生活必需品说等，总之是坚信中国

① [美]梯利：《西方哲学史》，葛力译，商务印书馆 1995 年版，第 14 页。

② [德]黑格尔：《哲学史讲演录》第 1 卷，贺麟等译，三联书店 1956 年版，第 98—100 页。

③ [德]文德尔班：《哲学史教程（上卷）》，罗达仁译，商务印书馆 1987 年版，第 38 页。

④ [德]马丁·海德格尔：《什么是哲学？》，孙周兴选编：《海德格尔选集（上）》，上海三联书店 1996 年版，第 591 页。

少数民族哲学的存在性。[①]

最后，在全球性现代化进程中，由于后发现代化国家的民族民主革命等问题，还影响了对近现代哲学的历史研究中出现“革命史观”与“现代化史观”两种主要视野，具体表现在对哲学价值的评价上随即可能出现民族性、阶级性、现代性等多重复杂关系，难于进行客观公正的评价。人们通常认为，看一种哲学代表的阶级、民族，最基本的标志是看他的思想反映哪个阶级和哪个民族的利益，如犹太人马克思和资本家恩格斯的哲学代表的却是全世界无产阶级的利益，是全世界被压迫民族的代言人；湖南人毛泽东，其思想已成为中华民族的共同精神财富；斯宾诺莎、笛卡儿、莱布尼茨各自代表的是时代精神和当时欧洲各族人民共同达到的先进认识水平等。总之，“每个具体的哲学家虽然属于一定的民族，但我们研究哲学史，却不应把他看做仅仅属于某一民族的哲学家，同时也要看到它代表着全人类的先进思想。”[②]

二、全球性现代化视域的少数民族哲学自觉

如果把现代化运动从西方文艺复兴运动算起，则西方近现代科技传入中国，就可算中国现代化运动的酵素，于此可从利玛窦 1583 年来华算作起点，这是以“西方中心论”为界标的划分；同样，如果以资本主义萌芽、以中国早期启蒙算作起点，则应从明清之际算起。也就是说，中国的现代化进程均可追根于明清之际。但是，作为一种中国式的现代化运动，无论如何都应从 1840 年鸦片战争开始，正是那场战争将中国强行卷入了全球性现代化运动的历史进程。也正是在 19 世纪 40 年代，世界历史和中国历史都从此掀开了极为厚重的一页：1848 年《共产党宣言》的发表宣告了马克思主义诞生，从而揭示了世界历史的科学

---

① 萧洪恩：《中国少数民族哲学合法性问题研究述评》，湖北省哲学史学会 2010 年年会论文集。

② 任继愈：《如何看待中国古代哲学中的民族哲学家》，《南京大学学报》1982 年第 4 期，第 49—53 页。另见：《任继愈学术文化随笔：如何看待中国古代哲学中的民族哲学家》，中国青年出版社 1996 年版。

社会主义前景；1840 年鸦片战争拉开了中国现代化历史的序幕。从 1840 年以后的历次侵略与反侵略战争，一方面表现出了资本主义社会的巨大能量，另一方面也凸显了资本主义的残暴、贪婪本性。于是，中华民族就有了两大历史任务：一是实现现代化；二是反抗资本主义侵略。在这一过程中，中国人民遭受了西方资本主义的暴力压迫，并逐渐认识到“遭受这种暴力的民族只有在拥有有效的自卫手段（即自己的国家）的情况下才是安全的”。[①] 为此，包括中国少数民族在内的整个中华民族都投入到了为新中国诞生而奋斗的历程中。从哲学思维发展的角度说，“中国向何处去”的问题即成了中国少数民族近现代哲学自觉的动力。

一般而论，全球性现代化进程开创了人类历史中的一个真正统一的时代，并为各个不同历史发展阶段的民族提供了同一个“现代的”参照系，[②] 文化的民族地位、民族的文化地位，同时决定了民族的社会地位，甚至是“国际”地位。所以，“世界”作为一种文化或文明范畴生成了，相对落后的国家或地区追赶相对发达的国家或地区，甚至追赶最发达的国家或地区成为这种文化的最主要动力特征。在现代化的进程中，不仅在地域上是全球性的，而且在政治制度、生活方式、价值取向、道德标准等方面，“世界”都成了各国或地区的文化参照。在这种“世界”文化下，参照与追赶实际上成为了一种普遍的机制性功能。也就是说，全球性现代化运动本身就是一种内生性动力，“现代化本身就是‘内因’，就是这个运动的规定性。因此，从运动性质来讲，现代化不可能由这个运动性质之外的东西（比如传统）来决定；当然，从真实空间来讲，也不可能由地球之外的东西（比如外星人）来决定。”[③]

就中国少数民族来说，全球性现代化运动给中国带来的是中国文化历史的巨大变迁，并提供了中西古今哲学碰撞与交流的宏大舞台，使得包括中国少数

① [以]耶尔·塔米尔著，陶东风译：《自由主义的民族主义》，上海译文出版社 2005 年版，第 2 页。

② 郭赤婴：《民族哲学的现代化》，《北京第二外国语学院学报》1995 年第 4 期，第 105—109 页。

③ 孙津：《打开视域——比较现代化研究》，社会科学文献出版社 2004 年版，第 167 页。

民族哲学在内的中国哲学必须面对近现代中国所遭遇的重大问题而做出深入的思考和有效的回答，如中国现代化道路的选择问题、中国文化传统与现代化的关系问题、中国向何处去的问题等。“与此同时，由于全球日益统一，西方的思想、制度和技术正以不断加快的速度传遍全球。”[①] 正是由于全球性现代化进程，使中国少数民族人民，从一般民众到乡土精英人物，再到国家和民族的社会精英人物，都以特有的时代感和强烈的问题意识，生成了现代意识，出现了哲学自觉，其中包括有对西方文化霸权性格的反思和对自己民族传统文化的再阐明，从而形成了各自民族的哲学自觉，并在20世纪80年代以后表现得特别明显。

从理论思维自身发展的动力说，这种哲学自觉可以说同时来自国际与国内两个方面。就国内而言，核心精神在于不满足于当时的“中国哲学史”只是“中国的汉族哲学史”，因而强调从中国哲学史研究的现状即可看出开展少数民族哲学研究的必要性，即丰富中国哲学史的内容，[②] 填补中国哲学史的空白，使中国哲学史成为各民族共有的中国哲学史，[③] 从而依据中国少数民族哲学史研究成果写出一部从萌芽、形成到发展的内容全面、完整、系统的中国哲学史。[④] 就国际而言，目的在于彰显中国少数民族哲学研究的国际意义，甚至本身就有一种中国少数民族哲学研究的世界化诉求，因为近百年来已有许多国家对中国少数民族进行了深入研究，如蒙古学在欧、亚、美等地区有40多个国家有专门研究机构，且自1959年9月以来已经开过多次国际蒙古学学者会议；对维吾尔族哲学的研究，特别是对《福乐智慧》的研究也十分活跃；其他如对藏、彝、傣、苗、土家、朝鲜、回等少数民族思想的研究，在国际上也很重视。正是基于这一国际视野，“从提高我国的国际威望和加强国际文化交流的角度着想，我们也有必要大力开展少数民族哲学思想的研究工作。而且，这样做也有助于我们同各种

---

① [美]斯塔夫里阿诺斯：《全球通史——1500年以后的世界》，吴象婴等译，上海社会科学院出版社1999年版，第781页。

② 吴德希、佟德富：《谈谈少数民族哲学研究》，《中央民族学院学报》1982年第1期，第57—60页。

③ 佟德富：《中国少数民族哲学概论》，中央民族大学出版社1997年版，第22—24页。

④ 同上。

错误观点和反动宣传作斗争，维护祖国的尊严”。[①]

从中国少数民族哲学自觉的表现说，可以说形成了一个基本趋势，这就是由各少数民族成员自己书写的各少数民族哲学史大量出现，并力求最终形成汇聚全部中国少数民族哲学的《中国少数民族哲学史》。具体表现在三个方面，一是研究的深入与成果的突出。据初步统计，从20世纪80年代以来，中国少数民族哲学研究在全国自然形成了北京、新疆、云贵川地区、内蒙古地区、湘鄂渝地区五个中心，其中内蒙古地区出版了《蒙古族哲学史》等著作或论文集达20多部，发表了包括蒙古族、满族、朝鲜族、赫哲族、达斡尔族、鄂伦春族、鄂温克族等民族哲学思想史论文100余篇。新疆地区出版有《维吾尔族哲学思想史论》、《法拉比和他的哲学体系》及《维吾尔哲学史论集》等著作10余部，发表了包括维吾尔族、哈萨克、俄罗斯族、塔塔尔族、锡伯族等民族哲学思想史论文50余篇。云贵川地区，四川出版有《南方少数民族哲学思想研究》、《凉山彝族哲学与社会思想史》等著作，发表了包括藏族、彝族、羌族等民族哲学思想史论文20余篇；贵州出版有《苗族生成哲学研究》、《苗族哲学思想史》等著作，发表包括苗族、布依族、水族、瑶族、侗族等民族哲学思想史论文30余篇；云南出版《天、地、人——云南少数民族哲学窥秘》等著作13部，发表了包括白族、彝族、纳西族、傣族、哈尼族、景颇族、布朗族、独龙族、佤族、拉祜族、普米族等民族哲学思想史论文100余篇。北京地区出版了包括24个民族的通史性哲学著作《中国少数民族哲学史》，并从1982年开始在中央民族学院政治系哲学专业本科生中开设了“中国少数民族哲学”课程，出版了研究生教材《中国少数民族哲学概论》等，并出版了《中国少数民族哲学、宗教、儒学》等一批相关著作，发表了包括蒙古族、满族、藏族、朝鲜族、壮族、维吾尔族、纳西族、彝族等民族哲学论文60余篇。湘鄂渝地区形成了《土家族哲学通史》等8部著作，发表了包括土家族、苗族、侗族等民族哲学思想的论文40余篇。此外，藏族出版有《藏族生态伦理》、《藏族哲学思想史论集》等著作，

---

① 佟德富：《中国少数民族哲学概论》，第22—24页。

发表了论文40余篇；满族出版有《满族哲学思想研究》等著作，发表了论文20余篇；回族出版有《伊斯兰哲学史》、《伊斯兰文化哲学》、《伊斯兰哲学》等著作，发表了论文90余篇；壮族出版有《壮族哲学思想史》等著作，发表了论文40余篇。[①]二是不少少数民族哲学研究都开始进入到了自觉的总结反思阶段，出现了研究综述一类总结性文献，如何金山的《评近代蒙古族哲学思想研究》[②]、萧洪恩的《20世纪土家族哲学研究综述》[③]等，此外还形成了一批对中国少数民族哲学进行总体研究的论文，不仅着眼于总结成就、反思问题，而且面向未来，探索中国少数民族哲学自身的发展。[④]三是谋求写出包括全部中国少数民族哲学在内的《中国少数民族哲学史》，并力求汇通中华民族多元一体格局的思想关系[⑤]。总之，中国少数民族的哲学自觉，已在各方面得到了彰显。

问题还在于，光有自觉还只是初步的，深刻的问题在于如何自觉。综合考稽20世纪80年代以来的中国少数民族哲学研究，事实上形成了不同的自觉路径，笔者此前曾概括为范式说与文化内部构成说两个方面，并提出了自己的哲学要素论证说。[⑥]有学者曾概括为要采取还是拒绝"以西解中（少）"、"以中解少"、"以少解少"的自觉？[⑦]但实际上，目前存在的是三类自觉方式：一类是传统教科书范式，坚定地承认少数民族有自己的哲学并用传统马克思主义哲学原理理解模式和概念框架分析问题，笔者也曾有过这种尝试。这种范式中还包括从教科书的哲学定义出发否认少数民族有自己的哲学，从而放弃在哲学意义上

① 朝克等主编：《科学发展观与民族地区发展研究》，Russian Buryat Scientific Cfenter Press，2010，第2—6页。

② 何金山：《评内蒙古近代哲学思想研究》，《内蒙古社会科学》2001年第6期，第56—59页。

③ 萧洪恩：《20世纪土家族哲学研究综述》，《土家族研究五十年》，湖北人民出版社2008年版。

④ 宝贵贞：《从合法性到新范式——中国少数民族哲学研究困境与出路》，《内蒙古师范大学学报》（哲学社会科学版）2009年第1期，第76—79页。

⑤ 朝克等主编：《科学发展观与民族地区发展研究》，Russian Buryat Scientific Cfenter Press，2010。

⑥ 萧洪恩：《土家族哲学成立的可能与现实》，《湖北民族学院学报》（哲学社会科学版）2004年第5期，第1—5页。

⑦ 张世保：《浅谈少数民族哲学史的书写方式——兼评萧洪恩教授〈土家族哲学通史〉》，《社会转型与土家族社会文化发展学术研讨会论文集》，中国长阳，2010年，第521—526页。

探究民族文化。[①]二类是生存论范式，即把哲学理解为“以某种文化样式对关于自身存在的这种自我意识的表达”。[②]从这个意义上讲，只要有人的存在，就会有某种形态的哲学存在。所以，少数民族哲学即“是存在于少数民族各种文化样式或‘文本’形式之中，以少数民族哲学理解和把握世界的各种独特方式……为中介，所反映出来的他们关于自身存在的自我意识，以及他们对‘思维和存在关系问题’的思索和‘觉解’”。[③]三类是思想权力说。宝贵贞即强调“哲学是一个民族思想的权力”。她以哲学是时代精神和民族精神的精华为前提，阐明特定时代、特定民族所特有的哲学思想。[④]

笔者认为，由于中国少数民族哲学发展的特殊性，在全球性现代化背景下，应以哲学与生存体验的关系来加以阐明，并坚持“以哲学史为中心的思想史研究”方法进行研究。这一方法可以说是石峻“宽领域哲学思想史研究”[⑤]的发展，特别是受到《哲学史研究中的纯化和泛化》[⑥]的启示。这里涉及哲学史与思想史的关系，在中国少数民族哲学思想研究中，如何使哲学史研究更多地吸取思想史研究的内容，使“思”与“史”结合起来？开展“以哲学史为中心的思想史研究”应是马克思主义哲学史观的当代化，因而也应是中国少数民族哲学研究的正确方法。当然，还应强调的是，坚持“以哲学史为中心的思想史研究”，还应坚持“以少数民族文化为中心的地域文化研究，以少数民族思想为中心的区域思想研究”的方法；根据少数民族哲学发展的实际，还应以全球性现代化运动为社会背景，以西方哲学中国化与中国哲学现代化两种哲学运动为哲学背景，以少数民族的传统哲学与文化性格为历史文化的背景，以少数民族地区的区域

---

① 李兵、吴友军：《少数民族哲学何以可能——兼论民族文化的哲学基础》，《学术探索》2002年第3期，第14—16页。

② 同上。

③ 同上。

④ 宝贵贞：《从合法性到新范式——中国少数民族哲学研究困境与出路》，《内蒙古师范大学学报》（哲学社会科学版）2009年第1期，第76—79页。

⑤ 《蒙古族哲学及社会思想史论稿》编委会编：《蒙古族哲学及社会思想史论稿》，内部资料，1982年，第1页。

⑥ 萧洪恩：《土家族哲学通史》，导言，人民出版社2009年版。

文化为地域文化背景等相结合的研究方法。①

三、全球性现代化背景下少数民族哲学研究的特殊价值

全球性现代化运动在使全球成为单一场所、形成所谓“地球村”的同时，也提出了全球性现代化运动中的一系列矛盾，其核心矛盾即是西方学者所提到的“普遍性的特殊化”与“特殊性的普遍化”的矛盾，即强调全球化的形成过程本是一个世界的和民族的、全球的（global）和本土的（local，或译在地的）、普遍的和特殊的两者的矛盾展开过程，如罗伯森（R.Roberson）用全球在地化（glocalize，glocalization）来说明全球化是一个相对自主的双向过程，其间存在着“普遍性的特殊化”和“特殊性的普遍化”的双向互动；②贝克（U.Beck）认为这是思维的悖论即自反性（reflexivity）③；吉登斯（A.Giddens）认为这是现代性的后果，即赋予对象与自己原来的理论、概念、论述以完全相反的性质。④尽管这些西方学者各自的出发点不尽相同，但都力求揭示全球性现代化过程中的这一思想文化矛盾的特质。

全球性现代化运动是起源于西方的，它本身就是一个“特殊性的普遍化”过程，按罗伯森的理解，这一趋向意味着随着全球性现代化运动引发的社会差异的扩大，特定群体为特定目的提出的主张具有合法性，如女权主义、民族主义等；意味着具有特定意义的实践活动日益具有世界意义或影响，如麦当劳化等。同样，当全球性现代化成为“全球性”时，也同时意味着“普遍性的特殊化”，如男女平等转向从男女差异方面寻求，标准化与当地经验结合等。正是由于这两种趋向的统一，决定在全球性现代化运动中，从思想文化发展看，就既不可能是同质化的，也不应该是两极或多极“对立”的。按照费孝通 1993 年在

① 同萧洪恩：《土家族哲学通史》，导言，人民出版社 2009 年版。

② [美]罗兰·罗伯森：《全球化：社会理论与全球文化》，梁光严译，上海人民出版社 2000 年版。

③ [德]乌尔里希·贝克等：《自反性现代化》，赵文书译，商务印书馆 2001 年版。

④ [英]安东尼·吉登斯：《现代性的后果》，田禾译，译林出版社 2000 年版。

与日本学者的学术交流中所言，[①]应该是“各美其美，美人之美，美美与共，天下大同”。[②]当然，费孝通所说的只是一种理想的应然状态，要达于实然，则还需要各民族作出艰苦的努力。

鸦片战争以后，为因应全球性现代化进程，中国少数民族被卷入了全球性现代化运动进程中。随着现代化因素的增长，不仅中国少数民族传统文化的活力得到释放，转化成民族地区社会变迁和思想发展的动因；而且，随着国家的军事斗争及军事现代化进程，随着作为现代市民社会基础的商业生产力的发展及传统农业的更进一步积累，新式教育等得以在民族地区推广，从而在19世纪末20世纪初产生了各民族近现代知识分子，生成了各民族现代意识，于是在20世纪，各民族知识分子得以前赴后继地探索着救国救民的真理，不断地接受和阐释体现着时代精神、民族形式和个人风格的新哲学，形成了20世纪的各民族思想者群体，他们的思考并不是传统思想的简单再现，而是体现了各民族从传统社会向现代社会转型过程中的整体的文化形态转换，从而体现了西方哲学的中国化与中国少数民族传统哲学的现代化两种哲学运动及其相因关系，具有了“普遍性的特殊化”与“特殊性的普遍化”相结合的现代社会特征。在这一转变过程中，先进的少数民族知识分子以各种近现代哲学精神为核心，建构各民族20世纪的时代精神，铸造各民族社会变迁的思想灵魂。也正是在这个意义上说，笔者并不满足于中国少数民族哲学研究的功能主义视角，而强调中国少数民族哲学研究的目的在于哲学自身的发展，笔者率先在中国少数民族哲学界提出中国少数民族哲学的现代转型问题，并发表一系列论文加以阐明，其意正在于此。[③]这样，在全球性现代化视野下，中国少数民族哲学研究的价值即转化为两个内在的关联层面：“一方面，它应当将历史思考与全球化进程联系起来，通过批判和反思使全球化进程参与历史思考，将历史思考转化为该进程的一种

① 张荣华、费宗惠、费皖：《老来依然一书生》，群言出版社2004年版。

② 费孝通在日本召开的“东亚社会研究讨论会”上做题为《人的研究在中国》的演讲。会议结束时，他写下“各美其美，美人之美，美美与共，天下大同”的题词。

③ 洪恩：《20世纪上半叶土家族对儒家文化的反思与重构》，《武汉科技大学学报》2008年第3期，第9—15页。

文化生产力；另一方面，它同时还应当将历史思考在全球化进程中的特殊任务清楚无误地表达出来：即让作为历史固有特性的众多的独特之处出现在该进程中(而不只是起反作用)。”[①] 也就是说，全球性现代化理论要求中国少数民族哲学研究与中国哲学研究、与外国哲学研究处于一种创造性的、开放性的关系之中，从而促成一种跨文化的交流和中国少数民族哲学自身的创造性转化。

当然应当看到，这种跨文化交流和中国少数民族哲学自身的创造性转化必须以哲学史研究为基础。一方面，少数民族哲学思维作为少数民族对社会存在的反映，充分体现着各该民族的意识形态、生活方式和行为方式，因而首先应该把握其民族性。但另一方面，这也并不否认少数民族哲学中的一般性，只是由于“各个民族所占的地位，至少是在近代所占的地位，直到今天在我们的历史哲学中都阐述得很不充分，或者更确切些说，还根本没有加以阐述”。[②] 因此，不少学者都对哲学的民族性与普适性加以特别关注。[③] 结合上述所论的中国少数民族哲学研究的价值诉求，这种关注的根据至少可从两个方面进行，并且可以从否认中国有哲学的黑格尔的思想中获得启示。一方面是“思维使灵魂首先成为精神。哲学只是对于这种内容、精神和精神的真理的意识，不过是意识到精神在使人异于禽兽并使宗教可能的本质性的形态里”；[④] 另一方面是“我们可以在正确有据的意义下说，哲学的发展应归功于经验”，因为“哲学的发展实归功于经验科学，……哲学又能赋予科学以必然性的保证，使此种内容不仅是对于经验中所发现的事实的信念，而且使经验中的事实成为原始的完全自主的思维活动的说明和摹写”。[⑤] 要之，应依据中国少数民族自身在全球性现代化背景下反思历史、经历现实，并通过“经验”面向未来。

---

① [德]约恩·吕森：《历史思考的新途径》，来炯等译，上海人民出版社2005年版，第6页。

② 马克思、恩格斯：《马克思恩格斯选集（第1卷）》，人民出版社1995年版，第19页。

③ 宋浩：《论哲学的民族性内涵》，《边疆经济与文化》2009年第6期，第43—44页。

④ [德]黑格尔：《小逻辑》，贺麟译，商务印书馆2003年版，第13页。

⑤ 同上书，第54页。

| 一种文化传统　两岸书香传承 |

中国历代思想家传记系列

台湾商务印书馆学术经典，台湾学术文化重点出版项目，台湾金鼎图书奖获奖作品；

钱穆、王云五、萨孟武、屈万里、陶希圣、张朋园、张玉法、蔡仁厚等两岸百位知名学者联袂编撰，台湾中华文化总会王寿南主编，历时三年而成三百余万言之巨构；

中国历代思想家一览表

（本表顺序依思想家出生年代先后排列）

先秦

周公 管子 老子 孔子 孙子 墨子 商鞅 庄子 孟子 荀子 公孙龙 吕不韦 韩非

汉

陆贾 贾谊 董仲舒 刘安 刘向 扬雄 王充 王符 郑玄 荀悦 仲长统

魏晋南北朝

何晏 阮籍 傅玄 嵇康 王弼 葛洪 郭象 道安 慧远 竺道生 寇谦之 陶弘景

隋唐

智顗 吉藏 杜顺 王通 玄奘 慧能 法藏 韩愈 罗隐 杜光庭 范仲淹 孙复

宋明

胡瑗 邵雍 周敦颐 司马光 张载 王安石 程颢 程颐 杨时 朱熹 吕祖谦 陆九渊 陈亮 邱处机 叶适 真德秀 耶律楚材 许衡 方孝孺 陈献章 王守仁 李贽 高攀龙 刘宗周 黄道周 朱之瑜

清

黄宗羲 方以智 顾炎武 王夫之 李颙 颜元 刘献廷 李塨 惠栋 庄存与 戴震 阮元 包世臣 龚自珍 魏源 冯桂芬 曾国藩 郭嵩焘 王韬 薛福成 郑观应 胡礼垣 严复 康有为 谭嗣同

现代

吴稚晖 孙中山 蔡元培 章炳麟 欧阳竟无 梁启超 马一浮 熊十力 张君劢 陈大齐 太虚 戴季陶 胡适 梁漱溟 钱穆 冯友兰 方东美 唐君毅 牟宗三

本系列丛书有：《先秦（一）》、《先秦（二）》、《汉》、《魏晋南北朝》、《隋唐》、《宋明（一）》、《宋明（二）》、《宋明（三）》、《清（一）》、《清（二）》、《清（三）》、《现代（一）》、《现代（二）》、《现代（三）》等十四种；系统整理先秦时期至近现代凡三千年中国历代思想史上重要人物生平、学术思想、主要著述，还原其在中华思想传承中的成就与影响，勾勒中国学术思想的发展轨迹及脉络全景；

溯古探今、启发智慧的鸿篇巨制；研究中国学术思想演变必不可少的入门导引；学术走出古代士大夫的象牙塔，走向通俗化的典范；一部人人能读、人人愿读的中国思想史。